U0085369

政治學的科學探究（三）

政治參與與選舉行為

胡　佛　著

三　民　書　局　印　行

國家圖書館出版品預行編目資料

政治學的科學探究(三)政治參與與選
舉行為／胡佛著.--初版.--臺北市
：三民，民87
　　面；　　公分
ISBN 957-14-2751-9(平裝)

1. 政治-哲學,原理-論文,講詞等
2. 政治-研究方法-論文,講詞等

570.107　　　　　　　　　86016208

網際網路位址　http://www.sanmin.com.tw

© 政治學的科學探究(三) 政治參與與選舉行為

著作人　胡佛
發行人　劉振強
著作財　三民書局股份有限公司
產權人
發行所　三民書局股份有限公司
　　　　地址／臺北市復興北路三八六號
　　　　電話／二五○○六六○○
　　　　郵撥／○○○九九九八——五號
印刷所　三民書局股份有限公司
門市部　復北店／臺北市復興北路三八六號
　　　　重南店／臺北市重慶南路一段六十一號
初版　　中華民國八十七年一月
編號　　S 57108
基本定價　伍元貳角
行政院新聞局登記證局版臺業字第○二○○號

有著作權·不准侵害

ISBN 957-14-2751-9 (平裝)

自 序

　　政治學不僅是一門學科(discipline)，更重要的是一門科學
(science)。但在所有的社會科學中，政治學的科學性質，常常不易彰
顯，甚至受到扭曲。簡單地說，主要的原因可能來自兩方面，其一是
社會的現實。何以說呢？我們不必從歷史，就從自身的經歷，即可清
晰地看到，在一個政治權勢不容懷疑的威權社會，統治階層的特殊觀
念，透過政治權力的行使，就會籠罩一切，政治的知識不過是信仰與
奉行而已，那裡還有可能容忍政治學者，自由地根據學術求真的精神，
運用嚴謹的分析方法，作科學性的探究呢？其二是學術的環境。我們
也可試想，如政治學者本身的觀念就流於封閉，不能接納科學的新知，
又如何能產生開放及開創的態度，拓展科學研究的學術天地呢？實際
上，社會的現實與學術環境每是互為表裡的。威權政治愈是強烈，政
治學者愈會受到牽制，但在另一面，也愈會有人刻意迎合，弄得政學
不分。這樣的惡性循環，使得政治學的科學探究，益發不易開展。處
於這樣的環境，還要堅持學術自由的原則，從事政治學的科學性與開
創性的研究，那就不是一件輕易而輕快的事了。

　　我在上面對政治學的科學研究可能發生的一些困境，作了一些說
明，主要的用意就是要指出，在過去的數十年間，我國正值威權政治
極盛的時代，政治學的研究環境受到重重束縛，作為一個力求突破禁
制，熱愛科學探究的政治學者，如不經歷種種的磨練與奮鬥，是不可
能累積一些成果的。我最近檢點過去的若干學術著述，擬編輯成書，
一些曾經引起爭議，甚至被查禁的研究與論文，又來到眼底。想到以
往所遭遇的困阨與苦況，以及奮力對抗所滋生的激情，當時不易為人
所知，現時人恐怕更難體會。而我自己，作為一段歷史人生的見證，
則不能不在此一記。對於過去的境遇，我有時難免有點抱屈，但又覺

得十分幸運。想到身處威權統治，豈不是適逢其會，我還能有所突破，開展若干科學性的研究，對今日學術風氣的開放，總算提供了一點貢獻，這對一個政治學者來說，不也是非常難得的際遇麼！

相對於其他社會學科，政治學具有非常明確而獨特的觀察領域，即：權力。但傳統的政治學研究，特別在國內，多著重國家與政府體制的分析，而且常以正式的法令規章為主。權力的概念僅是隱藏其中，並不成為刻意探討的對象。對規制的解析當然是必要的，不過，如不能進入到權力的結構與運作的觀察，恐祇能得一個形式的瞭解，有時還不脫一種表象。要從形式進而探究政府體制實質而動態的運作，就必須包羅多種權力結構，尋覓交互影響的互動關係，這種關係的規律、類型，以及因果，才是科學性探究的對象。我在 1960 年代之初，就嘗試運用這樣的方法研析憲政結構。值得一提的是，在 1964 與 1965 年間，我們臺大政治學系的同仁，合作進行監察院的研究，我乃選擇政黨及利益團體對監察功能的影響，從事實質的動態觀察。我們初次運用問卷，並進行訪談，望能發現互動的規律，結構的實質類型，以及對整體監察體制的影響。不意這一學術研究竟觸犯了政治的現實，我們大多是執政國民黨的黨員，不僅受到黨紀的懲處，更進一步受到政治性的調查與影響。所寫作的著作，皆被收繳，成為禁書。這是科學研究所引來的一場政治風暴，餘波歷久不息，現祇能簡略在此順筆一述罷了。

從權力結構觀察政治體制是政治學科學探究的一面，但權力結構不能離開人的活動而獨存。因之，對人的政治行為的觀察，應是科學探究的另一面，並且是根本的一面。我的基本看法是，人的政治行為與活動來自政治生活的需要，而政治生活則是在政治體系內進行。我認為政治體系是由認同、結構與功能三者所組合而成，三者的內部及相互之間的互動，才是決定體系的穩定與變遷的主因。在另一面，群體的政治文化影響到個人的政治人格，又構成政治體系的認同、結構

與功能的基礎；如文化不能達到共識，整體政治體系就會發生動搖，終而影響到政治生活的經營。以上是非常簡單地從政治體系的立體面，加以剖解，其實學者間對此類政治體系的主張與理論，也多采多姿，並不少見。但我總是覺得，無論在體系的縱的層次及橫的環節上，若干論點，似未能緊密地掌握住政治的權力本質。就因如此，一些有關的理論，即有欠周延，而嫌鬆散。我從 1970 年代的初期，決心試建以權力關係為核心概念的整體理論架構，並發展各種假設，設計量表及問卷，進行經驗性觀察，加以驗證。這種嘗試當然要投入相當的心力、人力與物力。在研究的過程上，我先對權力的概念加以檢視，然後在演繹的推理上，將體系內組成份子的權力關係分成三類，即：組成份子或成員相互之間的，成員與權威機構相互之間的，以及權威機構相互之間的。這一演繹性的權力分割，可涵蓋各種權力關係，而構成類型建立的理論基礎。在這一基礎上，即能進一步運用認同、結構與功能的概念，分別從文化、態度及行動的層次，發展多層的概念與理論架構，作多種類型及因果關係的探索。

　　體系的功能屬價值分配的決定過程，我接受系統論從「投入」(input)，到「轉變」(conversion)，再到「產出」(output)的三種運作環節的演繹性劃分，但將權力的概念注入。這樣的融合，一方面可將政治體系的觀察範圍擴大至國家與政府之外，包括民間社會與政治社會的多種團體；一方面可從功能運作的性質，設定各種功能體系，如選舉體系、經濟體系等等，加以觀察。這些體系在上述三個環節的運作上，也可發展多類的概念與理論架構，探尋類型及因果的關係。貫串起來看，在權力的核心概念下，推論的過程可由政治人格及政治文化到政治態度與活動，並連結至體系的運作，然後再從體系的運作而到權力的結構與體系的維繫與發展。如此，一個整體的科學性探究架構就可清晰地呈現出來。這是運用特定的權力概念，由個體(micro)的行為發展到總體(macro)的體系，如說是一種自我設定的研究範型

(paradigm)，也就不妨了。

　　以上祇是一個大概，主要在說明致力科學探究的大方向，但我在困心衡慮之餘，也有一些自得。我覺得在發展研究架構的過程中，尚能作自主性及開創性的思考，並不一味沿襲西方學者的理論。我常想我們中國學者，對政治變遷大多皆有切身的經驗，如能善加體會，對政治運作的研析，應能更加深入、精當。不失自信，才能實踐自我，進而掌握方向。除此，我在概念的釐清上，亦尚能嚴格地加以定性，然後在架構中定其位，再在理論的假設上定其作用。我常在研究中作一些概念的檢討與自我的答辯，這在思辨上，也有助益，但有時會弄得自己能知，他人難讀，那就未免有些自憾了。

　　我在 1970 年代的中期，先就民主、法治等政治價值及社會化的過程，設計量表問卷，測量臺大法學院的學生。在 1976 與 1977 年間，我約同臺大政治學系同仁陳德禹教授及朱志宏教授，合力完成政治系統的權力價值取向及交互作用的整體架構，並進一步發展政治文化、政治態度、政治參與等數種概念架構及量表，在臺北市內湖區測量所有公務人員及公民的樣本。我們將公務人員與公民對比觀察，以探究體系的維繫與變遷的方向。在取樣上，我們自行設計兩層抽樣法，即先就第一母體的戶籍資料，隨機抽出相當實際觀察樣本十倍的第二母體，然後再從中隨機抽出十分之一的實訪公民樣本。如此，我們就存有多達九倍的預備樣本，可供隨機抽補，因之，訪問的成功率近於百分之百。我很高興當時參與討論及實地訪問的年輕同仁，現都進入教育及學術界，貢獻心力，如梁雙蓮教授、林嘉誠教授、彭懷恩教授、朱雲漢教授、徐火炎教授及陳明通教授等。

　　我們在內湖地區運用抽樣、統計等方法探究民眾的權力價值，這在國內是僅見的，當然會引起若干爭議。竟有學術主管站在政治現實的立場，認為權力是不能成為觀察的對象，更有人反對以統計的量化來研析政治。1980 年底，在中美斷交後，國內恢復中央民意代表的增

額選舉，我覺得選舉參與及投票行為，關係到政治體系的變遷，在我們的總體研究架構中是極為重要的，我下定決心，連同研究同仁，進行實證觀察。當時國內的政治體制無論在政黨結構、政見範圍及競選過程等，皆與西方民主國家不盡相同，於是我們乃重新發展概念架構，用以探索我國選舉的特色。但我們在籌劃研究時，一再遇到困擾，特別在經費的申請上，受到多方抵制。但幾經折衝，總算克服，我們對政治學的科學探究從此又進了一大步。

自 1980 年代以來，我們對國內重要的選舉，皆進行實證研析。對政治學者來說，這真是極為難得，而且可供定期觀察比較的實證場地。我們除觀察選舉行為，也根據總體的研究架構，一併觀察政治文化，政治態度，以及政治參與與變遷等，所以我們的問卷是整體結構的，並不限於選舉的一端。我們的抽樣，僅初次在臺北市，其後就擴展到全省地區。我們先要南北奔波抽樣，然後再作全省性的施測，每次皆要動員數十人。我們當然也有一些甘苦談，記得大批問卷回收，但我的研究室十分狹窄，祇能排列在地板上，我與陳德禹教授及其他年輕同仁，也只好列坐地板，俯身加以檢視、復查。當時尚年輕的同仁游盈隆教授，尤為辛勤。另要特別感念的是另一位年輕同仁高朗教授，在一次選舉研究中，數位同仁出國進修，他特來相助，作了這段緊要時期的義工。

我們不斷地在全省抽樣作實證性的科學研究，我們的研究小組也就很自然地形成了一個工作室，就稱為「政治體系與變遷研究工作室」。我們進一步探究候選人與地方派系，嘗試尋覓臺灣社會及政治流動的軌跡。這也關連到政治變遷，因之，我們的觀察就朝向臺灣政治體系威權結構的形成、鞏固、鬆散與轉型。這些皆需要發展新的概念與理論架構，我們都作了規劃，並完成對政治人物作深度訪談的問卷。我們更收集了極為珍貴的有關派系人物的資料，並設計估量的方法，加以轉錄及分析。在 1992 年，我與研究室的數位同仁，根據我們在臺灣

探究政治文化與政治參與的研究架構與理論，與美國哥倫比亞大學、杜克大學、加州大學洛杉磯校區及香港中文大學的學者合作，進行中國大陸、臺灣及香港三地有關政治文化及政治參與的研究。1994 年我與朱雲漢教授應邀參加在四十餘國進行的國際性選舉體制與投票行為的比較研究。我很欣慰我們多年來的科學探究，逐漸受到國際的認可。

　　我與研究室同仁所開發的多種研究仍在繼續進行，且時時加以檢討、充實與改進。近些時來，我們將過去多達十多次的大量實證研究資料，重加整理，輸入電腦，送請中央研究院保存，公開提供學界使用。我轉而想到也可將自己過去若干的著述及研究，先印成書，這樣才易於檢閱。我一向將著作隨手放置，現費了一些時間，才能彙齊，恐仍有遺漏。整理之餘，不時想到多年執著科學研究的信念與往事，所以決定用政治學科學研究的總稱，按著作的性質，先編成五本專書。現將書名，分列如下：

一、政治學的科學探究（一）：方法與理論

二、政治學的科學探究（二）：政治文化與政治生活

三、政治學的科學探究（三）：政治參與與選舉行為

四、政治學的科學探究（四）：政治變遷與民主化

五、政治學的科學探究（五）：憲政結構與政府體制

　　我在前面說過，早年從事研究時，就在政治權力的核心概念下，發展總體的研究架構，所以各書的著作大多能脈絡相通，祇可能在個別架構的說明上，有一些重複。還有一些已成專書的研究，如選舉方面的，我就不再納入。

　　我原先並未預計要把五本專書出齊，正在躊躇之際，陳明通教授特來協助編輯及安排出版事宜，張佑宗學隸及研究室多位助理也從旁協助，事乃有成，真使我非常心感。

　　我的學殖生涯雖遇到若干波折，但終能幸運地在研究的道路上不斷前進，這要感謝國內外許多學術界朋友對我的呵護與支持。我更要

感謝這許多年來與我共同研究的研究室同仁，如沒有相互的切磋、問難，甚至爭執到相持不下，那是不會有今日的研究進展的。我們的實證調查每次都是多位研究助理率同數十位的訪員，不避寒暑、無分日夜，在全省各地進行，我每一念及，即感激不置。我不能一一列出所有對我錯愛及協助者的大名，但皆會銘記心版，不敢相忘。我很想在未來多寫一些學術研究的追憶，以鑒往知來。

最後要感念的當然是我的家人，我的小女胡蕬、胡蕙、胡芹，平時就幫我打字編稿，現更協助整理著作，令我頗感欣慰。我常常處在逆境，內人曉英則是最大的精神支柱。在電腦程式還未普及時，我試寫一些統計的計算程式，她在夜晚運用家庭的小電算機，登錄問卷，加以計算，而完成我最早的研究。數十年的時光轉眼即過，真可說歲月如流。我們有時在後山曲徑散步，夕陽、山風、溪水、鳥鳴，真覺得患難相扶，用「牽手」一語表意，實最為貼切。我雖不解音律，也即景生情，口占一首小詞，特錄在下面，作為序言之結：

牽　手 調寄浣溪沙

翠聳新篁半入天，水溢澗溪注杋園，道人心緒是啼鵑。
空山夕照留片刻，飛絮輕飄去無邊，拾階語住手相牽。

胡　佛
1997 年 12 月 5 日夜於大湖山莊

前　言

　　權力關係的政治生活雖以政治文化為內在的基礎，但主要的徵表則為外在的政治行動，也就是外顯的政治行為。任何政治行動都不能離開政治體系而進行，這在作用上，就成為一種政治參與，目的在影響權威機構對人及對事的決定與執行。這種對人及對事的參與行為，在性質上是否具有特定的限制？在程度上是否具有高低的層級？在面向上是否具有不同的類別？這些問題皆需要作科學性的探究。首先作者認為參與行為祗要在體系內進行，無論非法、合法或自動、被動，在性質上都應涵蓋在內，不必設限。其次，參與行為在政治體系的投入、轉變及產出等三個環節上，會發生不同的作用，所以在程度上具有高低的層級。再次，參與行為可針對各級政府，也可以各種社會團體為對象，但在另一面，則不必受限於上述體制的形式結構，且可針對實質的功能結構，如選舉體系、經濟體系等。因之，在面向上，無論形式或實質，都是多元，而非單元的。再進一步看，在政治參與中，選舉行為最為特殊，那是運用投票的方式，對候選人加以抉擇，其結果則會影響到政權的維持與轉移，所以可從政治參與中分而出之，作單獨的觀察。作者多年來在權力價值的整體架構下，不斷探究政治參與與選舉行為，並進行比較研究，進而觀察政治變遷。本集共包括作者的著述七篇，都是作者發展概念架構，進行實徵性驗證之作，具有學術理論上的重要意義。近年有關投票行為的研究，作者已另有專著，不再收入。現就本集的著述，作數點簡要的說明：

　　一、對政治參與的觀察，不僅在類型與面向，更重要的在作用的程度，否則，無法辨識參與的擴大與政治的變遷。作者針對政治體系的投入、轉變及產出等三個環節，將政治參與的作用在演繹上分為五個層級，由低到高分別為：維持性、敦促性、改革性、推動性、干預

性，並推論這五個層級呈現一種金字塔式的所謂 Guttman 模式。經多次對影響政府的參與及選舉參與進行實證性的探究，以上的層次與模式皆能獲得證實。作者發現所謂參與擴大是整體金字塔式的擴大，可參見第一篇著作：〈台灣地區民眾的參與行為：結構、類型與模式的分析〉及第二篇著作：〈台灣地區民眾的參與行為〉。

二、選民對候選人的抉擇，一方面受到本身的背景、心態及生態環境的影響，一方面又受到政見因素及非政見因素，如候選人形象、政黨偏好、家族及社會關係等等的影響，但在過程上，則要經歷種種訊息傳達的管道。作者曾綜合以上的各種影響及歷程，發展一完整的概念架構，並作實證性的探究。本集第三篇著作：〈選民投票行為的概觀〉，就是根據這一整體的架構，所作的全面性觀察與驗證。

三、除掉對選民的投票行為作整體的概觀外，作者特就選舉行為中的幾項重點，作進一步的理論性分析。在選舉過程中，選民首先要決定的，即：是否要去投票，這就牽涉到投票動機的問題。作者乃對投票動機的結構、類型，以及與選民的個人特質及經社背景之間的關係等，加以探究，其詳可見第四篇著作：〈選民的投票動機〉。

四、選民的投票取向當然是探究的另一重點，作者同樣地對各種取向的結構、類型，加以分析，並發現在各種取向中以候選人取向最多，其次為政見取向。實際上，政見取向是選民價值體系的反映，作者另發展理論架構，作進一步的觀察，而獲得重大的發現，即：選民在政見價值上的差異，不若西方民主國家的選舉，僅限於體系內功能運作的公共政策，而上升到體系本身的政體結構與國家認同。所以我國的選舉不完全是所謂體系內(within the system)的，且是針對體系本身(of the system)的，相當具有衝突性。以上可參見第五篇著作：〈選民的投票取向：結構與類型的分析〉及第六篇著作：〈選民的政見取向〉。

五、政黨的目的在執政，主要的活動即在選舉，因之，選民對黨

派候選人的抉擇，則是另一觀察重點。在戒嚴時期，除執政黨的國民
黨外，還有「黨外」。「黨外」實際就是反對的團體，但性質特殊，
作者特從選民的抉擇立場，相對於國民黨，加以探究，也就特別具有
意義，可參見第七篇著作：〈選民的黨派選擇：態度取向及個人背景
的分析〉。

政治學的科學探究（三）：政治參與與選舉行為

目　　次

臺灣地區民眾的參與行為

～結構、類型與模式的比較分析

一、概說：概念的檢視

在政治參與行為的個體(micro)探究上，西方政治行為學者多年來雖致力於經驗理論的建構，但由於對參與行為的概念、結構、類型，以及所應觀察的範圍等，尚待進一步的澄清與發展，因而無論在所設計的概念架構及所發現的理論方面，皆較欠周延與精確。我們對西方學者的主要理論架構曾作檢討，並指出不僅無法用來觀察我國的情況，也不能盡納西方社會的參與活動，所以主張應發展一較為周延、包容，能供普遍適用及比較的多元架構（參見：胡佛、陳德禹、朱志宏 1978, 1981）。西方學者近年來也有檢視，如 Sidney Verba 及 Lucian W. Pye(1978:xi-xiii, 1-5)即指出，西方公民參與的自由模型(liberal model)有嫌狹窄，不論在國內及國外皆不太適用。值得我們注意的是：西方學者對傳統的參與架構雖有檢視與改進，但在我們看來，仍然不夠周延、包容，尤其對政治參與行為的基本理論，如結構及類型等，並不能提供普遍觀察及比較的基礎。從嚴格的意義看，在西方既有的概念

架構中，除掉將參與的行為界定為一種外顯的行為或行動(act)，可不必爭議外，其餘的部分皆值得推搞。本文的主要目的即在探討及驗證我們所試建的多元理論架構，盼能在比較觀察及結構、類型等基本理論上，有所闡發。現分數項問題，加以討論：

1.西方學者所發展的概念架構，多將觀察範圍限制在具公權力的國家體系，而以政治參與行為——無論為民眾直接地，或間接地透過其他社會團體的行動，皆是針對政府所施加的影響，包括政府人事的進退以及政策的決定與執行等。[1]將政治體系限於國家的層面，在 David Easton(1965:52-56)的系統論中即作此主張。我們覺得這樣的限制，頗流於政治的形式主義，因政治的實質為人際的權力關係，國家與政府不過是其中的一種形式顯現或制度。如我們重視政治關係的權力實質，即不必將其他具有權力互動關係的社會團體排斥在政治體系的觀察之

---

[1] 在探討政治參與行為的西方主要學者之中，Lester W. Milbrath 在 1965 年的早期著述，並沒有對這一個概念作出明確的界定，後來在 1981 年的著述中才將政治參與界定為：「公民設法影響或支持政府及政治的行動」(1981:198)。Sidney Verba 及 Norman H. Nie(1972:2)的界定是：「公民的行動，目的在或多或少地直接影響政府人事的選擇，以及這些人員所作的決定。」他們的概念著重參與的自動性及自發性，故排除非法性及動員性的參與。Herbert McClosky(1968:252-65)亦認為政治參與是社會成員的自動性活動，作用在共同選擇統治者，以及直接或間接地形成公共政策。他較 Verba 及 Nie 注重間接性。Samuel P. Huntington 及 Joan M. Nelson(1976:4)的界定是：「公民設法影響政府決策的活動。」他們的界定雖很簡單，但在另一面則主張政治參與應包括對體制內結構及運作規則的改變，不應僅限在影響政府的人事及公共政策。除此，他們也主張縱是非法的或發動性的活動，也應包括在內。Myron Weiner(1971:164-65)也視非法的活動為政治參與的一種，但排拒發動性的支持參與。Samuel H. Barnes 及 Max Koase（1979）等則將政治參與分為傳統性及非傳統性等二大類，而特別重視非傳統性參與的研究。我們的看法是：政治參與應從廣界定，可包括合法及非法的活動；既可針對人，也可針對施政、規範及認同；公民行動所影響的體系不應僅限於政府，也應擴大到其他社會團體，本文將對此作進一步的討論。

外（參見:胡佛、陳德禹、朱志宏 1978:8-9）。進言之，祇要社會團體
具有明確的體系範圍及社會權力的結構與功能，就可看成可供獨立觀
察的政治體系,並進而探究作用其中或影響於外的各項政治參與行為。
將社會團體納入觀察的範圍後，我們就可將概念架構擴大為多元政治
體系的組合，從縱（體系內部）橫（體系之間）的交叉層面，周延而
深入地探索普遍的參與理論。[2]

　　再進一步看,西方學者雖將觀察的範圍界定在國家與政府的體系,
但在實際觀察時，卻不能將某些非政府的社會團體摒而去之，且須納
入架構之中。結果是:造成概念界定上的混淆與理論的不清。如 Milbrath
與 M. L. Goel(1976:18-19)及 Verba 與 Nie(1972:31)將政黨及政治團體
內的一些活動當成政治參與行為的施測指標，即為顯例。[3] 政黨與其
他政治團體雖與政府體系的關係密切，到底並非從屬的機構，仍為民
間的社會團體，如依據他們所界定的概念，原是不應加以觀察的。我
們由此亦可證知，組合多元體系的概念架構確實是必需的，因影響政
府的政治參與行為與其他社會團體中的參與活動，常是密不可分的。

　　2.無論將政治參與限定在國家及政府的體系或擴大至其他的社會
團體，我們皆須進一步探明參與行為在某一具特定範圍的體系之內，
究具有怎樣的結構與功能。我們在前面所討論的多元體系，是以政府
及非政府或社會體系的各別範圍或制度作為組合及分析的指標，而主

---

[2] 有關對社團參與及對政府參與之間的交叉研析，可參見：胡佛、陳德禹、
朱志宏(1981)，陳德禹、陳明通(1983)。

[3] 如 Milbrath 在施測的問卷中即將「參加及支持政黨」，「針對地方問題
組織團體」，以及「為社區組織中的活躍份子」等題目作為衡量參與的
直接指標（參見：Milbrath and Goel, 1976:18-19; Milbrath, 1981:206-07）。
Verba 及 Nie(1972:31)也在問卷中將「為政治俱樂部或團體的成員」，「試
組團體解決地方社區的問題」，「在選舉期間為政黨及候選人工作」等
列為施測政治參與行為的直接指標。

張應在實質的權力關係基礎上，建立多元體系的組合。如說這一整合所涉及的是政府及非政府體系之間的，現在所看重的則是兩者之內的，特別是政府體系之內具特定性質的參與體系。

西方政治學者雖多將政治參與界定在政府的體系之內，但對內部的參與結構並未發展出一具理論性的觀察及分割標準。因欠此標準，學者間則各作分割，而牽涉到「面向」(dimension)及型態(mode)等問題。除研析投票行為的學者有意或無意地視此行為為最主要的政治參與外，專注於政治參與的學者如 Milbrath (1965:17-22)初將政治參與看成「單一面向」(uni-dimension)的選舉行為，包括高低程度(level)的選舉活動，即所謂的「鬥士的活動」(gladiatorial activities)、「安排參與過程的過渡性活動」(transitional activities)、「旁觀者的活動」(spectator activities)及「冷淡者」(apathetics)等四層(1965:17-22)。其後，他與Goel(1976:10-21)將單一面向的概念架構修訂為「多元面向」(multi-dimension)，承認參與行為不止於選舉活動，而應擴及其他影響政府，甚至純為支持性的各項行動。[4] 他們綜合這些有關的活動，並依據其性質，劃分為六種型態，即：(1)「抗議者」(protestors)、(2)「社區活動者」(community activists)、(3)「政黨及競選工作者」(party and campaign workers)、(4)「溝通者」(communicators)、(5)「接觸官員」(contacting officials)或「接洽專家」(contact specialists)、(6)「投票與愛國者」(voters and patriots)。經此劃分後，他們仍視參與程度的高低，將前四型歸為「鬥士的活動」，第六型「投票與愛國者」歸為「旁觀者的活動」，

---

[4] Milbrath 以選舉活動為主軸的「單一面向」頗受 Nie 及 Verba（1975 Vol. 4:6-7）的批評，可能為此促成他其後加以修訂，發展為「多元面向」的原因。但他仍認為政治參與具「鬥士」、「旁觀者」及「冷淡者」三個層級，此一面向則不變。實際上，這是分類標準的問題，一牽涉到參與的目的內涵，一牽涉到參與的作用。

另將所有未參與活動者，歸為「冷淡者」(apathetics)，但未能將第五型「接觸官員」加以歸類。

　　實際上西方最先主張政府內參與應為「多元面向」且可區分為「型態」的學者為 Verba, Nie 及 Joe-on Kim（參見：Verba and Nie, 1972; Verba, Nie and Kim, 1971, 1978）。Milbrath 及 Goel 的架構與所劃分的「型態」就是受到他們的影響，也可以說是在他們的類型理論基礎上所作的一種修訂。他們的類型理論是怎樣的呢？首先他們將政府內的參與，分為「選舉活動」(electoral activity)及「非選舉活動」(non-electoral activity)等二個基本類型，然後再分為四個「型態」，即：(1)「投票」(voting)、(2)「競選活動」(campaign activity)、(3)「合作性的活動」(cooperative activity)、(4)「公民主動地接洽」(citizen-initiated contacts)；前二型屬「選舉活動」，後二型屬「非選舉活動」。他們的這四個「型態」則完全來自對十五種參與活動所作歸納性(inductive)因素分析(factor analysis)而獲得的因素結構(factor structure)。這十五種活動，則為他們所自定，並非根據一演繹性(deductive)的理論架構。

　　我們的看法是：無論在政府或社會體系之內的參與，都應是多面向的，但要進一步作類型劃分，則必須依據實質的功能性質，而不是如 Verba 及 Nie(1972:73)所說的，從事參與活動者的區別是在「如何」活動，那又是一種形式的標準。我們從 Milbrath, Goel 及 Verba, Nie 所劃分的各種「型態」看，相互之間的區別既非完全是形式或方法的，也非完全依據功能或作用的目的內涵，區分的標準確實是相當模糊而混淆的。試就 Milbrath 與 Goel 的「型態」檢視：「政黨及競選工作者」及「投票」的活動，具有相當明確的實質功能內涵：支持及選出某一公職的候選人。但「抗議者」的抗議、「溝通者」的溝通、以及「接洽專家」的接洽，究竟是為了什麼呢？這些活動的實質內涵實相當缺乏，祇能看成是一些方式或形式而已。同樣地，Verba 與 Nie 的「投

票」及「競選活動」都含有實質的功能內涵，而「合作性的活動」及
「公民主動地接洽」則偏重形式。再具體一點地說：投票及競選的目
的是選人，至於其他活動的目的究竟是對人或對事呢？那就無實質的
內涵可尋了。方法與實質的作用原是相通的，如抗議、接洽等等的活
動是為了競選，豈不是與競選工作重疊，難以區分？Samuel H. Barnes
及 Max Koase 等學者(1979:84-87)曾運用 Verba 及 Nie 四種「型態」中
的三種（除去「投票」）作比較研究，發現這三種「型態」的活動在
西歐的民主國家中，相當程度地較美國呈現「單元面向」的傾向，也
就是不易區分。他們歸因於美國較特殊的社會及政治結構，但在我們
看來，仍應是分割標準的問題。還有更值得我們重視的是：上述的那
些「型態」分類，是否已經在理論上能將政治參與行為包羅淨盡呢？
答案可能也是否定的。原因在：他們的「型態」皆是就所自定的活動
項目歸納而成，如增加一些活動項目的題目作經驗觀察，可能就會如
Jerrold G. Rusk(1976:584-85)所指出的，出現更多的「型態」與因素結
構，何況是在標準難明，而又偏重形式的情況之下！

　　參與的方式祗是達到實質目的的手段，儘管方式會影響到結果，
甚至體系的運作。因之，我們不能在概念上僅停留在方式的「型態」，
而必須深入到具實質功能與目的的類型行為。這不僅是一理論上的問
題，也是方法論上的問題。我們既要著重實質功能與目的，但實質功
能與目的又究竟何指？如是指個人的所得(outtake)，那不過是政府或
其他體系權威機構的價值分配，亦即不過是權威人士的行為，並非個
人的參與行動。如是指個人對所得的滿意程度，一如 Milbrath 與
Goel(1976:9-10)所主張的，那祗是一種心理狀態，也並非是參與的觀
察核心：行動。這種心理狀態，充其量也祗能在實證研究中視為行動
的獨立或影響變項，加以觀察。要解決這一問題的困境，我們的基本
構思是：建立一演繹性的理論架構；途徑是：

　　(1)根據政治系統的理論，就特定的目的、結構與功能，有機地而非形式及機械地，分劃出可供觀察的各項具實質功能的體系，而這些體系就成為實質功能體系中的類型。如以選舉參與為例，這一參與既具特定的功能及目的（選舉公職人員），也具選舉的結構（各種選舉規範），實際上是有機地結合了候選人的參選、幹部及支持者的助選及選民投票選舉等各種實質性的活動。這些行為就已構成政府體系之內的一種有機性的功能體系。在運作時，這類體系可限於有形的社區或地方政府，也可連接到中央政府。我們如要作實證觀察，就可視研究需要，而自定範圍。選舉如此，其他的功能活動，如社會福利政策的制定，人權的保障等等，皆可按功能的性質，歸成各種功能性的類型。

　　(2)根據民眾或體系成員對權威機構施加影響的目的內涵，分劃為四個目的類型：對人事、對施政（公共政策的決定及執行）、對規範（正式及非正式的法令規章等），以及對社群的認同（分立或統合）。如上述的選舉是對人事，社會福利是對施政，人權保障是對規範，而民族自決則是對認同。我們仍然可視觀察的需要，對上述三個基本目的內涵類型，再作細分。但社群的認同問題為相當獨特的事故，並非在體系中經常存在，因而常無法作一般性的觀察。

　　(3)根據體系運作的投入、轉變及產出等過程與性質，將參與行為對體系的影響，分成四個作用程度的類型：(1)體系的支持作用，(2)產出的訴請作用，(3)投入的需求作用（包括消極的及積極的需求），(4)轉變的干預作用。前面說過，參與行為的實質目的不外是對人事、施政、規範及認同等四者，而主要的作用則在對政府或其他體系的權威機構施加影響。這種實質的影響作用才是參與行為的核心概念，也正是我們所需而且所能觀察的重點所在。我們如捨此而就參與的方式，當然會失去實質的意義。至於體系運作的結果為何，那是另一問題，

已如前述。

我們在上面根據政治體系的基本理論，作進一步的推論，而將政治參與分成三類類型：1.體系的實質功能，2.行為的目的內涵，3.行為的作用程度。這三種實質類型的相互結合，就構成參與架構的另一多元面。

3.參與行為在實際上究否會呈現一種普遍的模式(pattern)，這是理論探討上的另一重要問題。我們的看法是：能否形成通則性的模式，相當程度地繫於所觀察的概念架構。如前所述，Milbrath 及 Goel 曾將參與行為的各種「型態」歸類為「鬥士」、「旁觀者」及「冷淡者」等三種高低活動的層級模式，但這種高低層級的歸類因「型態」分類標準的混淆，並不具有多大的實質意義。我們將具實質內涵的「競選」活動與祇具形式意義的「接觸官員」或「抗議」的活動相比，縱可顯示出高低，但對參與行為也並不能提供衡量上的意義，這猶如不能將智商的高低與身材相比一樣。Verba 及 Nie(1972:28-29)則不承認通則性的高低層級模式，因為他們也看出這樣的相比是得不到答案的。另一方面，他們也顧慮到如將參與行為的界定擴大，多列些活動，如「與人討論政治」之類，高低的層級就會發生變動。他們的這一顧慮正如前引 Rusk 所批評的，仍是出在「型態」劃分的欠缺明確標準，亦即未能發展實質的類型理論所致。究竟參與行為有無高低的層級呢？我們就在 Verba 及 Nie(1972:31)所施測的十二種活動題目中挑出有關投票及選舉活動的五種觀察，立刻就可發現不但呈現出高低層級的型式，而且相當符合我們在前面所發展的「作用類型」的架構：支持性的投票最多但最低，訴請性的投票居其中，干預性的助選活動（參加工作及捐款）則較少，但最高。由此可見，參與行為確實呈現出高低層級的型式，但必須依據「作用類型」的層級架構，才能賦與理論上的意義。

　　我們所發展的四種「作用類型」，對體系的運作來說，支持的作用祇是對權威機構的順應與認同，也就是一種支持性的投入：既少挑戰，也少壓力。訴請的作用重在施政的執行，冀望獲得滿意的產出：價值分配，但在性質上祇是一種產出的呈情，並不具太大的壓力。消極或積極的需求作用，是要求權威機構消極地取消及改革所不滿意的措施或積極地推動及實施所欲實現的措施。這在性質上屬主動地投入，挑戰及壓力俱增。干預性的作用則在權威機構進入決策過程後，就消極或積極的要求，施加影響。這構成轉變過程中的干預，挑戰與壓力皆最高。一般說來，施加的壓力愈大，所需的資源愈多，參與的人反愈少；相對地，施加的壓力愈小，所需的資源愈少，參與的人即愈多。我們現就這些過程環節所承受壓力的大小，即可列出參與行為的高低層級。參與既是體系中的行為，作用的對象則為權威機構，而過程不外由投入經轉變至產出，具有相當的包容性(inclusive)。因之，我們所發展的上述參與高低的層級相模式，不僅應具一般的普遍性，而且也應具包容性。

　　西方學者因忽略參與行為對體系作用的整體過程，即易流於根據西方民主社會習見的參與型態，加以觀察。如前所述，Milbrath(1965)早期所發展的架構就祇限於選舉，後來才擴及支持，並主張應兼重投入與產出的獲得(1981:198-20)。Verba及Nie初則逕稱為投入性的參與，拒絕包括支持性的活動，甚至說不如即稱為民主的參與(1972:2-3)。如前提及，Verba後來雖覺得這種西方方式的「自由模型」(liberal model)仍是偏重選舉，非但不能用到非西方的國家體制，而且也忽視所謂祇具局限性(parochial)的利益者或升斗小民對政府的需要，儘管祇是些私人性或家庭性的微細事件(1978:3-28)。Verba將局限性看成是上述的微細事件，仍然沒有接觸到參與作用的性質。在我們看來，局限性表現在作用上，應是自己不自覺或不自信對政府或其他權威機構的影響，

具有充份的權力或效果；所表現的參與行為就成為我們所發展架構中的訴請類型。由以上進一步的檢視可知，西方學者的觀察架構迄今仍是有欠周延性及包容性的。

二、研究設計：概念架構與方法

綜合前面對參與概念的各項討論，我們對政治參與行為擬試建的概念架構是置放在兩個基本理論的基礎上：(1)政治關係的權力理論，(2)政治系統的運作理論。根據這兩個理論，我們一方面包容任何具權力結構與功能的政府及非政府參與體系，包括國家與各級政府，以及其他社會團體；另一方面則包容政府及非政府體系之內的，具特定目的、結構與功能的實質體系。作這樣的體系結合後，我們再按參與行為的目的與作用，分為若干具包容性的行為類型，而完成我們概念架構的試建。現再分數點加以說明：

1.權力結構的體系：包括(1)國家及各級政府，(2)準政府性團體，(3)具強制性的職業團體，(4)自動社會組織。[5]

2.實質功能的體系：按政府及非政府體系之內的特定目的、結構與功能，分為多種具實質功能的體系類型，如選舉、治安、經濟、社會福利、教育、學術等等。我們可視觀察的需要，按其性質重加組合與分劃，如教育與學術可合為文教，經濟可劃分為工業及商業等。在政府體系之中，最值得重視的，當然是選舉體系，因選舉參與的範圍最廣：涉及每一公民；而且極為重要：是民權行使及政府組織所必需的方法。因之，政治學者常對選舉參與作單獨的觀察。至於其他性質

---

[5] 有關這些體系的劃分及討論，請參見胡佛、陳德禹、朱志宏(1978:27-28)。

的參與範圍即不若選舉之廣，人數也較少，為研析的方便，亦可一併視為影響政府的行動，作綜合性的觀察。如對特別重大的事件，或特殊地區的居民，也可作個案觀察。

3.行為的目的內涵：大致可分為對施政、對人事、對規範及對認同等四大目的類型。施政又可分為公共政策的決定（決策）與執行二者，而認同亦可分為分立與統合二者。

4.行為的作用程度：可據行為的作用，由低至高分為五個層級的參與類型：

(1)維持性的：作用在對體系運作的支持。

(2)敦促性的：作用在訴請與呈情，俾使權威機構能加強對各種措施的執行，獲得較滿意的產出。

(3)改革性的：作用在消極地否定體系內的某些措施，而要求取消或改革。

(4)推動性的：作用在積極性地提出各種建議與要求，以推動體系的運作。

(5)干預性的：作用在介入體系的決策與執行過程，而直接地加以干預。

如前所述，此五種層級的參與，維持性對體系的壓力最小，然後逐層加重，至干預性變成最大。

從以上的說明可知，我們所試建的參與架構是一多元性的架構(multiple framework)，更望經不斷地比較驗證後，能成為具一般包容性的多元模型(multiple model)。現將體系及行為的類型分列如下：

表一　政治參與的多元類型

體系的權力結構	體系的實質功能	行為的目的內涵	行為的作用程度
1.國家及政府體系	1.選舉體系	1.對施政	1.維持性
2.非國家及政府體系：	2.經濟體系	(1)政策	2.敦促性
	3.教育體系	(2)執行	3.改革性
(1)準政府性團體	4.社會福利體系	2.對人事	4.推動性
(2)強制性職業團體	5.治安體系（其他	3.對規範	5.干預性
(3)自動社會組織	具實質功能的體	4.對認同	
	系）	(1)分立	
		(2)統合	

　　整個架構的搭建，當然在探究參與行為本身所產生的作用，也就是要驗證行為的作用類型以及所呈現的行為模式。本文的主要目的實即在此，現再分項說明如下：

　　1.驗證行為的目的內涵類型的各種行為，皆確實存在，且皆能包容在五種行為作用的類型之內。

　　2.驗證此作用類型的參與行為，呈現五種高低層級的金字塔型模式，而且這一模式具普遍性及經常性，不因參與的擴大或縮小而改變。也就是說，如擴大是整體金字塔型的擴大；縮小亦然。但這一金字塔型的模式不變。

　　3.驗證此五種高低層級呈現所謂 Guttman Scale 的模式，亦即：參與高層級的，也會從事較低層級的參與。

　　4.探尋對此五種層級的參與行為構成影響的有關因素及作用路徑。

　　我們的探究架構可如下圖：

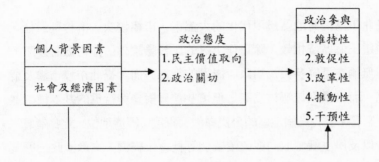

圖一　政治參與的分析架構

　　本文並非針對整體多元架構中的所有體系加以探究，為了理論上的驗證，我們特選擇政府體系中最重要的選舉參與及對政府施加影響的一般性行為，加以比較觀察。我們另選擇不同的地區就上述的選舉參與與影響政府的一般行為，作相互的比較，如此，應可使我們的驗證及理論的建構更臻精確。

　　我們所觀察的對象為臺灣地區在 1983 年年底具公民權（年滿二十歲）的整體公民，因據憲法及有關法令的規定，唯有公民始能參加選舉及從事某些參與活動。所選擇供比較探究的區域為臺北市、臺灣省的市鎮及鄉村。有關抽樣的方法及樣本分析，請見附錄一。受訪公民的個人背景請見附錄二。民主價值取向量表及政治關切量表請見附錄三及四。

　　我們曾抽出八分之一的樣本作再測信度的檢定，呈現的情況是：(1)在影響政府參與的量表方面兩組並無顯著差異(N=121,　t=-0.18,　p>.05)；(2)在選舉參與的量表方面，兩組亦無顯著的差異(N=130, t=1.43,　p>.05)；(3)在政治關切的量表方面，兩組亦無顯著的差異(N=127, t=0.14,　p>.05)；(4)在民主價值的量表方面，兩組亦無顯著的差異(N=113, t=0.79,　p>.05)。由上述四組的再測檢定可知，四種量表皆信而可徵。

　　臺北市爲臺灣地區最現代化的大都市，市鎮較次，鄉村則最低。我們將這三個區域相較，除可作上述的比較驗證外，亦可驗證以下的假設：無論在選舉參與及對政府影響的行爲方面，臺北市較市鎮及鄉村爲高，而市鎮則較鄉村爲高，但這些差異對參與行爲的基本模式並不產生影響。至於三個地區的公民在教育程度、經濟地位、社會階層、職業、以及民主價值取向與政治關切等社會、經濟、文教及政治態度等方面的高低差異，我們將在後面加以討論。但大致上臺北市公民高於市鎮及鄉村公民，而市鎮公民則高於鄉村公民。從這些差異也可以看出三個區域在現代化上的高低。

三、研究發現與討論

　　現針對我們所擬驗證及探尋的各個項目，根據在 1984 年春夏之間（4 月至 9 月）所作的全省性實證研究資料，分別說明及討論如下：

（一）參與行爲的結構

　　在選舉參與方面，我們共列九項參與活動，其類型、次數及百分數在整個臺灣地區、臺北市、市鎮及鄉村的情況可見表二。

　　我們從表二可以看到五種參與類型與各項參與活動之間的關連：(1)「閱讀候選人的傳單資料」及「與人談論候選人的競選」完全是被動地在人與事的兩方面對選舉活動的接納，因有此接納的行爲作用，選舉體系才能運作，所以可歸類爲維持性的參與類型；(2)「敦促親友投票」及「約請聽取政見會」仍是就人與事兩方面對選舉運作的施行，作進一步的促動，因而可歸類爲敦促性的參與類型；(3)「對選務人員的公正性及選舉制度的妥當性表示不滿」，那是主動地要求對選舉體

系中的人與事加以改革，故構成改革性的參與類型；(4)「對選舉制度提出新的構想與建議」，以及「建議他人競選」，在性質上則是主動而積極地推動選舉體系的運作，故屬於推動性的參與類型；(5)「親自參加助選或競選」，實已親自介入候選人的競選過程，自然成為干預性的參與類型。我們所發展的五種參與類型係根據系統運作的理論，現在三個地區以各項參與活動，作實證性的驗證，皆可清晰地看到：從選舉運作過程的開始直至競選活動的進行為止，選民皆具有各類目的性的參與行為，而且皆可包容在五種作用類型之內。再進一步看，我們也可發現：在較低層次的維持性參與，無論次數及百分比皆最高，但由此往上則逐層遞減，至最高層次的干預性即變成最低。這樣的行為模式與我們的設定也完全相合。

表二　臺灣選民的選舉參與類型、次數及百分比

類型	參與活動	臺灣地區		臺北市		市鎮		鄉村	
		n	%*	n	%*	n	%*	n	%*
維持性	1.閱讀候選人的傳單、快報或有關的報導	968	61	168	72	437	62	302	3
	2.與人談論候選人的競選	721	45	129	56	309	44	231	40
敦促性	1.敦促親友投票	530	33	106	46	228	32	163	29
	2.邀約親友前往聽取政見發表會	450	28	67	29	229	32	130	23
改革性	1.對辦理選務人員的公正性表示懷疑或批評	129	8	34	15	46	7	39	7
	2.對選舉制度與法規表示不滿或批評	92	6	19	8	37	5	24	4
推動性	1.對選舉制度提出新的構想與建議	69	4	18	8	31	4	12	2
	2.建議他人競選	54	3	10	4	29	4	12	2
干預性	親自參加助選或競選	42	3	3	1	25	4	6	1
合 計		1690		241		746		598	

*可多重選擇，故百分比總數不等於 100。

在影響政府的參與方面，我們共列五項參與活動，現祇作概括性

的觀察，結果可見表三。

表三　臺灣選民對政府影響的參與類型、次數、百分比

類型	參　與　活　動	臺灣地區		臺北市		市鎮		鄉村	
		n	%*	n	%*	n	%*	n	%*
維持性	遵守政府的各項法令規定	1521	90	221	92	671	90	540	90
敦促性	促請承辦人員重視人民的權益與方便	290	17	100	41	110	15	61	10
改革性	對作業規定或手續感到不滿要求改進	229	14	79	33	87	12	44	7
推動性	提出各種請求與建議	172	10	44	18	76	10	39	7
干預性	設法影響公共設施的規劃與執行	114	7	30	12	46	6	26	4
合計		1690		241		746		598	

*可多重選擇故百分比總數不等於100。

　　影響政府的五種參與類型，無論在理論或實際上，皆可包容政府體系運作過程中的各項目的性的參與活動。現就表三觀察，我們亦可發現其間的關連：(1)政府的運作必須根據法令規定，因之，「遵守政府的各項法令規定」即表示對政府的順應與接納，而成為維持性的參與類型；(2)「促請承辦人員重視人民的權益與方便」，主要的作用在影響執行，所以屬敦促性的參與行為；(3)「對作業規定或手續感到不滿，要求改進」，是一種主動性的改革需求，當然構成改革性的參與類型；(4)「向政府提出各種請求與建議」，則是主動而積極地推動政府運作，故為推動性的參與類型；(5)「在政府有關公共設施的決策與執行過程中，設法加以影響」，是最直接的介入，很顯然地成為干預性的參與類型。與選舉參與的探究相似，我們將上述五項參與活動在三個地區施測，結果皆可證實各項目的類型中參與行為的存在，且皆可包容在五種作用類型之內。在參與次數及百分比方面，參與層次愈低則愈高，反之，則愈低，也確具高低的層級。

（二）層級模式

　　從表二及表三的參與次數、百分比可知，在整個臺灣地區及臺北市、市鎮及鄉村，所有的各種參與活動，無論是選舉參與及影響政府的參與，皆呈現高低層級的模式。在這樣的基礎上，我們特對五個參與作用類型，就不同地區的兩類參與行為分別觀察，現將各項高低層級製圖如圖二之一～八。

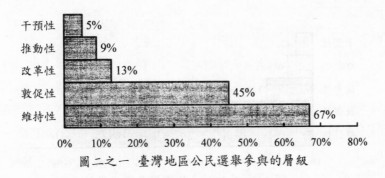

圖二之一　臺灣地區公民選舉參與的層級

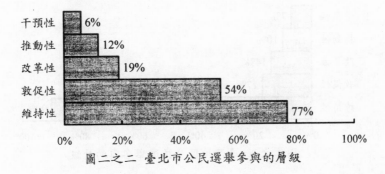

圖二之二　臺北市公民選舉參與的層級

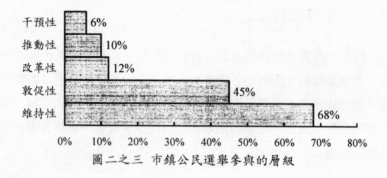

圖二之三　市鎮公民選舉參與的層級

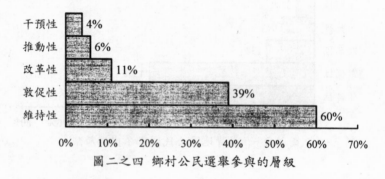

圖二之四　鄉村公民選舉參與的層級

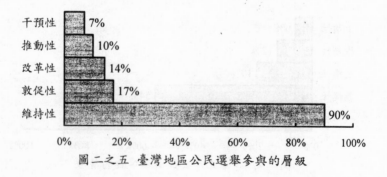

圖二之五　臺灣地區公民選舉參與的層級

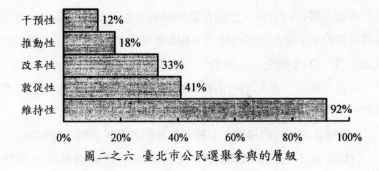

圖二之六　臺北市公民選舉參與的層級

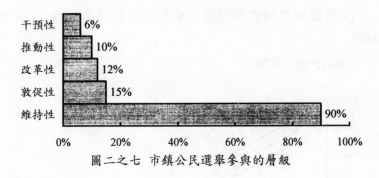

圖二之七　市鎮公民選舉參與的層級

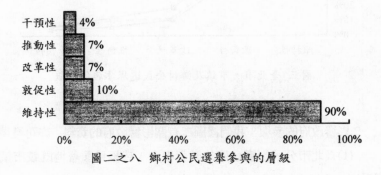

圖二之八　鄉村公民選舉參與的層級

　　我們從圖二之一～八可以非常清楚地看出整個臺灣地區或臺北市、市鎮、鄉村的公民，無論在選舉參與或影響政府的參與，皆呈現五種層級的金字塔型的高低模式。由低至高的次序分別爲：(1)維持性，(2)敦促性，(3)改革性，(4)推動性，(5)干預性。

　　再進一步看，臺北市、市鎮及鄉村的公民，在選舉參與及影響政府的五種行爲層級中，也互有同異，現再分別闡釋如下：

　　1.選舉參與：我們據圖二有關選舉參與的統計資料，即可發現：

　　(1)臺北市公民的參與程度極爲顯著地既較市鎮的公民爲高(t=6.918, p<.001)，也較鄉村公民爲高(t=9.117, p<.001)。

　　(2)市鎮公民的參與程度也顯著地較鄉村居民爲高(t=2.395, p<.05)。

　　三者的比較可見圖三。

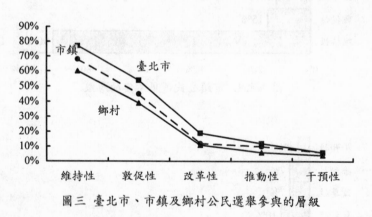

圖三　臺北市、市鎮及鄉村公民選舉參與的層級

　　2.影響政府的參與：我們據圖二有關影響政府的資料，亦可發現：

　　(1)臺北市公民影響政府的參與程度，皆極爲顯著地既較市鎮公民爲高(t=7.08, p<.001)，也較鄉村公民爲高(t=8.657, p<.001)。

(2)市鎮公民對影響政府的參與也顯著地較鄉村的公民為高
(t=l.964, P<.05)。

三者的比較可見圖四。

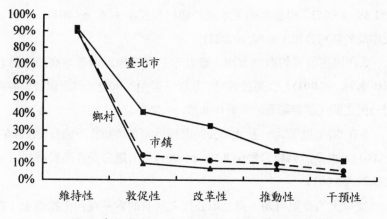

圖四　臺北市、市鎮及鄉村公民選舉參與的層級

臺北市、市鎮及鄉村的公民，無論在選舉參與及影響政府的參與
上皆呈現高低相異的模式，這是否與地區間現代化程度的高低具有關
連？我們特根據前述影響參與因素及作用的分析架構，就有關現代化
的教育、社會、經濟及政治等數項指標，作一檢視。我們的發現是：

1.在教育程度上，臺北市公民既極為顯著地高於市鎮公民(t=5.49,
p<.001)，也高於鄉村公民(t=10.71, P<.001)；市鎮公民亦高於鄉村的公
民(t=7.28, p<.001)。

2.在主觀認定的社會階層方面，臺北市公民與市鎮公民之間雖無
顯著的差異(t=1.86, p>.05)，但極為顯著地高於鄉村公民(t=4.37,
p<.001)；市鎮公民亦高於鄉村公民(t=4.20, p<.001)。

3.在職業方面，以國際職業聲望指標為準，臺北市公民既極為顯著地高於市鎮公民(t=5.08, p<.001)，也高於鄉村公民(t=7.21, p<.001)；市鎮公民亦較鄉村公民為高(t=3.48, p<.001)。

4.在經濟地位方面，臺北市公民與市鎮公民之間雖無顯著的差異(t=1.59, p>.05)，但極為顯著地高於鄉村公民(t=3.26, p<.001)；市鎮公民亦高於鄉村公民(t=6.80, p<.001)。

5.在民主價值的取向方面，臺北市公民既極為顯著地高於市鎮公民(t=3.54, p<.001)，也高於鄉村公民(t=4.07, p<.001)，但市鎮公民與鄉村公民之間，則無顯著的差異(t=0.99, p>.05)。

6.在政治關切方面，臺北市公民既極為顯著地高於市鎮公民(t=4.64, p<.001)，也高於鄉村公民(t=8.59, p<.001)；市鎮公民亦高於鄉村公民(t=5.22, p<.001)。

從以上的發現可知，臺北市公民在所有的六項現代化指標上（教育、社會階層、職業、經濟地位、民主價值取向、政治關切），皆極為顯著地高於鄉村公民；另在四項現代化指標上（教育、職業、民主價值取向、政治關切），也皆極為顯著地高於市鎮公民。市鎮公民則在五項現代化的指標上（教育、社會階層、職業、經濟地位、政治關切），皆極為顯著地高於鄉村公民。反過來看，在此六項現代化的指標上，市鎮及鄉村公民無一高於臺北市公民，而鄉村公民也無一高於市鎮公民。非常明顯地，臺北市公民的現代化高於市鎮及鄉村公民，而市鎮公民又高於鄉村公民。這種地區間所呈現的現代化差異，當然會影響到選舉參與及影響政府程度的高低。我們由此也可證知，政治參與的高低也正是整體社會現代化過程中一項重要的政治指標。但我們更要強調的是：儘管三種地區公民的選舉參與及對政府的影響雖皆呈現出顯著的差異，但仍然各自成為高低層級的金字塔型模式。經此驗證，我們認為這一模式實具有相當的普遍性及經常性。

（三）Guttman Scale 的模式

我們認為政治參與行為不僅構成高低層級的金字塔型模式，而且由最低層的維持性參與經敦促性、改革性及推動性而至干預性的順次不變。此外，更呈現出一種 Guttman Scale 的模式。這一模式同樣地不隨地區及時間的差異而改變。[6] 我們現分別就選舉參與及影響政府的五種行為層級類型，加以檢驗，結果可見表四及表五。

表四　影響政府參與的層級順序及Guttman scale分數

(1)層級順序	1	2	3	4	5
臺灣地區	維持性	敦促性	改革性	推動性	干預性
臺北市	維持性	敦促性	改革性	推動性	干預性
市　鎮	維持性	敦促性	改革性	推動性	干預性
鄉　村	維持性	敦促性	改革性	推動性	干預性

(2)Guttman scale 分數

	0 (未參與)	1	2	3	4	5 (最高)	CR	不能測量的百分值	N
臺灣地區	9	69	8	6	4	4=100%	0.966	0	1690
臺北市	6	45	18	15	9	7	0.947	0	241
市　鎮	9	72	6	5	4	4	0.974	0	746
鄉　村	9	77	7	4	3	4	0.975	0	598

從表四及表五可知，在不同地區的兩類參與，從最低層的維持性參與直至干預性的參與，所有的五種順序，確實未變。再經 Guttman Scale 分析，更可以看到兩類參與的五個層級所呈現的複製係數(coefficient of

---

[6] 我們的另一項研究證實此五類參與行為雖隨時間的變遷而擴大，但 Guttman Scale 的金字塔型式則不變。請參見：胡佛(1984)。

reproducibility)皆大於 0.90，此明顯地可以驗證表列各種參與層級皆確實構成 Guttman Scale 的模式，亦即參與高層級的，也參與較低的各層級。在我們的層級參與類型中，干預性的參與位階最高，人數也最少，但要作此參與，據 Guttman Scale 的分析，則必先依次經過維持性、敦促性、改革性及推動性等四個參與層級。同理，作次高的推動性參與的，也必先經由改革性、敦促性及維持性等參與；再低一層級，亦即作改革性參與的，則必先經敦促性及維持性的參與；而敦促性的參與則必來自維持性的參與。這一維持性的參與是所有參與層級中最低的，但人數也最多，在性質上卻是最根本的。

表五　選舉參與的層級順序及Guttman scale分數

(1)層級順序	1	2	3	4	5
臺灣地區	維持性	敦促性	改革性	推動性	干預性
臺北市	維持性	敦促性	改革性	推動性	干預性
市　鎮	維持性	敦促性	改革性	推動性	干預性
鄉　村	維持性	敦促性	改革性	推動性	干預性

(2)Guttman scale 分數								
	0 (未參與)	1	2	3	4	5 (最高)	CR	不能測量的百分值	N
臺灣地區	27	28	31	9	3	2=100%	0.942	0	1690
臺北市	16	26	39	13	3	3	0.919	0	241
市　鎮	27	28	30	8	5	2	0.944	0	746
鄉　村	34	28	28	6	2	2	0.958	0	598

（四）影響政治參與的因素

對整體臺灣地區及臺北市、市鎮及鄉村公民，在選舉參與及影響

政府的五個層級參與而言，究竟受到那一些個人的、社會經濟的及態度上因素的影響？居住及生活在現代化程度具有差異地區的公民，是否會受到不同因素的影響？我們特選擇性別、年齡、教育、職業、黨籍、經濟地位及社會階層等七項個人的基本背景及經社變數作為自變項，並設定政治態度中的民主價值取向及政治關切等二項變數作為中介變項，運用迴歸分析以探究對上述兩類參與行為具有顯著影響力的因素及所形成的影響路徑。現分述如下：

選舉參與

我們分別就上述各項變數對整體臺灣地區及臺北市、市鎮及鄉村公民的參與行為，進行迴歸分析，並將在 Beta 係數上經 F 值檢定具有顯著影響的變數，循其影響方向，加以繪列如圖五之一～四，全部的迴歸分析請見附錄五。

現據圖五之一～四，作數點討論：

1.對整體臺灣地區選舉參與最具正面影響力的變數，都是政治關切較強者(Beta=0.190)，其次則為職業地位較佳者(Beta=0.066)。換言之，對政治關切較深及所從事的職業較佳的公民，在參與的層級上也較高。但政治關切受教育的影響最為顯著(Beta=0.517)，也就是教育程度愈高者，愈對政治關切。除教育程度外，其他具有顯著的正面影響的為：具有黨籍者(Beta=0.141)、男性(Beta=0.110)、職業較佳者(Beta=0.074)及民主價值較強者(Beta=0.070)。再進一步看，對民主價值最具正面影響力的變數，仍為教育(Beta=0.313)：教育程度高者，民主價值的取向也較強；其他具正面影響力的為：男性、較年輕者及職業較佳者，而非具黨籍者，對民主取向的影響力亦顯著。

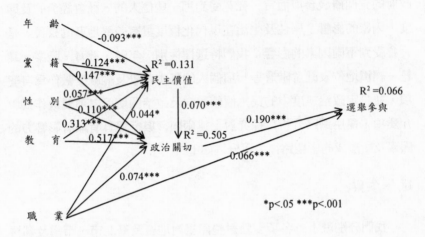

圖五之一 臺灣地區公民對選舉參與具顯著作用
的變數及Beta係數

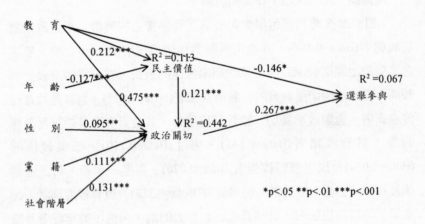

圖五之二 臺北市公民對選舉參與具顯著作用的
變數及Beta係數

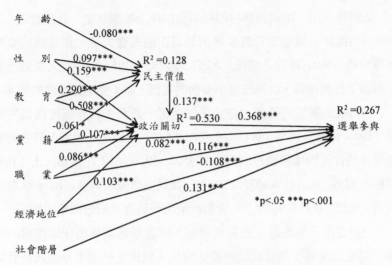

圖五之三　市鎮公民對選舉參與具顯著作用的

變數及Beta係數

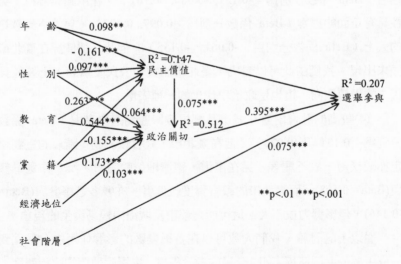

圖五之四　　鄉村公民對選舉參與具顯著作用的

變數及Beta係數

2.對臺北市、市鎮及鄉村的選舉參與作比較觀察後，我們發現：

(1)在此三個地區對選舉參與最具正面影響力者，都是政治關切較強變數（Beta 係數分別為：0.267, 0.368, 0.395）。由此可見政治關切無論在任何地區，皆構成選舉參與的主因，並不受地區差異的影響。

(2)政治關切的強弱，在此三個地區，皆最受教育程度高低的影響（Beta 係數分別為：0.475, 0.508, 0.544）。除這一影響力最強的變數外，男性（Beta 係數分別為：0.095, 0.159, 0.064）、黨籍人士（Beta 係數分別為：0.111, 0.107, 0.173）、具民主價值取向者（Beta 係數分別為：0.121, 0.137, 0.075），皆對政治關切具有共同的顯著影響。

(3)在此三個地區，民主價值並不對選舉參與構成任何直接的影響，而是間接地作用於政治的關切而生。對民主價值不分地區具有顯著影響的變數為：教育（Beta 係數分別為：0.212, 0.290, 0.263），年輕者（Beta 係數分別為：-0.127, -0.080, -0.161）。在市鎮與鄉村，男性具有正面的影響（Beta 係數分別為：0.097, 0.097），另為不具黨籍的人士（Beta 係數分別為：-0.061，-0.155）。但此二種情況在臺北市並未出現。我們由此可以看出，臺北市的女性公民及黨籍人士皆較具民主的價值取向，這也是政治現代化的一種表徵。

(4)較高的社會階層在城市及鄉村皆影響到選舉參與（Beta 係數分別為：0.131 及 0.075），但在臺北市，社會較流動，階層的主觀認定亦較淡薄，故不顯著。另在市鎮，經濟地位較差者，反多作選舉參與(Beta=-0.108)，而臺北市的教育程度較低者，亦較多選舉參與(Beta=-0.146)，但影響力並不大。這可能是都市及城鎮中較易發生的現象。

從以上的討論，我們大致可以在各種變數的影響作用中，尋覓到一條主要的共同路徑，即：公民的教育程度，影響到他們的政治態度：政治關切，然後再經政治關切作用於選舉參與的行動。我們所發現的政治態度的中介作用，在方法論上也很重要。

影響政府的參與：

我們運用上述相同的變數及方法，觀察經 F 值檢定具顯著性的 Beta 係數，並繪列如圖六之一～四。全部迴歸分析請參見附錄五，現據圖六之一～四，作數點討論：

1.就整體臺灣地區觀察，政治關切的強弱，在所有直接影響的變數中，對影響政府的參與最具正面的作用(Beta=0.270)。其他具有直接作用的則爲年齡較長者(Beta=0.120)，職業較佳者(Beta=0.114)及經濟地位較強者(Beta=0.070)。一般說來，具這些條件的人士較富影響的資源，如經驗、地位及財力，而能爲本身的利益多作直接的影響。

影響力最強的政治關切，受教育程度的正面影響最大(Beta=0.517)。黨籍人士、男性、職業較佳者及具民主價值取向者，也同具相當顯著的正面影響（Beta 係數分別爲 0.141, 0.110, 0.074, 0.070）。至於民主價值取向，也最受教育程度的正面影響(Beta=0.313)。除此，年輕者、男性、職業較佳者，也都發生正面的顯著作用（Beta 係數分別爲：-0.093, 0.057, 0.044），另爲不具黨籍人士(Beta=-0.124)，情況和選舉參與大致相若。

2.再比較觀察臺北市、市鎮及鄉村公民對影響政府的參與，發現：

(1)除鄉村外，政治關切在臺北市及市鎮皆最具正面影響力（Beta 分別爲：0.205 及 0.347）。鄉村的不受這一因素影響，很可能是一般鄉民對政治的了解與關切根本就不夠深切，無法形成顯著的作用。這一情況在進一步觀察鄉村公民直接影響政府的二項變數後，更可明瞭。此二項變數是年齡及教育，也就是年長者及教育程度高者對影響政府具正面的作用（Beta 分別爲：0.165 及 0.166）。這些公民縱對政治不夠關切，但較了解，也較富經驗，而能爲自己的利益對政府施加影響。

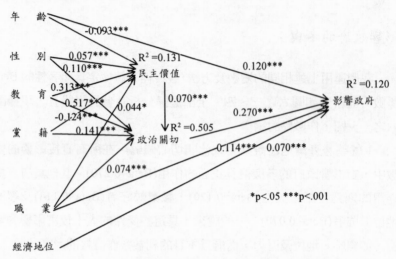

圖六之一　臺灣地區公民對政府影響具顯著作用
的變數及Beta係數

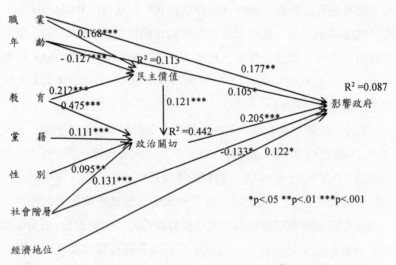

圖六之二　臺北市公民對政府影響具顯著作用的
變數及Beta係數

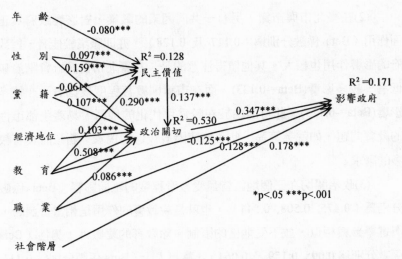

圖六之三　市鎮公民對政府影響具顯著作用的變數

及Beta係數

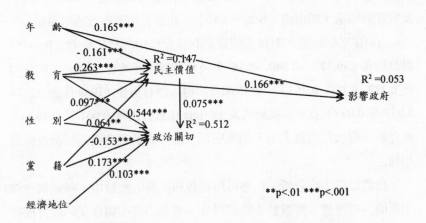

圖六之四　鄉村公民對政府影響具顯著作用的變數

及Beta係數

　　(2)在臺北市與市鎮，另有一共同因素的職業，對影響政府具正面作用（Beta 係數分別為：0.117 及 0.128），亦即職業較佳者，對政府的影響作用也較大。其他值得注意的是：在臺北市自認社會階層較低者，較多影響(Beta=-0.133)，而在市鎮則教育程度較低者，亦較多影響(Beta=-0.125)，此可能由於在較為現代化的地區，易產生都市性的社會問題，如就業等等，此可能使階層較低的民眾，對政府具有較多的請求。

　　(3)政治關切在三個地區皆最受教育程度的正面影響（Beta 係數分別為：0.475, 0.508, 0.544），也就是說教育的作用是相當普遍的，與選舉參與相似，並不受地區的限制。除教育的變數外，男性（Beta 係數分別為 0.095, 0.159 及 0.064）、黨籍人士（Beta 係數分別為 0.111, 0.107 及 0.173）、民主價值取向較強者（Beta 係數分別為 0.121, 0.137 及 0.075）也都對政治關切產生積極而顯著的作用。至於較好的經濟地位（如鄉村，Beta=0.103），較高的社會階層（如臺北，Beta=0.131）及較好的職業（如市鎮，Beta=0.086），也皆有助於對政治的關切。

　　(4)在三個地區，對民主價值具有正面作用的為年輕者（Beta 係數分別為：-0.127, -0.080, -0.161）及教育程度較高者（Beta 係數分別為 0.212, 0.290, 0.263）。在市鎮及鄉村，還有男性（Beta 係數分別為 0.097 及 0.097），及不具黨籍的人士（Beta 係數分別為-0.061 及-0.153）。此在較為現代化的臺北市，則未出現。這些與選舉參與的情況也完全相同。

　　我們從以上的分析，仍然可以在各種影響的變數中，尋覓到一條主要的共同路徑，那就是：除鄉村外，臺北市及市鎮公民的教育程度高者，影響政治態度的政治關切強；而政治關切強者，影響政府的作用大。而且，由於鄉村公民教育程度高者，直接影響政府的參與亦高，這一主要的路徑將來可能就是鄉村進一步發展的通道。

　　綜合在三種地區的兩種類型的參與，即選舉參與及影響政府，作一整體性的比較，我們就可清晰地看到，在各種變數中，兩者的主要影響路徑竟全然一致，即上述的由教育而政治關切，而參與行動。從中將社會變數的教育及政治作用變數的參與加以轉接的，則是心理變數的政治關切。政治關切則受到數種變數的影響，而民主價值取向祇不過是其中的一部分。在另一方面，民主價值取向對在不同地區的兩類政治參與皆不構成直接的作用。這一模式也正可說明，在現階段，兩類政治參與與民主價值並無直接的關連。

　　最後所要探討的是，上述主要影響路徑的模式是怎樣形成的，我們有以下的幾點看法：

　　1.政治關切是對政治體系的運作，在心態上所具有的一種積極性的關連感或取向。這種取向可能來自政治的信仰，也可能出自公益或私利的考慮，不過，既然關連到政治體系的運作，就很容易從態度的行動傾向，而產生影響體系運作的具體行動，以滿足行動者的需要。這種積極而易生行動傾向的關連感，使得政治關切成為政治參與最主要且最直接的影響變數。換言之，個人縱有各種需要，如欠缺對政治的關切取向，還是不易產生參與的行動。

　　2.政治體系的運作是一種權力的關係，所呈現的是交互影響的強制作用。這種關係表現在政府的體系，一方面不如家庭及職業生活來得親近與密切，一方面則遠較複雜，且難以理解與掌握。因之，對此種政治作用的關切，必須要超越一般家庭及職業的生活經驗，而對政府體系的運作具有相當的了解與期待，才能產生。這種了解與期待也就不能不借助於學校的教育，於是學校教育乃成為政治認知及信念的主要學習或社會化工具。教育程度愈高的，當然在政治社會化的程度上愈深，從而在政治關切上也就愈多。這是教育構成影響政治關切的主因，我們的發現即是一項具體的驗證。由此我們更可肯定教育對政

治參與及政治現代化的重要性。

3.民主的價值取向祇是一種信仰體系，具有民主信仰的如果對政治體系的運作不具任何積極的關切，就不一定會進行具體的參與行動。一位民主信仰者若對政府體系不抱任何期待，自然不會以具體的行動，加以影響。我們由此可以推知，民主的價值取向對政治參與不具顯著的直接影響作用，其故可能在此。在我們的發現中，民主信仰者的政治參與實透過政治關切而來，但與其他變項相較，民主價值取向對政治關切的影響，卻不是主要的。我們由此亦可知，這一取向尚未構成我國民眾在政治參與上的主要動力。

四、結　論

本論文的主要目的在檢視政治參與行為的概念與理論，並發展一具普遍包容性的多元概念架構，以建立較為周延及精確的參與理論。我們的步驟是先據政治的權力核心觀念，統合國家與政府體制及非國家與政府的體系，建立權力結構的體系類型。其次再就上述各類型體系中的目的、結構與功能，分別組成多種具實質功能的內部體系，構成體系的功能類型。完成此兩種體系類型的建立與分類後，即針對參與行為的目的內涵，分為對施政、對人事、對規範及對認同等四種基本的目的類型。最後再根據參與行為本身的作用程度，就體系的運作過程劃分為維持性、敦促性、改革性、推動性及干預性等五種層級的類型，構成行為的作用類型。

前兩種類型是體系的結合，後兩種類型則是行為的結合。我們將此兩種結合再加整合，就構成我們的多元架構。

在上述的多元架構中，體系的類型，無論在權力結構與實質功能

方面皆較具明顯的運作範圍，易於辨識，但其中的行為類型：目的的及作用的，則須經行為的實證性探究與驗證。本論文乃選擇政府體系內的兩種參與：選舉參與及影響政府，進而對整個臺灣地區民眾進行此項探究與驗證，並再分為臺北市、市鎮及鄉村等三種現代程度有異的地區，作比較性的觀察。我們的主要目的在：如能在不同地區獲得類型相同的驗證，即可證明我們所發展的演繹性類型理論的普遍存在。我們除作上述的探究外，也擬在行為的層級類型獲得驗證後，再據以追尋所受影響的各種因素，望能歸納出一主要的影響路徑，作為解釋及預測未來的政治發展。現將上述各項驗證與探索的結果分說如下：

1.證實目的類型中的各種行為皆確實存在，且可包容在五種行為的作用類型之內。

2.證實五種行為的作用類型皆呈現高低層級的金字塔型模式，且不因地區的不同及行為的增多或減少，而有所改變。

3.證實五種行為的作用類型所構成由低至高的順序為：(1)維持性，(2)敦促性，(3)改革性，(4)推動性，(5)干預性。這一順序也不因地區及行為的增減而改變。

4.證實此五種行為的作用類型形成 Guttman Scale 的模式，且同樣地不因地區及行為的增減而改變。

5.針對不同地區的兩種政府體系內的參與：選舉參與及影響政府，就五種層級的參與行為，歸納出一種主要的影響路徑：教育程度影響政治的關切態度，再由政治的關切態度影響政治參與行為。但在實質上，臺北市公民的政治關切極顯著地高於市鎮及鄉村公民，而市鎮公民亦高於鄉村公民。這在教育的程度上也是一樣。這些差異，連同其他變數在某些方面的差異，不僅影響到三個地區公民在兩類參與上的高低，也會影響到在主要參與路徑上的發展。

參考文獻

胡佛，1984，〈臺北市民政治參與行為的比較分析〉，《「臺灣地區的社會變遷與文化發展研討會」論文》，中國論壇主辦。

胡佛、陳德禹、朱志宏，1978，〈權力的價值取向：概念架構的建構與評估〉，《社會科學論叢》，臺灣大學法學院印行，27 輯，頁 3-40。

胡佛、陳德禹、朱志宏，1981，《政治參與的研究：內湖地區的個案分析》，行政院國家科學委員會研究報告。

陳德禹、陳明通，1983，〈政治參與行為的模式〉，《「政治參與與選舉行為研討會」論文》，中國政治學會主辦。

Easton, David. 1965. *A Framework for Political Analysis*. Englewood Cliffs, New Jersey: Prentice-Hall.

Barnes, Samuel H., Max Koase and et al. 1979. *Political Action: Mass Participation in Five Western Democracies*. Beverly Hills: Sage.

Huntington, Samuel P. and Joan M. Nelson. 1976. *No Easy Choice*. Cambridge, Mass.: Harvard University Press.

McClosky, Herbert. 1968. "Political Participation." *International Encyclopedia of the Social Sciences*. New York: Macmillan and Free Press, 12:252-265.

Milbrath, Lester W. 1965. *Political Participation*. Chicago: Rand McNally.

Milbrath, Lester W. 1981. "Political Participation." In Samuel L. Long (ed.) *The Handbook of Political Behavior*, 4:197-240. New York: Plenum Press.

Milbrath, Lester W. and M. L. Goel. 1976. *Political Participation*. Chicago: Rand McNally.

Nie, Norman H. and Sidney Verba. 1975. "Political Participation." In Fred I. Greenstein and Nelson W. Polsby (eds.) *The Handbook of Political Science*, 4:1-74. Readings, Mass.: Addison-Wesley.

Rusk, Jerrold G. 1976. "Political Participation in America: A Review Essay." *American Political Science Review* 70:584-585.

Verba, Sidney and Norman H. Nie. 1972. *Participation in America: Political Democracy and Social Equality*. New York: Harper and Row.

Verba, Sidney, Norman H. Nie and Joe-on Kim. 1971. *Modes of Democratic Participation: A Cross-National Comparison*. Beverly Hills: Sage.

Verba, Sidney, Norman H. Nie and Joe-on Kim. 1978. *Participation and Political Equality: A Seven Nation Comparison*. London and New York: Cambridge University Press.

Verba, Sidney and Lucian W. Pye (eds.) 1978. *The Citizen and Politics: A Comparative Perspective*. Stamford: Greylock.

Weiner, Myron. 1971. "Political Participation." In Leonard Binder and et al., *Crises and Sequences in Political Development*. Princeton: Princeton University Press.

附錄一　抽樣的方法及樣本分析

　　我們的研究是針對 1983 年年底增額立法委員選舉的選民，所以在整個臺灣地區的選樣，先以選區爲分層標準。在臺灣省的六個選區及臺北市與高雄市的兩個特別市選區中，除去第二選區（臺東縣及花蓮縣），我們皆決定從中按每一選區人口的六千分之一抽取樣本。在每一選區的樣本決定後，再從第一至第五選區中抽出一縣。縣抽出後，就進一步抽市（縣轄）、鎮及鄉村。原則上每一縣抽一鎮（或省轄市）及一鄉。在臺北市及高雄市則按區抽樣。我們因考慮到政治勢力上的公平，特先計算出每一選區的黨籍與無黨籍候選人得票的平均數，然後按此平均數抽出最接近此數的鄉、鎮。嘉義市的總平均得票率較選舉偏高，我們則抽其中最接近平均數的里。全部抽樣皆採兩段抽樣法 (two phases sampling)，即較施測樣本以隨機方法多出五倍的樣本，並將姓氏等有關資料錄於所特製的樣本卡，此爲第一段樣本母體。在施測前，即在此第一段樣本母體中隨機抽出第二級樣本，亦即施測樣本，由訪員進行訪問。如施測樣本發生困難（遷移或拒訪等），即可在第一段母體樣本中，隨時抽出補充樣本，而不虞匱乏。全部抽樣皆在每一樣本縣的選區事務所或戶政事務所進行。因係兩段抽樣，所以在抽樣前皆先對抽樣人員作二小時的講解，俾使作業順利進行，不發生錯誤。我們的總樣本數爲 1,775 人，第一段樣本母體則爲 8,875 人。現將抽樣地區樣本的分配及收回數，列於下表：

抽樣地區、樣本數及收回數

選　區	地　區	抽出樣本	收回樣本	不足樣本
一	宜蘭縣			
	1.蘇澳鎮	194	183	11
	2.員山鄉	133	99	34
二	桃園縣			
	1.大溪鄉	134	124	10
	2.蘆竹鄉	99	97	2
三	彰化縣			
	1.員林鎮	267	258	9
	2.田尾鄉	74	74	0
四	嘉義縣			
	1.嘉義市	184	182	2
	2.水上鄉	136	136	0
五	高雄縣			
	1.大寮鄉	150	150	0
	2.鳥松鄉	43	41	2
高雄市		120	104	16
臺北市		241	241	0
不明地區			1	
	N	1775	1690	85

附錄二　樣本結構表

	n	%
性　別		
男	853	50.5
女	831	49.2
年　齡		
20-24	239	14.1
25-29	289	17.1
30-34	246	14.6
35-39	156	9.2
40-44	137	8.1
45-49	121	7.2
50-54	122	7.2
55-59	119	7.0
60 以上	257	15.1
教　育		
研究所	7	0.4
大學	113	6.7
專科	167	9.9
高中	321	19.0
初中	270	16.0
小學	451	26.7
識字（未入學）	65	3.8
不識字	287	17.0
省　籍		
本省：閩南	1344	79.5
本省：客家	35	2.1
本省：山胞	9	0.5
外省	291	17.2

附錄三　民主價值取向量表

1.像民選的議員或民選的官員（鄉、鎮長或縣、市長等），最好由有錢的人出任。
2.女性應以不參加政治活動為佳。
3.為了避免選舉的麻煩，鄉、鎮（縣轄市）長不如由中央指派。
4.政府首長等於是大家庭的家長，一切大小國事，皆應聽從他的決定。
5.對付殘暴的罪犯，應立即處罰，不必等待法院審判的複雜程序。
6.大家的想法如不一致，社會就會紛亂。
7.一種意見能否在社會流傳，應由政府決定。
8.在一個地方(社區)上，如果東一個團體，西一個團體，就會雜亂紛擾，影響到地方的秩序與和諧。
9.一個國家如果政黨太多，會導致政治混亂。
10.政府如時常受到議員的牽制，就不可能有大作為了。
11.法官在審判影響治安的重大案件時，應該接受行政機關的意見。

附錄四　政治興趣與關切量表

1.是否閱讀報紙上國內外的政治新聞？
2.是否觀看電視上國內外的政治新聞？
3.是否閱讀政論性的雜誌？
4.是否與朋友討論政治上的事情？

附錄五 公民的選舉參與及影響政府參與的回歸分析（Beta係數）

1.臺灣地區

	選舉參與		影響政府	
	Beta	F	Beta	F
性　　別	0.006	0.031	0.031	1.090
年　　齡	0.046	1.589	0.120	13.236***
教　　育	0.003	0.004	-0.002	0.002
職　　業	0.066	3.950***	0.114	14.558***
經濟地位	0.018	0.214	0.070	4.064***
社會階層	0.039	0.691	0.042	1.362
黨　　籍	0.048	1.762	-0.045	1.958
民主價值	0.039	1.343	-0.003	0.012
政治關切	0.190	21.550***	0.270	47.101***
R^2	0.066		0.120	
N	956		1158	

***p<.001

2.臺北市

	選舉參與		影響政府	
	Beta	F	Beta	F
性　　別	0.064	0.187	-0.008	0.011
年　　齡	0.009	0.013	0.105	1.925
教　　育	-0.146	2.059*	0.427	0.189
職　　業	0.061	0.646	0.117	2.670**
經濟地位	0.085	0.931	0.122	2.018*
社會階層	-0.073	0.608	-0.133	2.173*
黨　　籍	0.104	1.518	0.278	0.125
民主價值	0.135	0.030	0.163	0.051
政治關切	0.267	8.741***	0.205	5.155***
R^2	0.067		0.087	
N	192		212	

*p<.05　**p<.01　***p<.001

3.市鎮

	選舉參與		影響政府	
	Beta	F	Beta	F
性　　別	-0.000	0.000	0.054	1.616
年　　齡	0.509	1.538	0.003	0.004
教　　育	0.457	0.679	-0.125	4.144***
職　　業	0.116	9.775***	0.128	9.632***
經濟地位	-0.108	6.078***	0.021	0.185
社會階層	0.131	8.443***	0.178	12.205***
黨　　籍	0.082	4.150***	-0.049	1.196
民主價值	0.045	1.479	-0.057	1.889
政治關切	0.368	54.678***	0.347	38.823***
R^2		0.267		0.171
N		640		587

***p<.001

4.鄉村

	選舉參與		影響政府	
	Beta	F	Beta	F
性　　別	0.031	0.499	0.070	1.881
年　　齡	0.098	3.036**	0.165	6.679***
教　　育	0.031	0.191	0.166	4.440***
職　　業	0.021	0.230	-0.028	0.314
經濟地位	0.069	1.805	0.060	1.010
社會階層	0.075	2.144*	0.042	0.505
黨　　籍	0.023	0.215	-0.027	0.227
民主價值	0.126	0.081	-0.052	1.054
政治關切	0.395	46.160***	0.086	1.712
R^2		0.207		0.053
N		491		450

*p<.05　**p<.01　***p<.001

臺灣地區民眾的選舉參與行為

```
目　　次
一、概說：概念的檢視　　　三、研究發現與討論
二、研究設計：研究架構的　　四、結論
　　搭建
```

一、概說：概念的檢視

「選舉參與」(electoral participation)是最近我們比較常用的一個概念。在「參與」的各種概念中，[1] 它屬於「政治參與」概念[2] 下的一個次概念(sub-concept)，用來指涉在選舉過程中，投票行為以外的參與活動。[3] 所以作如此的劃分，主要是因為政治學界最早的參與行為研究，幾乎是把政治參與與選舉及投票行為劃等號。最近的研究則認為，投票行為既非政治參與的唯一指標，甚至也不是一個具有代表性的指標(Verba and Nie 1972:51-54)。另外，政治參與也不僅僅只有選舉時的參與，在兩個選舉週期中，尚有更多的公民影響政府決策的活動可以稱為「政治參與」(Verba, Nie and Kim 1971:10)。因此，為了把投票行為從參與研究中劃分出來，也為了使政治參與的內容更豐富，涵蓋更

---

[1] 關於參與概念的探討，請參見胡佛：1985:363-70。

[2] 關於政治參與概念的探討，請參見胡佛：1984:1-23。

[3] 關於投票行為概念的探討，請參見胡佛、陳明通：1986:1-20。

廣，我們才使用「選舉參與」的概念，用來專指選舉時民眾的參與活動，並與非選舉時的參與概念（如主動與政府接洽的參與）平行，同屬於政治參與概念下的一個次概念。

選舉參與既然專指選舉期間民眾的種種參與活動，但是這些活動內部是否有層次之分？又假如把選舉當作一個選擇政府人事的功能體系來看，各層次的參與活動又與這個體系如何關聯？產生怎樣的作用？實有加以一一檢討的必要。

前面提到，西方學者研究政治參與，最早是從選舉參與開始。經過多年來的努力，已使參與的概念由「單一面向」」(uni-dimension)走向「多面向」(multi-dimension)，並為參與活動發展出數個「型態」(modes)。雖然如此，西方學者在分析參與概念時，所使用的「面向」、「型態」等概念的意義本身，就不統一，常常此所謂的「型態」就是彼所謂的「面向」，令人混淆不清。另外這些學者認為參與概念內部有數個面向或型態，多屬歸納得來的，往往受制於個人的觀察經驗，而無法全盤掌握參與的普遍現象。對於這樣的一個概念設計，過去我們就曾經為文指出，它不僅無法用來觀察我國的情況，也不能盡納西方社會的參與活動，因此即主張應發展一較為周延、包容，能供普遍適用及比較的多元架構(胡佛 1985：363-66，胡佛、陳德禹、朱志宏 1978, 1981）。

過去我們已經數度為文檢討西方關於政治參與的概念，現僅就與選舉參與相關部份，再作下面數點說明：

1.對於選舉參與活動所作面向的劃分，應有理論的指引，作演繹性的切割，以完整地涵蓋所有的參與活動。在過去，Lester W. Milbrath(1965:17-22)曾把選舉參與活動，根據羅馬競技場所得來的觀念，依高低程度(level)劃分為：「鬥士的活動」(gladiatorial activities)、「過渡的參與活動」(transitional activities)、「旁觀者的活動」(spectator

activities)，及「冷淡者」(apathetics)等四個面向。Sidney Verba 等
(1971:11-15)亦曾經把競選活動分爲：「衝突層面」(conflict dimension)、
「合作層面」(cooperative dimension)、「政治的結果」(political outcome)、
「主動要求」(initiative required)等四個層面。但是無論是從競技場上
得來的觀念，或是根據研究者的觀察結果，這些面向的劃分，在我們
看來都是不夠周延，且缺乏理論根據的。

　　何以說不夠周延？首先是這些面向的意義不夠清楚。何謂「過渡
的活動」？要參與到什麼程度，才不是過渡的活動？一旦所劃分面向
的意義不夠清楚，就很難完整地吸納該面向的所有活動。其次在這些
面向中也出現意義重疊的情形，參與的活動既作「衝突」、「合作」
面向的劃分，顯然不是衝突就是合作，最多再出現個不衝突也不合作
的消極抵抗面向，何以又有「政治的結果」、「主動的要求」等面向
出現？顯然在「主動的要求」過程中，可能是衝突的，也可能是合作
的。意義重疊也是劃分不周延的現象。最後，我們還很容易找出這些
面向以外的參與活動，例如鬥士的教練，他親臨現場指導，顯然是不
屬於這四類的參與活動中之一，因此 Jerrold G. Rusk(1976:584-85)就曾
指出，若增加一些活動項目的題目作經驗觀察，可能就會出現更多的
「型態」（面向）出來。

　　又何以說缺乏理論的根據？首先要說明的是爲什麼要有理論的根
據。因爲沒有理論的依據，所作的層次劃分將毫無意義。就一個概念
內部作層次的劃分，劃分的方式有許多種，我們固可以把選舉參與者
分爲「鬥士」、「旁觀者」、「冷淡者」，也可以把它分爲「競選者」、
「助選者」、「拉票者」、「投票者」；或分爲「多人競選者」、「一
人競選者」；「有多人助選者」、「無人助選者」。因此，爲何要選
擇這種而不是那種劃分方法，應有一定的理由，其中最重要的是，經
由這樣的劃分，更能掌握概念內的變異情形，有助於解釋其他變數，

或使其他變數解釋得更清楚，也就是要能嵌進一項理論裡。要達到這個目的，在設計一項概念，劃分概念內部的層次時，就應有預存的理論做基礎，這樣的概念設計才有理論上的意義，也才有科學上的價值。Milbrath 等的分類是從羅馬競技場上得來的觀念，缺乏理論的根據固無庸待言，Verba 等的分類更是同時糾纏數項標準，找不出理論的依憑。因此，兩者都無法從「鬥士型」參與者或「衝突面向」的參與者，進一步去解釋它到底對選舉產生什麼作用。

2.我們必須把選舉當作一個體系，才能了解各種層次的參與者，到底對選舉產生怎樣的作用，也唯有如此，對參與者所做的各種層次、類型的劃分才有意義。選舉主要的目的在為政府選舉公職人員，這是它的功能。為了達成這項功能，而有各種選舉規範及人員配備，這是它的結構；而貫串在這結構內的是各種選舉活動（包括候選人、助選員、選民所從事者），這些就構成政府體系內的一種有機的功能體系。它有投入(input)及轉換過程(conversion process)、也有產出(output)、回饋(feedback)。選民在這體系內參與，不僅要推舉候選人使他當選，更會要求一個公平合理的競爭規範及公正無私的選舉過程。這些就構成了選民在選舉體系內，採取參與行動的目的。

3.根據以上的看法，我們遂重新設計了選舉參與的內部層次，以完整地、邏輯地，在理論指引下吸納各種參與活動。基本上，我們根據選舉體系的幾個運作環節（投入，轉換過程，產出），將所有的參與活動劃分為：維持性、敦促性、改革性、推動性、干預性等五個層次，並以維持性的參與層次最低，干預性參與層次最高，餘者依序排列其中。我們且認為作高一層次的參與者，亦必作所有低層次的參與，[4] 形成一種 Guttman Scale 的層級，茲再說明如下：

---

[4] 此點學者 Robert Lane(1959:93-94)亦有相同的看法。Lane 在 1959 年的著

(1)維持性參與：是對選舉體系投入環節的支持部分，所作的參與，這種參與的作用在支持選舉體系的運作，如去投票、閱讀選舉公報、候選人傳單等。假如大家都不去投票，選舉體系將無法運作，選舉的功能亦無法達成，因此這是最基本，也是最起碼的參與。

(2)敦促性參與：是對選舉體系產出環節的參與，作用在訴請與呈情，使在既定的選舉規範下有較滿意的產出，例如敦促他人去投票，去聽取見發表會，使選民有較理性的選擇。

(3)改革性的參與：是對選舉體系投入環節的支持部分，作消極不支持、要求改革的參與，作用在消極否定選舉體系內某些既存的規範或措施，要求取消或變更。例如對辦理選舉的選務人員態度不滿，要求改進；對某些選舉規範不滿，要求撤消或變更。

(4)推動性的參與：是對選舉體系投入環節的要求部分，所作的參與，作用在積極地提出各種建議與要求，包括選舉規範與候選人，以推動選舉體系的運作。例如建議或推薦他人出來競選，或建議某種選舉措施。

(5)干預性的參與：是對選舉體系的轉換過程的參與，作用在介入選舉體系的決策與執行過程，掌握選舉體系的運作核心。例如參與選舉法規的制訂，或親自出來競選，或為他人助選。

總之，我們對選舉參與概念的界定及層次的劃分，是在把選舉當作一個體系的觀點下進行，也就是把選舉參與與選舉體系緊緊地扣在一起，依參與活動對選舉體系所具的作用，釐清活動的層次。我們認為不作如此的定位，選舉參與的概念設計，將失去理論上的意義。

作中即指出，參與行為是階層式的，從事較困難或較不常見的參與行為者，大多已進行過較易的的參與行為。

二、研究設計：研究架構的搭建與假設的提出

經過以上對選舉參與概念的討論，在釐清概念內部的層次及了解
各層次的選舉參與對選舉體系的作用後，我們尚需探究不同層次參與
的變異來源，也就是為什麼有些選民會作較高層次的參與，有些選民
僅停留在低層次的參與。Milbrath(1981:209-37)曾歸納影響政治參與的
變數有：情境刺激因素(stimuli factors)、個人因素(personal factors)（包
括個人的信仰、態度、人格等因素)、社會地位因素(social position factors)
及生態環境因素(environmental factors)。由於情境因素往往以隨機方式
出現，不容易掌握，因此我們只採後三種因素並重新加以組合命名為：

　　1.個人背景因素：包括選民的性別、年齡、籍貫、教育程度、行
業、職位、收入等變數。

　　2.社會經濟因素：包括選民生長環境的都市化程度、自我社會階
層的認定等變數。

　　3.個人信念與態度因素：包括選民對結構性及功能性政治規範的
取向、政治關切、社會問題評估，以及政府施政滿意度評估等變數。

　　根據以上所列舉的變數，現將我們的研究架構搭建如下：

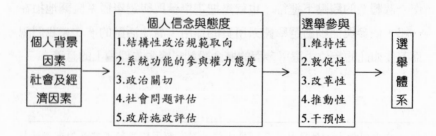

在此一架構的指引下，我們所欲驗證的假設有下列數項：

1.選舉參與由維持性參與、敦促性參與、改革性參與、推動性參與、干預性參與逐步昇高，而具有階梯特性，作高層次參與者，亦必作低層次參與，呈現 Guttman Scale 的階層型態。

2.個人背景因素對選舉參與的程度具有顯著的影響力，特別是男性、年紀較輕、教育程度較高、收入較豐者，對選舉的參與會較積極。

3.個人社會經濟因素，對選舉參與的程度，亦具有顯著的影響力。都市化程度高，自我社會階層認定高的選民，參與會較積極。

4.個人信念與態度對選舉參與的程度，亦具有顯著的影響力。特別是對政治較關切者，對社會問題、政府施政愈不滿意者，參與會較高。

本論文的資料來源，是採取自臺灣地區社會變遷基本調查研究，共有 4,233 個樣本，詳細的樣本特性，請參考該研究的總報告，在此不再作進一步說明。

三、研究發現與討論

經過上述對選舉參與理論及概念化過程的檢討後，下面再針對實證部份的發現，加以說明並討論。

（一）選舉參與行為的結構

在此次調查研究中，我們共列了七項選舉參與活動，分屬於五個高低不同的參與層級，嗣經統計，結果列於表一。表一顯示：

1.在維持性參與的兩項活動中，無論是投票或閱讀候選人傳單、快報，參與比率皆屬最高，人數亦為最多。維持性參與在我們的理論

中，是參與層次最低者，也是一般民眾對選舉體系最起碼的參與，因為唯有透過民眾的投票，去注意選舉，選舉體系才能維持，選舉所負擔的功能，也才能達成。

2.在敦促性參與的兩項活動中，無論是前往聽取政見發表會或鼓勵親友去聽政見發表會，參與的比率與人數皆僅次於維持性參與。在我們的理論中，敦促性參與是對選舉產出環節的參與，也就是對選舉體系所欲產生的功能的促動，使其順利發生。它並不作積極的要求或建議，因此行動的難度仍低，參與的人數就較多，惟仍少於僅消極維持選舉體系存在的維持性參與。

表一　臺灣地區民眾的選舉參與層級、次數及百分比

層　級	參　與　活　動	時 常	有 時	很 少	從 不	有效人數
維持性	1.投票	3288 (77.9)	501 (11.9)	188 (4.4)	243 (5.7)	4219
	2.閱讀候選人的傳單、快報或有關報導	1549 (36.7)	1386 (32.9)	540 (12.8)	744 (17.6)	4219
敦促性	1.前往聽取政見發表會	689 (16.3)	1356 (32.1)	1059 (25.1)	1116 (26.4)	4219
	2.鼓勵親友去聽政見發表會	430 (10.2)	974 (23.1)	1052 (24.9)	1763 (41.8)	4218
改革性	1.對辦理選務人員的能力與態度表示懷疑和提出批評	106 (2.5)	456 (10.8)	1014 (24.1)	2639 (62.6)	4216
推動性	1.建議他人競選	69 (1.6)	180 (4.3)	501 (11.9)	3468 (82.2)	4218
干預性	1.義務為某位候選人宣傳或拉票	86 (2.0)	314 (7.4)	556 (13.2)	3262 (77.3)	4218

3.在改革性參與的活動中，時常或有時會對辦理選務人員的能力與態度表示懷疑和提出批評者，人數僅達 13.3%，遠少於維持性及敦促性參與的人數。改革性參與是一種消極需求的參與，亦即消極地希

望選舉體系中某些承辦人員的態度不要發生及某些選舉規範不要存在。雖然它僅是消極的不希望，但要能有這種不希望的意識，並會進一步表達出來，並不容易，因此作這一層次參與的人數便要少很多。

4.在推動性參與中，表示時常或有時會建議他人競選者，僅有5.9%，又比改革性參與的人數少一些。推動性參與是一種積極需求的參與，亦即積極地希望選舉體系中應有怎樣的選舉規範及應有怎樣的人參與競選，並以行動表示了他們的希望。由於這種積極投入的行動是帶動選舉體系運作的主要原因，因此它是一種推動性的參與。

5.在干預性參與中，表示時常或有時會義務爲某位候選人宣傳或拉票者有 9.4%。干預性參與是直接介入選舉過程的參與，也就是直接介入到候選人當選或落選過程的參與。因此爲候選人宣傳、助選、或親自出來競選，都是這一層次的參與。因爲助選員或候選人皆直接干預到選舉過程的運作，因此我們將它稱爲干預性的參與。

依照我們的理論，這五個層次的參與，以干預性的參與層次最高，其次是推動性，再次是改革性，最後是敦促性參與及維持性參與，而以維持性參與層次最低。因爲政治到底是一種上層建築，一般人民最多只感覺到有政治體系的存在，並接受它的政治產出，僅有少數的人民會以行動要求政治體系的積極作爲或消極作爲，又僅有極少數的人民會參與到政治體系的決策轉換過程，企圖使自己的意志成爲統治意志的一部份或主要部份。因此參與的人數會隨著參與層次的提高而急速降低，這一點表一的結果，證實了我們的理論。

另外我們也認爲，在這五個層次的參與中，作高一層次參與的選民，也會作低層次的參與，這一點我們透過 Guttman Scale，加以檢驗，結果也獲得證實(CR=0.93)，可見表二。這一結果與我們過去的研究發現頗爲一致（胡佛 1984：29，1985：378）。

表二　臺灣地區民眾選舉參與Guttman Scale分析

(1)層級順序	1		2		3		4		5
	維持性		敦促性		改革性		推動性		干預性
(2)Guttman Scale 分數									
	0 (未參與)	1	2	3	4	5 (最高)	CR	不能測量的百分值	N
	22	41	24	8	3	2=100%	0.93	0	4216

（二）影響選舉參與的因素

前面的分析，明顯地顯示臺灣地區民眾對選舉參與的變異性很高，也就是不同的人有不一樣的參與活動。有些人參與的層次高，替人助選拉票，作干預性的參與；有些人的參與層次低，僅去投投票或看看候選人的傳單快報，僅作維持性的參與。但到底是怎樣的選民作了不同層次的參與？有無一定的模式(pattern)可循？我們分別就選民的個人基本背景、生長環境、政治信念，選擇了一些變數來加以觀察。現將觀察的結果，分述如下：

1.行政區域：行政區域主要以省及院轄市作為區分，臺灣地區共有臺灣一省，臺北、高雄兩院轄市。結果發現院轄市間的民眾，選舉參與的程度並無不同。院轄市與省之間的民眾，選舉參與的程度則有顯著的不同（$p<.05$，此一結果係採 Scheffe 對比平均數得來）。三者的平均數分別為：臺北市 16.36，高雄市 16.14，臺灣省 13.09，[5] 都屬

---

[5] 選舉參與分數是經由下列方式計算出來的：(1)時常參與者，得 4 分；有時參與者，得 3 分；很少參與視同從不參與，得 0 分。(2)為充分反映選舉參與內部各層次間所具有的上下層級，特作如下的加權處理：選舉參

敦促性參與。

2.區域層級：臺灣地區行政區域的層級約略分為三級：都市、城鎮、鄉村，這三個層級也反應出都市化的程度。大抵而言，鄉村區域都市化程度最低、城鎮略高、都市則最高。經分析的結果顯示，城鎮的居民與鄉村的居民，在選舉參與的程度上，並沒有顯著的差異，但是都市居民就與城鎮及鄉村居民的參與情形，有顯著的不同(p<.05)。三者的平均數分別為：都市 14.78，城鎮 12.56，鄉村 12.74。與前者（行政區域）的情形合併來看，我們發現大都會的民眾要比一般城鎮、鄉村的民眾，在選舉過程中的參與較為積極。此一結果與我們過去的研究亦頗為相近（胡佛 1985：376），顯現出都市化有助於民眾權力意識的提高，而影響到參與的投入程度。

3.性別：性別與選舉參與亦有顯著的關聯(F=40.68, p<.001)，其中男性的參與程度要比女性為高；平均數分別為：男性 15.79，女性 11.62。在傳統男主外女主內的觀念下，女性較不參與家庭以外的事務，特別是政治的事情，因此對選舉的參與要較男性為低。

4.年齡：年齡與選舉參與間亦具有顯著的關聯(F=2.73, p<.05)，但經兩兩比較後發現，並無任何兩組有顯著的差異。各組平均數分別是：20-29 歲：13.73，30-39 歲：15.39，40-49 歲：13.54，50-59 歲：13.07，60-70 歲：11.54。以 30-39 歲平均數最高，60-70 歲平均數最低，仍可看出老年人參與較低的趨勢。

與分數=維持性×1＋敦促性×2＋改革性×4＋推動性×8＋干預性×16。經加權處理後，各層次的分數級距如下：

　0－2.99 分：從未參與　　　　21－44.99 分：參與到改革性

　3－8.99 分：參與到維持性　　45－92.99 分：參與到推動性

　9－20.99 分：參與到敦促性　　93－124 分：參與到干預性

　　5.籍貫：籍貫與選舉參與間存有顯著的關聯(F=11.95, p<.001)，又
經兩兩比較後發現，山地人較閩南人、客家人及外省人的參與程度都
高(p<.05)，平均數分別為：山地人：26.21（達到改革性參與），閩南
人：13.19，客家人：13.89，外省人：15.38（仍屬敦促性參與）；但閩
南人、客家人、外省人間，對選舉的參與程度則無顯著的不同。山地
人的參與程度何以較一般的平地人為高，頗值得進一步的探討。可能
是山地人較容易被動員去參與，也可能是山地人的主權意識較強，較
熱中選舉的結果。

　　6.教育程度：教育程度與選舉參與亦有顯著的相關，若將教育程
度以受教育的年數代替，並視為一連續變數，而與選舉參與作相關分
析，則呈現出受教育年數愈多者，參與程度愈高(r=0.128, p<.01)。各
組平均數分別為：未受教育：6.51（僅停留在維持性參與），小學：13.70，
初中：13.99，高中：16.37，大學：16.88（皆屬敦促性參與），研究
所以上：21.24（已達改革性參與）。教育程度愈高者，對選舉的參與
程度也就愈高，這是一非常自然的現象，因為高教育程度者有較多的
能力、信心去參與選舉事務，低教育程度者則反是。

　　7.行業：行業與選舉參與亦有顯著的關聯(F=2.04, p<.05)，惟經兩
兩比較後發現，並無任何兩組的參與程度有顯著的差異。各組平均數
分別為：農林漁牧業：13.38，礦業及採石業：9.55，製造業：13.86，
水電燃氣業：19.33，營造業：14.58，商業：15.00，運輸業：17.39，
金融保險業：15.72，公共行政及服務業：17.42。其中以水電燃氣業平
均數最高，礦業及採石業平均數最低，惟二者仍無顯著差異（因前者
僅19人，標準差達3.89；後者亦僅28人，標準差亦達2.53）。

　　8.職位：職位與選舉參與亦有顯著的關聯(F=4.99, p<.001)，經兩
兩比較後發現，生產運輸工人對選舉的參與程度，比專門技術人員及
行政主管人員都低，平均數依序為：13.31、19.45、24.89；另外農林

漁牧獵者對選舉的參與，也比行政主管人員為低，平均數依序為 13.43、24.89。在社會學上，農林漁牧獵者及工業部門的生產運輸工人是屬於勞工階級，或稱藍領階級；另外專門技術人員、行政主管人員多屬於白領階級。白領階級要比藍領階級對選舉過程的參與較積極深入，可能是因為前者有較多的能力、興趣，及社會資源去關心選舉事務。

　　9.收入：收入與選舉參與亦有顯著的關聯(F=7.85, p<.001)。各組的平均數，可見表三及圖一。

表三　收入與參與程度

收入（千元）	參與程度	收入（千元）	參與程度
0-4	8.54	30-34	18.88
5-9	10.36	35-39	22.10
10-14	14.51	40-44	15.98
15-19	16.47	45-49	20.67
20-24	18.77	50 以上	16.85
25-29	27.29		

　　從表三及圖一可以發現，收入在 25,000-29,000 元者對選舉的參與程度最高，其次是 35,000-39,000 元者，二者皆達改革性參與，45,000-49,000 元者居第三，30,000-34,000 元者居第四，20,000-24,000 元者居第五，50,000 元以上者居第六，15,000-19,000 元者居第七，40,000-44,000 元者居第八，10,000-14,000 者居第九，5,000-9,000 元者居第十，以上皆屬敦促性參與。0-4,000 元收入者居最末，僅作維持性參與。大抵看來，中間收入者參與程度最高，其次是高收入者，最低是低收入者，頗符合中產階級較積極於政治參與的理論。

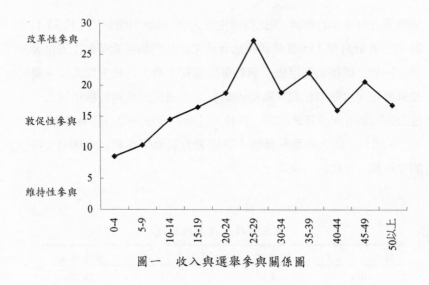

圖一　收入與選舉參與關係圖

10.生活品質：選民對生活品質的評估亦與選舉參與有所關連，其中以對自己目前生活及未來五年後自己生活品質的評估，有顯著的相關性（r 值分別是：0.061，p<.01；0.073，p<.01）。也就是對目前生活品質愈滿意者，對選舉的參與程度就愈高；另外預估未來五年後自己的生活品質將愈好者，對選舉的參與也愈高。

11.政治關切：[6] 政治關切與選舉參與呈顯著的正相關（r=0.07, p<.01）；亦即對政治愈關心者，對選舉的參與就愈積極，層次也愈高。此一結果，與我們過去的研究亦頗為相近（胡佛 1985：381）。

12.對結構性政治規範的價值取向：結構性政治規範的價值取向是指民眾對基本的政治權力，應如何規範運作的取向（請參見：袁頌西，

---

[6] 本文所謂的政治關切是以（問卷第 30 題）閱讀報紙的情況為指標。最常閱讀國內政經新聞及國際新聞者，得 3 分，為最高；其次是最常閱讀國內社會新聞者，得 2 分；其餘得 1 分。

陳德禹 1987；胡佛，陳德禹，朱志宏 1978：13-18)，也就是對民眾是否取向於民主的評估。研究結果發現，臺灣地區的民眾是否取向於民主，與對選舉的參與程度無顯著的相關(r=-0.027, p>.05)。此一結果與我們過去的研究，亦頗爲相近（胡佛 1985：379-81）。

13.對政治系統功能運作過程的參與權力取向：此是指政治系統在形成決策，達成功能的過程中，民眾是否自覺有參與的權力。民眾對這些參與權力作何取向，便形成一種政治文化（胡佛 1987）。研究結果發現，系統功能的參與權力取向，與選舉參與並無顯著的相關(r=0.0002, p>.05)。

14.對目前社會問題的評估：研究結果發現，民眾對社會問題的評估，與選舉參與呈顯著的正相關(r=0.051, p<.01)，也就是愈認爲目前社會問題嚴重者，對選舉的參與也就愈積極投入。顯見選民頗思透過選舉解決社會問題。

15.對政府施政結果的評估：選民對政府施政的結果是否滿意，與他們對選舉的參與程度，並無顯著的相關(r=0.0004, p>.05)。亦即選民並不把是否積極投入選戰，作爲對政府施政是否表示滿意的反應。事實上選民對政府施政的滿意與否，最可能表現在投票方向上，也就是對候選人及其黨派的選擇上。

以上共選擇十五個變項以考量對選舉參與的影響情形，結果發現僅三個變數（結構性政治規範取向、系統功能的參與權力取向、政府施政滿意度評估）與選舉參與並無顯著的相關，其餘皆呈現出一定的影響力。雖然如此，這些變數對選舉參與的解釋力仍低，R^2 僅在百分之一、二左右，顯見仍有影響選舉參與的重大因素，有待進一步地探究。

四、結　論

　　本論文的主要目的，在檢視選舉參與有關的概念與類型，討論其中的利弊得失，並進而發展一較周延、精確的選舉參與概念，以建立選舉參與的理論。我們的作法是：首先將選舉視為一個體系，既為體系必有投入面、轉換面及產出面，對應於這些面向的參與是：維持性、改革性、推動性、干預性與敦促性參與。不同面向的參與代表著對選舉體系不同程度的影響作用，依作用力的大小，分別是：干預性參與、推動性參與、改革性參與、敦促性參與及維持性參與。此五種選舉參與行為，並呈現出 Guttman Scale 的層級模式。這些概念建構都一一在實徵資料中，獲得證實。

　　其次，我們認為個人的選舉參與程度，主要是受個人基本背景因素、社會經濟因素及態度與信念的影響，並望由此建立解釋選舉參與的理論。我們選擇了十五個變數加以觀察，結果證實有十二個變數具有影響力，惟解釋力仍偏低，顯見仍有影響選舉參與的重要變數有待進一步的研究。

　　最後有待我們進一步評估的是，臺灣地區的民眾有著這樣的選舉參與的結構，將會對選舉體系造成怎樣的影響，是否會影響到選舉法規的變更、候選人數的大量投入，以及選舉體系的繼續存在？就我們的研究結果看來，臺灣地區的民眾是願意繼續支持這個選舉體系的，至於整個選舉體系會發生怎樣的變化，則有待將來持續的觀察。　（原文由作者與陳明通教授合作完成，原載：《中央研究院民族學研究所專刊》，第 20 號，1988，頁 401-18。）

參考文獻

胡佛，1984，〈臺北市民政治參與行為的比較分析〉，《「臺灣地區的社會變遷與文化發展研討會」論文》，中國論壇主辦。

胡佛，1985，〈臺灣地區民眾的參與行為：結構、類型與模式的比較分析〉，《第四次社會科學研討會論文集》，中央研究院三民主義研究所主辦。

胡佛，1987，〈臺灣地區民眾對政治參與的態度：系統功能的權力價值取向〉。《「臺灣地區社會變遷基本調查」研討會論文》，中央研究院民族學研究所主辦。

胡佛、陳德禹、朱志宏，1978，〈權力的價值取向：概念架構的建構與評估〉，《社會科學論叢》，臺大法學院印行，27 輯，頁 3-40。

胡佛、陳德禹、朱志宏，1981，〈政治參與的研究：內湖地區個案分析〉，國家科學委員會專題報告。

胡佛、陳明通，1986，〈政治體系與選舉行為：理論架構的建構與探討〉，《投票行為與政治文化》，中國政治學會專刊第 1 號，頁 1-36。

袁頌西、陳德禹，1987，〈臺灣地區民眾的政治文化：系統結構的權力價值取向〉，《「臺灣地區社會變遷基本調查」研討會論文》，中央研究院民族學研究所主辦

Lane, Robert. 1959. *Political Life: Why People Get Involved in Politics*. Glencoe, Ill.: Free Press.

Milbrath, Lester W. 1965. *Political Participation*. Chicago: Rand McNally.

Milbrath, Lester W. 1981. "Political Participation." In Samuel L. Long (ed.)

The Handbook of Political Science. Vol. 4:197-240. New York: Plenum Press.

Rusk, Jerrold G. 1976. "Political Participation in America: A Review Essay." *American Political Science Review* 70:584-85.

Verba, Sidney and Norman H. Nie. 1972. *Participation in America: Political Democracy and Social Equality.* New York: Harper and Row.

Verba, Sidney, Norman H. Nie, and Joe-on Kim. 1971. *Modes of Democratic Participation: A Cross-National Comparison.* Beverly Hills: Sage.

選民投票行為的概觀

一、概　　說

（一）目　的

　　我國近年來積極推進民主政治的建設，但在過程中最受社會所注目的，即是選舉。在性質上，民主政治必然是參與的政治，而民主的參與則必須經由選舉及投票。在西方民主先進國家，選舉與投票，已成為人民的一種生活方式，而備受重視，但在我國，是否能順利發展成人民的生活方式，使民主政治的基礎，在根本處加以奠定，似更應受到重視。如再進一步觀察，民主文化與制度，在西方民主國家已具數百年的傳統，西方學者對選舉與投票行為的研究，當然多集中在功能運作的結果，特別是投票的方向，以及有關的影響因素，如政黨、社會團體、家庭、傳播媒體，以及人格的影響等等，而較少注意到政治體系的基本結構與文化所產生的，或所承受的影響。我國政治體系的民主文化及民主結構，皆未必具有深厚的傳統，我們對選舉行為的觀察，即不應局限在體系結構之上的功能運作，而必須深入到與基本

結構之間的交互作用。事實上，社會對選舉及投票行為最為關心的是：
是否會影響到政治的安定，或是否有助於政治的進步。這就牽涉到政
治系統的整合及結構變遷等問題，也就是牽涉到民主政治的建設問題。
因之，我們如能對目前所進行的選舉，作一較深入，較嚴謹的科學實
證研究，不僅可加深我們對選舉的了解，也可對整體系統的發展及民
主的建設得一全面的認識。

　　前面說過，西方學者對選舉的探究，著重在功能的運作，也就是
在體系結構內(within the system)的研究。多年來，他們在這方面，已
具有非常顯著的成就，成為政治行為學研究的核心及推進的動力。我
們的構想及研究方向，則著眼到體系的本身(of the system)，這是在原
有基礎上的一種新的開拓，盼望能帶給選舉行為研究的新的貢獻。我
們的分析是學術性的嘗試，牽涉的部分很廣，觀察的各種變項關係也
很複雜，我們在這裏發表的，祇是其中的一部分；所運用的寫作方法，
兼重分析與描述，但皆根據訪問選民所獲得的實證性資料。國內對選
民投票行為的實證性研究，並不多見，但願我們的嘗試，能在這個領
域提供一些助益。

　　從選舉及投票行為研究的進展看，這一研究領域自 1920 年代在美
國發軔以來，數十年間無論在理論的概念架構、途徑、方法及理論的
建構上，皆日有精進。不過，美國學者在選舉及投票行為方面的研究
成就，相當程度地出於民主環境的貢獻，但進一步觀察，我們即可發
覺美國學者的研究興趣及概念架構，始終仍受制於美國的政治環境。
我們在探討我國選民的投票行為及發展分析的概念架構時，就不能不
先對美國的研究發展，作一檢視。現分數點加以說明：

　　1.美國選舉的範圍非常廣泛，投票的結果可改變上至國家的總統，
下至鄉鎮警長，亦即可重組整體政府決策體系的權力結構。因之，美
國學者乃十分重視選舉的投票率，以及形成投票及不投票的原因。在

美國探究投票行為的首開先河之作，即芝加哥大學教授 Merriam 及 Gosnell(1924)對芝加哥婦女選民不投票的探討。其後的學者無不列投票的原因為研析的內容，但在途徑與方法的運用上，有所改進。較投票原因更進一步的探究，當然在投票對象的抉擇。美國學者在對象抉擇或投票決定方面的研析，著力最多，收穫也最豐。從研究的途徑看，Lazarsfeld 及 Berelson 曾運用傳播及社會學的途徑（參見：Lazarsfeld, Berelson, and Gaudet 1994; Berelson, Lazarsfeld, and McPhee 1954），密歇根大學教授 Campbell 及 Converse 等所主持的「調查研究中心」(Survey Research Center)則綜合運用社會學及心理學的途徑（參見：Campbell, Gurin, and Miller 1954; Campbell, Converse, Miller, and Stokes 1960, 1966）但皆獲致理論上的發現。美國學者對投票決定的探討，雖在方法及理論上，具有創造性的貢獻。但在我們看來這些創造性的貢獻僅用在對投票決定的觀察，亦即祇能侷限在投票決定的分析架構之內。至於投票取向的理論在整體政治體系的運作與發展上，究具有怎樣的意義，則欠進一步的分析架構。我們所重視的不僅在候選人得票的各種原因，且更重視這些原因對整體政治體系的穩定與發展，具有何種意義及影響。這樣的評估，即不是美國學者分析投票決定的概念架構所能提供的。

2.選民的投票決定在性質上是一種態度趨向，本此趨向而生投票抉擇的外顯行為。美國學者對投票決定的觀察，即在各種途徑的運用下，大致歸納出數項重要的態度因素或變項，即：政黨認同、候選人取向(candidate orientation)及問題取向(issue orientation)。對此數項主要變項的分析，Rice(1928)則放置在政治態度的激進主義、自由主義及保守主義的連續上，觀察交互的作用。Campbell 等(1960)則區分為政治性及非政治性、遠因與近因，作漏斗狀因果關係的探尋。美國學者對態度變項所做的歸納及對交互關係模型及理論的探求，在投票行為的

研究上，無疑地，具有很大的貢獻，但我們也要同時指出，這一概念架構最能適合美國及西方民主國家，而無法全部用到民主發展中的國家，其中最大的癥結在政黨制度。美國具有兩黨交互執政的歷史傳統，政黨認同較易形成而持續，在投票決定時，也較能發生積極性的作用與意義。在缺乏兩黨交互執政傳統的國家，如我國，政黨認同在研究架構中所具的意義，就必須重作考慮。

　　3.前述的政黨認同，候選人取向及問題取向等三項主要變項，對投票決定究具有怎樣的影響作用？這在美國學者之間頗有爭論。Lazarsfeld 及 Campbell 的研究皆顯示選舉中的問題，對投票決定的影響相當有限，倒是政黨的長期認同及候選人的特質，具有重大的影響（參見：Lazarsfeld, Berelson, and Gaudet 1994, Campbell, Converse, Miller, and Stokes 1960）。Converse(1964)且指出一般民眾缺乏政治信息及較高層次意識型態的參考架構，而不能維持政治態度的一致性。政治態度不能一致，問題取向就不易形成。但 V. O. Key(1966:45)則提出不同的論證，力言「選民並非愚昧」。RePass(1971)對 Campbell 等所發展的結構式問卷，提出質疑，並證知在改進詢問問題的方法後，政治問題對選民投票具有相當實質的影響。近年來的研究，大致指出政治問題對美國選民投票決定的影響，愈來愈大，而政黨認同則有減弱的趨勢（參見：Schulman and Pomper 1975; Miller, Miller, Raine, and Brown 1976; Nie, Verba and Petrocik 1976; Abramson 1975）。問題取向在美國選舉中的日趨重要，可能正如前引美國學者近年來的研究所指出的，出於各種新問題的衝擊，選民平均教育水準的提高，候選人競選策略的改變，以及傳播媒介的迅捷等。但我們要進一步探討的是，這些日趨重要的問題取向，究具有怎樣的性質？表現在候選人的抉擇上，對整體政治體系的維繫與發展，究具有怎樣的意義？現以美國密歇根大學「調查研究中心」自 1952 年至 1972 年調查全國性選舉的問

卷分析，其中所列的五類問題：(1)社會福利，(2)黑人的特殊福利，(3)學校內種族的平等待遇（政府是否應強制執行），(4)冷戰（與共黨關係及越戰等），在性質上皆屬政府決策權能及所應採行的公共政策等問題，並未牽涉到對國家的認同及基本憲政規範的問題，亦即只關係到整體政治體系內決策及執行的功能，並未擴展到體系的規範結構及對體系本身的認同。實際上，美國的政治體系較少產生結構與認同的基本問題，所以在調查的問題中，無從列入，而美國學者的研究也仍多在問題取向的自由與保守(liberal-conservative)或左、中、右(left-center-right)的連續體上，探究對兩黨候選人的抉擇（參見：Stimson 1975; Miller, Miller, Raine, and Brown 1976）。試看我國近年來在選舉中所呈現的問題取向是怎樣的類型呢？大致說來，其中不僅牽涉到政府的行政能力及公共政策，而且也接觸到國家的統一及憲政體制等的基本問題。這些基本問題當然會關連到整體政治體系的整合與發展。我們從以上問題的性質及比較可以發現，美國所注重的是體系內(within the system)的功能運作，而我國的問題則發展到體系本身(of the system)的結構與認同。因之，美國學者探究問題取向的概念架構，也無法在我國作妥善的運用。

我們經過以上的數點檢視後，一方面深感西方學者在選舉及投票行為方面的研究，無論在研究途徑及方法的運用、假設的驗證與理論的建立上，皆具有相當的貢獻，且為政治行為的科學探究，奠定深厚的基礎，其中的若干成就當然可供我們研析國內選舉的參考。不過，在另一方面，我們也深感在整體研究結構與觀念上，西方學者的研究仍不免受到自身環境及文化的束縛，非必能全部引用到我們對國人選舉及投票行為的探討。在這樣的思考下，我們自覺應即試建更能統攝的概念架構：不僅可供對國人的觀察，也可用作跨文化的(cross-cultural)及長期性的(longitudinal)比較研究，並進而對政治行為科學的進展有所

貢獻。

　　基本上，我們認為所試建的概念架構應根據下面的幾項原則：

　　1.對投票與否及對象抉擇的觀察，必須根據嚴格的理論基礎及假設的驗證。

　　2.對整體政治體系的觀察，屬所謂的總體(macro)的研究，但實際上整體體系的運作則出自個人的行為，因之，總體的研究不應僅根據累積性的資料(aggregate data)，進行推論，而應落實在個體(micro)行為的實徵觀察之上，亦即個體研究與總體研究之間，應具更緊密的連結。

　　3.選民的投票決定，可分成兩大類，即：政治性與非政治性。政治性的決定應針對整體政治體系的認同、結構與功能加以觀察，也就是說，不應只限於政治結構之上的政府決策與執行功能，而應包括政治結構的基本規範及對體系的認同。從而投票決定的問題取向，除反應在一般公共政策及政府的效能外，應擴展到規範制度及認同等問題。

　　總之，我們對選舉及投票行為的觀察，擬從西方學者所發展的體系內(within the system)政策製作的功能性分析架構，提昇到體系本身(of the system)功能維持的結構性分析架構。

（二）架　構

　　如前所述，我們對投票行為的探討，注重體系本身的整體運作與維繫，而非僅在政策的價值分配。因之，我們對政治體系的觀察重點，非僅如西方學者所強調的由投入(input)，經轉變(conversion)，至產出(output)的價值分配過程（參見：Easton 1953, 1965; Almond and Verba 1965），而兼重體系的規範與認同。現以圖示如下：

圖一　政治體系的組合

　　上圖的體系部份為認同、規範及決策所組成，現分別加以說明：

　　1.認同的部份。任何政治體系的維持必須建築在成員相互接納的基礎上，如其間發生排斥及分裂的情況，體系的統合即產生危機。成員之間的相互接納可能來自多種原因，如種族、地緣、文化等等，但最終則出之於情感，即整體的歸屬感與親和感，如缺乏此種情感，體系在根本處即難維持。如投票行為所表現的意願是成員間的不相接納，此種投票即反映出體系認同上的問題。

　　2.規範部份。體系的運作必須遵循一定的規則，否則無論投入、轉變及產出的功能皆無法進行，整個體系將陷入混亂的狀態。這套規則實際就是成員相互之間、決策及執行人員相互之間，以及成員與決策及執行人員相互之間，在權力行使上所應遵守的行為規範。依我們的看法，政治體系的任一環節在功能運作時，皆需具備一套規範，以劃分及制約上述人員相互之間的權力關係與行為。規範可為正式的，成文的，如憲法及各種法令規章；也可能為非正式的，不成文的，如各種習慣及成規；但必須為相互所接受，不然，非但不能產生規範的效果，反造成規範的危機，癱瘓系統功能的運作。系統運作的權力規

範，如按權力關係的性質，也可分為數類：

(1)所據權力的地位：即成員相互之間，於系統運作上，所處的權力的地位，這構成平等權行使的規範。

(2)政治權力的來源：即整體系統與決策及執行層級所掌握的權力，係來自何處，這構成參政權行使的規範。

(3)統治權的範圍：即整體系統，尤其是決策及執行層級所行使的權力是否具有範圍。這一範圍是相對於人民及社團的權力而言，所以在權力關係上，可再區劃為二：

①人民的權力：即對成員的統治權是否應加限制，不能逾越一定的範圍，這構成自由權行使的規範。

②社團的權力：即對社團的統治權是否應加限制，不能逾越一定的範圍，這構成社團自由權或多元權行使的規範。

(4)統治權的制衡：即決策及執行層級所掌握的權力是否應加以分立制衡，這構成分權行使的規範。

以上四項基本的權力關係，實際構成五類權力規範，而對整體系統的運作共同加以支撐與制約。如投票行為對系統規範表露相衝突的意識，此及說明系統的運作在規範的結構上發生問題，這一問題，與認同問題相似，當然會動搖到系統的根本。

3.政策部份。政策是系統的產出，用以滿足及調和系統成員各種生活需要上的價值，一般政策的製作與執行，如前所述，都須遵循一定的規範，所以規範是政策的基礎結構，在性質上是較為穩固，而不易變動的。我們所擬觀察的政策即係指在規範基礎上所做的各種產出，而不包括規範本身在內。

政策所牽涉的問題，主要有二：其一是政策本身對系統成員生活價值的分配，是否為系統成員所接受。我們通常所稱的政策的好或壞，乃指此而言。其二是制訂或執行政策的權威當局，在角色行為的遵守

上，或在能力的表現上，是否為系統成員所滿意。我們通常所稱的澄清吏治，或提高行政效能等，乃指此而言。

我們對政治體系具有以上的了解後，就可在概念上，將選民的投票決定，分成兩大類：

1.系統取向或政見取向的選民：這是選民在投票時，直接而有意識地考慮到候選人對體系有關的三類政見或立場。這類投票在性質上屬政治性的投票，不僅最能表達民意，也最能產生壓力。

2.非系統取向或非政見取向的選民：這是指選民在投票時，並未直接而有意識地考慮到候選人對體系有關的三類政見或立場。這類選民可能為政黨認同取向，也可能為候選人取向或社會關係取向等。這類選民除政黨認同取向者外，大多為非政治性選民，不僅較少表達民意，也較少產生壓力。

選民的政見或非政見取向，當然會受到個人及環境因素的影響。一般說來，選民的文化背景（特別是是社會及政治的信念體系）、經濟及社會背景（特別是生長環境、職業性質、隸屬社團及收入等）、心理特徵（特別是功效感、責任感、年齡、教育、省籍、宗教等），皆可能產生影響。在選舉過程中，候選人的訴求及競選策略，傳播媒體的報導與評論，也可能發揮某種程度的作用。換句話說，候選人的訴求必須經過某種信息傳播的管道，才能使選民有所了解，並進而加深印象。我們現就以上的討論，發展一全面的架構，以供實證性的探究，可見下圖：

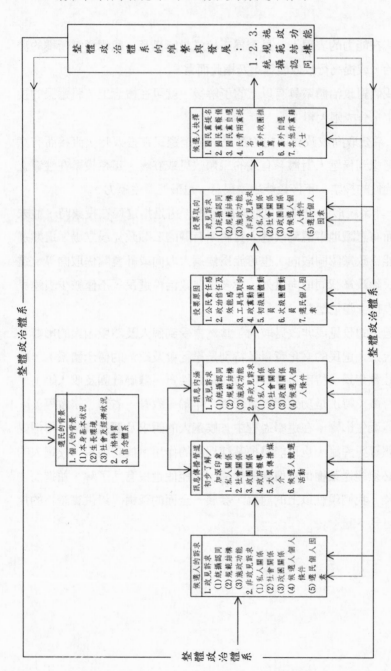

圖二　選民投票行為的分析架構

（三）對　象

如上所述，我們試圖透過對選民選舉行為的了解，進而得以對整體的系統發展及民主建設獲一全面的認識。在 1980 年的 12 月，政府恢復因中美斷交而中止的中央民意代表增額選舉。我們認為這一次選舉在我國民主政治的發展過程中，具有重大的意義，乃決定加以觀察。在另一方面，我們也試圖驗證一些設想或假設，以建構選舉行為的科學理論。

我們對選民的觀察，是以臺北市的選民為對象，並採用自行設計的二段抽樣(two phases sampling)的隨機抽樣法,也就是根據人口結構,區域發展的先後及職業結構等三項標準,將臺北市 16 個行政區域分成三類不同性質的社區群,再從三類社區群中,各選一適當的行政區域。我們所選擇的分別是大安區、龍山區、內湖區。三個行政區域選妥後,我們就根據這三個區域的選舉人名冊,作系統的隨機取樣。三區選民總數達 238,542 人,我們按各區人口的比例,抽取二十五分之一,共得 9,540 個樣本,這個樣本是我們第一段的樣本母體。然後,我們再根據第一段的樣本母體,依照系統隨機抽樣的原則,再取十分之一,共得樣本總數 954 個,作為實際觀察的對象。這種二段抽樣法,可供給我們 9 倍的預備樣本;我們如遇到不能訪問的選民,就可隨機在預備樣本或第二樣本母體中,作多次的補充抽樣,這是本研究在抽樣上的一項特色。樣本結構可見附錄一。

（四）過　程

我們的訪問,原則上採取逐戶拜訪與面談,這個工作在 1981 年 2 月中旬開始,到 3 月中旬才告一段落。我們對答妥的問卷進行極為嚴

格的檢查與整理，凡是不完整的或感覺有問題的問卷，即予挑出，作第二次的再訪。經再訪的高達 390 餘份，佔投票選民總數的 51.7%。這項再訪工作，在 4 月上旬展開之後，於 5 月下旬始告完成。我們在設計研究時，特別感覺研究的信度十分重要，這在政治行爲的研究更要注重，雖然作信度的重複訪問費時、費力，我們仍在這項工作進行的同時，採取再測信度(test-retest reliability)的重複訪問，也就是在投票選民的有效樣本 745 中，約抽取 15%的樣本，作再測信度的檢定。根據初步的檢定，本研究的信度得數在 0.8 以上，這顯示研究結果相當可靠。

當整個再訪工作結束之後，我們再一次對所有問卷進行審慎的檢查，剔除其中 17 份有問題的問卷，共得 937 份有效問卷，然後才進行資料的處理與分析，包括登錄、打卡及電腦的統計分析等。

回顧整個訪問過程，我們始終秉持審慎、嚴格的科學精神，務使樣本具代表性，而結果正確可靠。以下我們分就五個課題，加以分析：

二、選民投票的原因

（一）原因的變項

選舉的重點在投票，所以我們首先要探討臺北市選民在 1980 年年底增額中央民意代表選舉時的投票原因，並分析這些選民的政治、社會、經濟背景等變項與投票行爲之間的關係。在民主國家，公民在選舉時出來投票，原因的變項很多，不一而足；可能是爲使所喜歡並支持的候選人順利當選，也可能是想利用選舉的機會，表達所持的政策立場並影響政府政策的制定；也可能是受到公民義務感的驅使，更可

能是受到其所屬政黨的黨團組織，或家人、親友、同事等的交代或囑託。

　　爲瞭解各項選民投票的原因，我們曾向受測的選民提出如下的問題：「請問你去投票的原因是什麼？」並列舉十二項理由，請作多重選擇並就選擇原因的重要性，作順序的排列。此十二項投票原因是：(1)可以影響政府的政策，(2)可以表達自己的意見，(3)爲支持所喜歡的候選人，(4)行使公民的權利，(5)盡公民的義務，(6)黨團組織的交代，(7)家人或親友的囑託，(8)所屬團體的囑託，(9)所服務機構同事的囑託，(10)里鄰長的催促，(11)有認識的人參加競選，及(12)其他原因。我們於分析後發現，在 1980 年年底的增額中央民意代表選舉，臺北市選民出來投票，主要是爲行使公民的權利（佔各種投票原因總百分比的 27%左右）與盡公民的義務（佔 25%左右），依次是爲表達自己的意見（12%左右），爲支持所喜歡的候選人（11%左右），爲影響政府的政策（8%左右），再其次是受到黨團組織的交代（5%左右）及受到家人、親友或所屬團體的囑託（其所佔比例分別是 4%及 2%左右）。其他投票原因，如里鄰長的催促等，則皆微不足道。

（二）原因的類型

　　臺北市選民於 1980 年年底增額中央民意代表選舉出來投票的原因，已如上述，現要進一步探究臺北市選民的政治、社會、經濟背景等變項與投票行爲之間的關係。爲了此項分析便利起見，首先我們將前述十二項投票原因中較具重要性的八項，用因素分析的方法，經過垂直交叉轉軸(orthogonal rotation)的處理，重新加以組合，並予簡化，而得到表一的四個投票因素：(1)權利與義務取向的投票因素：由行使選民的權利與盡公民的義務兩個投票原因所構成；(2)工具性取向的投

票因素：由表達自己的意見，支持自己所喜歡的候選人，以及影響政府的政策等三個投票原因所構成；(3)政黨動員取向的投票因素：由受黨團組織交代的投票原因所單獨構成；(4)從眾取向的投票因素：由同事與所屬團體的囑託等兩個投票原因所構成。從表一的因素分析，我們再加以處理，可歸納出四種投票類型；此四種投票類型及其分配的情形如下：(1)權利與義務取向的投票，共 393 個，(2)工具性取向的投票，共 187 個，(3)政黨動員取向的投票，共 96 個，(4)從眾取向的投票，僅有 10 個。經上述資料的處理後，我們即可檢視臺北市選民的政治、社會、經濟背景因素與權利與義務、工具性，以及政黨動員等三種投票取向間的關係。由於從眾取向投票的個案太少，僅 10 個，故不擬分析。

表一　臺北市選民投票取向的因素分析

內容因素	權利與義務取向	工具性取向	政黨動員取向	從眾向	共同性 h^2
1.行使公民的權利	0.732	-0.013	-0.019	-0.055	0.5395
2.盡公民的義務	0.724	-0.135	0.166	-0.078	0.5766
3.可以表達自己的意見	-0.063	0.760	0.113	0.002	0.5949
4.為支持所喜歡的候選人	0.022	0.617	-0.273	-0.001	0.4557
5.可以影響政府的政策	0.063	0.609	0.392	-0.004	0.5282
6.黨團組織的交代	0.027	0.000	0.820	0.095	0.6809
7.所服務機關同事的囑託	-0.005	-0.033	0.062	0.794	0.6305
8.所屬團體的囑託	0.008	0.018	0.005	0.784	0.6194

☐：0.60 以上

（三）權利與義務的投票取向

我們在用卡方(χ^2)檢定臺北市是選民所屬行政區域、年齡、性別、

省籍、生長環境、教育程度、職業、收入及黨籍等因素與權利與義務
投票取向之間的關係後，發現：行政區域、年齡、省籍、教育程度、
職業背景與黨籍諸因素和權利與義務投票取向之間，皆呈顯著的相關
(p<.05)，而其他諸因素與權利與義務投票取向之間，雖無顯著的相關，
但也有值得我們注意之處。現分別說明如下：

　　1.就行政區域與權利與義務投票取向之間的關係而言，兩者間有
顯著的相關性，抑有進者，在三個行政區域（大安區、內湖區、及龍
山區）中，持權利與義務投票取向者，以大安區比例最高，內湖區次
之，龍山區最低。在大安區的選民中，共 59.4%持權利與義務投票取
向，另 40.6%則否；在內湖區，恰好有一半的公民持權利與義務投票
取向，另一半則否；而在龍山區，持上述投票取向者，不及 30%，而
非持此種投票取向者竟高達 70%。

　　2.性別與權利與義務投票取向間雖無顯著相關，但是我們仍可看
出，在臺北市男性選民中，持權利與義務投票取向的比例(56.8%)高於
女性選民(50.4%)。

　　3.年齡與權利與義務投票取向呈顯著相關，且臺北市選民年紀愈
輕者，持權利與義務投票取向的比例也就愈高。詳言之，在五十歲以
上臺北市的選民中，持權利與義務投票取向者佔 46.21%，在四十到四
十九歲間的選民中，持權利與義務投票取向者佔 54.2%，在卅到卅九
歲間的選民中，持上述投票取向者佔 58.1%，而在二十到二十九歲間
的選民中，持同樣投票取向者則達 58.4%。

　　4.就臺北市選民的省籍與權利與義務的投票取向之間的關係而
言，此兩者間呈顯著的相關，且在外省籍選民中，持此種投票取向的
比例(60.3%)高於本省籍的選民(49.2%)。

　　5.臺北市選民的生長環境（都市、城鎮，抑或鄉村）與權利與義
務投票取向雖無顯著相關，但仍可看出。在都市及城鎮成長的選民中，

持權利與義務投票取向者所佔的比例（分別為 55.3%與 56.7%），高於在鄉村（包括農村、漁村、鹽村）成長的選民(48.8%)。

　　6.臺北市選民的教育程度與權利與義務投票取向兩者間呈顯著的相關，且選民的教育程度愈高，權利與義務投票取向則愈為明顯。質言之，大專以上教育程度的選民中，有 60.6%持權利與義務的投票取向；教育程度在初中到高中之間的選民中，有 57.6%持權利與義務的投票取向；而在僅受過小學教育、及識字但未入學，或不識字的選民中，祇有 39%持前述的投票取向。

　　7.臺北市選民的職業背景與權利與義務投票取向間呈顯著的相關。選民中的公務員及民意代表的權利與義務投票取向最高(66.7%)，教員、文化事業從業人員及學生次之(65.1%)；自營商、專業經理人員、及工商機構的職員居第三(58.1%)；軍警、黨務、團務人員居第四(53.1%)；自由職業、工程師、及演藝人員居第五(48.8%)；家庭主婦居第六(43%)；農、漁、鹽業者最低(40.7%)。

　　8.臺北市選民收入的情形與權利與義務的投票取向並無顯著的關係，並且，除家庭每月收入在八千元以下者，有 59.3%持此種投票取向外，在其他等級的收入（八千元到一萬五千，一萬五千元到兩萬五千元，兩萬五千元到三萬五千元，三萬五千元以上），持此種投票取向者的比例都相近，皆在 53%, 54%左右。

　　9.就臺北市選民的黨籍與權利與義務投票取向間之關係而言，我們發現，上述兩者間具有顯著的相關。國民黨籍選民在權利與義務投票取向上的比例(59.8%)高過無黨籍的選民(51.2%)。

　　綜合看來，在民主國家，無論家庭、學校、社會團體，政府辦理選務的機構，以及大眾傳播媒介等，於平時尤其是在政治競選時期，皆會對所屬成員及社會大眾灌輸一些觀念，即：投票是現代國民應盡的一項義務，也是彌足珍貴的一項權利。這在我國的情形亦然。從我

們的發現可以得知，在我國，上述觀念的培養與政策的宣導所具的成效，頗爲顯著。權利與義務取向的投票，在本研究四種投票取向中，佔了最高的比例（57%左右）。進一步分析更可看到選民的年齡、教育程度、職業背景、省籍、黨籍以及所屬行政區域等因素，與權利與義務投票取向之間也呈現顯著的相關性。我們發現，年紀愈輕的選民，權利與義務取向的投票愈爲明顯；而教育程度愈高的選民，權利與義務取向的投票亦愈爲明顯。其次，選民的職業背景與權利與義務投票取向之間，亦息息相關；公務員、教員、學生、及文化事業從業人員等的權利與義務取向的投票比例較偏高，而家庭主婦及農、漁、鹽業者的上述取向投票比例則偏低。再其次，選民的省籍與黨籍與權利與義務的投票取向之間，亦有關係：外省籍選民權利與義務取向的投票比例高於本省籍的選民，而國民黨籍選民的上述投票取向的比例亦高於無黨籍的選民。最後，選民所在的行政區域與權利與義務投票取向之間，也有關係：權利與義務投票的比例在大安區最高，內湖區次之，而龍山區最低。

（四）工具性的投票取向

我們現要探討的問題是：臺北市選民所屬的行政區域、性別、年齡、省籍、生長環境、教育程度、職業、收入、黨籍等因素與工具性的投票取向之間的關係。經卡方(χ^2)檢定後，我們發現：行政區域、性別、年齡、省籍、教育程度、職業背景等因素與工具性投票取向間呈現顯著的相關，而其他各因素如生長環境、黨籍等，與此種投票取向雖未能呈現顯著的相關，仍有值得一提之處。現分別敘述如下：

1.就臺北市選民的行政區域與其工具性的投票取向間的關係言，兩者間的確呈現顯著的相關性，且持此種投票取向者以大安區所佔的

比例最高，內湖區次之，龍山區最低，分別是：28.6%，19.7%，及 16.7%。
此項發現與前述權利與義務投票取向的順序大致相似，所不同的是，
在上述三區，持權利與義務投票取向的比例普遍偏高，大安區將近三
分之二的選民持權利與義務的投票取向，居於首位；內湖區有一半的
選民持此種投票取向，位居第二；而龍山區僅有不及三分之一的選民
持前述投票取向，排名最後。工具性投票取向的比例，雖亦以大安區
最高，內湖區次之，龍山區最低，但此種投票取向的比例普遍偏低，
即使是比例最高的大安區，亦僅有不及三分之一的選民持此種投票取
向，內湖區不及五分之一，而龍山區亦不及五分之一。

　　2.臺北市選民的性別與工具性取向的投票間，亦呈顯著的相關，
且男性選民持此種投票取向的比例(30.3%)，高過女性選民(20%)。但
不論男性或女性選民，此種投票取向的比例較前述權利與義務的投票
取向為低。

　　3.臺北市選民的年齡與工具性的投票取向間，亦呈顯著的相關，
且選民的年紀愈輕，此種投票取向亦愈為明顯。詳言之，在五十歲以
上的選民中，僅有 18.7%持此種投票取向；在四十到四十九歲間的選
民中，此項比例上升至 21%；在卅到卅九歲間的選民中，更上升至
27.2%；而在二十到二十九歲間的選民中，持工具性的投票取向之比
例則高達 33%。此項發現與前面的一項發現，即選民的年紀愈輕，則
其權利與義務的投票取向亦愈明顯，可以互相呼應，但不論年紀的大
小，工具性的的投票取向，在比例上皆偏低。

　　4.臺北市選民的省籍與工具性的投票取向間呈顯著的相關，且在
外省籍的選民中，持此種投票取向者的比例(30.8%)高過本省籍的選民
(21.3%)；但與前述情形相同，不論省籍，持此種投票取向的比例，皆
較權利與義務的投票取向為低。

　　5.臺北市選民生長的環境與工具性的投票取向間雖無顯著的相

關，然我們仍可指出，在都市與城鎮成長的選民，在工具性的投票取向上的比例（27.2%與29.1%），高過在鄉村成長的選民(20.6%)。

6.臺北市選民的教育程度與工具性的投票取向間有顯著的相關性，且選民教育程度愈高者，工具性的投票取向亦愈爲明顯。詳言之，教育程度在大專以上的選民，持工具性投票取向的比例是 30.7%；教育程度在初中到高中間選民的比例是 29.8%；而僅受過小學教育及識字但未入學或不識字選民的比例，遽降至 11.9%。此項發現與前述教育程度愈高，則權利與義務投票取向亦愈明顯的發現，也相互呼應。不過，不論教育程度的高低，工具性投票取向的比例普遍偏低。

7.臺北市選民的職業背景與工具性的投票取向間，呈顯著的相關，且軍警、黨務與團務人員的工具性投票取向的比例最高(43.8%)；教員、文化事業從業人員，及學生次之(36.5%)；自由職業從業人員、工程師、及演藝人員再次之(31.7%)；公務員及民意代表緊隨於後，位居第四(31.6%)；自營商，專業經理人員及工商機構的普通職員第五(30.6%)；農、漁、鹽業者第六(16.4%)；家庭主婦最低(12.9%)。

8.臺北市選民的每月家庭收入情況與工具性的投票取向之間，並無顯著的相關性，但在各種不同等級的收入中，以在一萬五千元到兩萬五千元間的選民，持工具性取向投票的比例(30.5%)爲最高；收入在八千元以下者及在二萬五千元到三萬五千元間者次之（皆在 25%左右）；收入在三萬五千元以上者第三(21%)；收入在八千元到一萬五千元間者爲最低（僅 18.9%）。

最後就臺北市選民的黨籍與工具性的投票取向間之關係而言，我們發現，上述兩者間雖未呈顯著的相關，不過，國民黨籍選民持此種投票取向的比例略高於無黨籍的選民（33%對 21.8%）。

綜合看來，工具性取向的投票（即一個人爲表達自己的意見，爲支持自己所喜歡的候選人，或爲影響政府政策制定等原因而出來投票）

帶有某種程度個人主義的色彩與獨立判斷的成分。再從為影響政府政策制定而出來投票的選民看，且具有某種程度的政治功效意識感。按理言，工具性取向的投票與教育程度，甚或年齡間應有密切的關係，因教育程度高的，較有個人獨立判斷的能力，且可能具有較高程度的政治功效意識感，這類人較可能採取工具性的投票取向；又年紀輕者較勇於作個人獨立的判斷，且較有勇氣去設法影響政府政策的制定，故這類人亦較可能採工具性的投票取向。這些假設正是本研究的珍貴發現。我們另也發現，選民的性別、省籍、職業背景，以及所在的行政區域與工具性取向的投票亦有密切的關係。

（五）政黨動員的投票取向

前曾述及，在 1980 年年底增額中央民意代表選舉中，臺北市選民屬政黨動員類型（此處指黨團組織）的投票取向的，共有 96 人，佔本研究四種投票取向類型的 14%左右。我們用卡方(χ^2)加以檢定，發現：臺北市選民在性別、省籍、教育程度、職業背景及黨籍諸因素與政黨動員的投票取向之間，皆呈顯著的相關，現分述於下：

　　1.就性別而言，臺北市男性選民中持政黨動員投票取向的比例（18%左右）高於女性選民（僅 7.4%）。

　　2.就省籍而言，臺北市外省選民中持政黨動員投票取向的比例(21.8%)高於本省選民(6.7%)。

　　3.就教育程度而言，教育程度愈高者，持政黨動員投票取向的比例亦愈高。詳言之，在大專以上教育程度的選民中，有 19.5%持此種投票取向；教育程度在初、高中之間者，有 13.4%持前述投票取向；在僅受過小學教育，識字但未入學，以及根本不識字的選民中，僅有4%的選民持此種投票取向。

　　4.就職業背景而言，在各種職業背景的選民中，以軍警、黨務、團務人員持政黨動員投票取向的比例爲最高(31.3%)；公務員與民意代表、教員、文化事業從業人員，以及學生居次（兩者皆在25.6%之間）；自營商、專業經理人員與工商機構職員，以及自由職業、工程師與演藝人員居第三（兩者皆在10%左右）；農、漁、鹽業者居第五(4.8%)；而以家庭主婦爲最低（僅2.8%）。

　　5.就黨籍而言，臺北市國民黨籍的選民持政黨動員投票取向的比例(36.2%)高於無黨籍的選民（僅3%左右）。

　　臺北市選民在年齡、收入狀況、生長環境、及其所屬的行政區域等方面與政黨動員投票取向之間，皆無顯著的相關存在，但值得一提的是，大安區選民持政黨動員投票取向的比例（15%左右）高於內湖與龍山兩區（皆在9%左右）。至於年齡、收入狀況，以及生長環境與政黨動員投票取向之間的關係，皆無一定的型態可言。

　　比較三個類型的投票取向，我們發現：具上述政治、社會、經濟背景因素的選民，持政黨動員投票取向的比例，較諸前述權利與義務及工具性兩種投票取向的比例，低了很多。

三、投票對象的抉擇

（一）政黨與投票對象

　　我們先從「政黨取向」的角度，來分析臺北市選民把他們的選票投給誰？換言之，就是國民黨籍人士與非國民黨籍人士的得票情形。

　　據統計資料顯示：在臺灣省的地方選舉中，無論是縣市長或省議員選舉，國民黨的總得票率，自1954年至1977年，歷屆均在64%以

上，最高曾達 78.6%；縣市長選舉的平均得票率是 71.9%，省議員選舉的平均得票率是 68.4%。我們可以推定：在上述臺灣地方選舉中，非國民黨籍人士的平均得票率，約在 30%左右。

在本次，亦即 1980 年增額中央民意代表選舉中，臺北市選區的得票情形如何呢？就大安區、龍山區、及內湖區等三個樣本區而言，在國民大會代表的選舉，國民黨人士在三區的得票率是 73.4%，無黨籍人士得票率是 26.6%。在立法委員選舉，國民黨籍人士在三區的得票率是 75%，無黨籍人士得票率是 23.49%，民青兩黨人士則得 1.51%。這與前述臺灣省的投票資料相比較，臺北市與臺灣省區選民的投票模式相似，且亦相當穩定。

再就受訪的選民而言，在 754 人中，投給國民黨籍經提名參選人士的，佔 71.6%；投給國民黨籍自由參選人士的，佔 5.4%；投給態度比較激烈的無黨籍候選人的，佔 4.6%；投給態度比較溫和的無黨籍候選人的，佔 9.4%；投給民社黨籍候選人的，只佔 0.1%；而沒有表示投給誰的，佔 8.8%。這些沒有表示意思者，相信極大多數會是投給無黨籍人士而不便表示給外人知道的。這與實際投票的統計數字很接近。

（二）投票對象的決定時間

我們為精確瞭解選民在什麼時候才決定投票給誰？乃將決定的時刻劃分成五段：(1)候選人登記公佈時就決定了；(2)自辦政見發表會期間決定的；(3)公辦政見發表會期間決定的；(4)投票前一天才決定；(5)投票當天才決定。依據現行選舉罷免法的規定，投票前一天本屬於公辦政見發表期間，但為了能辨識出在投票前夕才決定投給誰的選民，所以特別將投票前一天單獨劃出來觀察。

我們在臺北市調查所得的資料顯示：在 754 人當中，於候選人登

記公布時就決定的，佔 **28.8%**；自辦政見發表會期間決定的，佔 **16.8%**；公辦政見發表會期間決定的，佔 **17.2%**；投票前一天才決定者，佔 **17%**；投票當天才決定者，佔 **16.7%**；未表示者，佔 **3.4%**。從這些資料可發現：在競選活動未展開之前，就決定自己一票要投給誰的選民，佔 **28.8%**；而競選活動後才決定的，則佔 **71.2%**；但是投票前一天及當天才決定的，就佔了 **33.7%**。換言之，有三分之一強的選民，對投票的對象遲遲不決，這也顯示出候選人最後衝刺的重要性。

（三）選民的背景與投票對象

我們要進一步觀察的是：選民的背景與把票投給誰之間，是否有關聯性？如有關聯性，情況又如何？我們選擇具有顯著意義的變項，加以分析如下：

1.所屬行政區與投票對象

從我們所得的資料顯示：(1)大安區：在 461 位選民中，有 84.60%投給國民黨籍人士，15.40%投給無黨籍人士。(2)龍山區：在 96 位選民中，有 77.08%投給國民黨籍人士，22.92%投給無黨籍人士。(3)內湖區：在 120 位選民之中，有 90.83%投給國民黨籍人士，9.17%則投給無黨籍人士。

從這些資料我們可以發現：(1)投給國民黨籍候選人的選民，以內湖區的比例最高，大安區次之，龍山區最低；此可能是由於內湖區在地理生態上是郊區，居民的態度較固定，而且區內有較多的軍眷村；大安區則是現代化的新都市區，居民較進取，但因區內住有相當多的公教人員，故投給國民黨籍人士的選民雖在比例上少於內湖區，但高於龍山區。(2)投給無黨籍人士的選民，在比例上，以龍山區最高，大

安區次之，內湖區最低。其中的原因可能是，由於龍山區是舊城市區，居民較多勞工，而根據英美有關選舉行為的研究，發現勞工較傾向於進取的候選人。上述差異，經統計檢定結果，已達顯著差異水準（χ^2=7.76, p<.05)，即選民因所屬行政區特性的差異，而在投票對象的取向上亦有差異。

2.性別與投票對象

性別差異是否影響選民在投票對象的取向上有所差異？雖然檢定的結果未達顯著水準（χ^2=1.86, p>.10)，但在比例上，仍然顯示出一點差異：(1)投給國民黨籍候選人者，女性(86.62%)較男性(82.83%)高一點。(2)投給無黨籍人士者，則男性(17.17%)較女性(13.38%)高一點。

3.年齡與投票對象

年齡的差異，隱含著在汲取知識、經驗、及心理發展上的不同，也因之常反映出價值、態度及行動的差異。年齡的不同的選民，是否影響到投票給誰的差異呢？檢定的結果發現：兩者之間有很顯著的差異（χ^2=12.07, p<.01)。現將選民分成四個年齡組來觀察：

(1)二十至二九歲的選民：在 192 人中，有 82.81%投給國民黨籍人士；17.19%投給無黨籍人士。

(2)三十至三九歲的選民：在 167 人中，有 77.84%投給國民黨籍人士；22.16%投給無黨籍人士。

(3)四十至四九歲的選民：在 103 人中，有 87.38%投給國民黨籍人士；12.62%投給無黨籍人士。

(4)五十歲以上的選民：在 214 人中，有 90.19%投給國民黨籍人士，9.81%投給無黨籍人士。

從上述數字，我們可獲得進一步的認識：投給國民黨籍候選人的選民，以五十歲以上者的比例最高；四十至四九歲者次之。投給無黨籍候選人的選民，以三十至三九歲者的比例最高；二十至二九歲者次之。由此可見：(1)三十九歲以下者，投給國民黨籍人士的，以低年齡者較多；投給無黨籍人士的，則以高年齡者較多。(2)四十歲以上投給國民黨籍者，高年齡者較多；投給無黨籍者，低年齡者較多。其中的原因，主要是由於年輕人較積極，重改革，而老年人較消極，重穩定之故。

4.籍貫與投票對象

我們從檢定結果發現：籍貫不同的選民，在投票對象的取向上也呈相當的差異(χ^2=50.35, p<.001)：

　(1)本省籍選民：在 383 人中，有 75.98%投給國民黨籍候選人；24.02%投給無黨籍候選人。

　(2)外省籍選民：在 301 人中，有 95.68%投給國民黨籍候選人；4.32%投給無黨籍候選人。

由上述可知：投給國民黨籍候選人者，外省籍選民的比例高於本省籍選民，相差約 20%。投給無黨籍候選人者，則本省籍選民的比例高於外省籍選民的比例，相差也約 20%。這種現象，可能是由於外省籍選民，在歷史、觀念，以及生活環境等因素上，覺得與政府的利害一致，因此高度認同政府及國民黨。但本省籍選民，在心理及認同上，恐怕不如外省選民來得強烈，所以，在投票取向上就產生前述的差異。

5.教育與投票對象

選民教育程度的不同，在他們投票的取向上也呈現很顯著的差異

（$\chi^2=15.44$, p<.01），這說明教育程度與投票對象之間，具有密切關聯。現分述如下：

(1)大學以上程度者：在 156 人中，有 86.54%投給國民黨籍人士；13.46%投給無黨籍人士。

(2)專科程度者：在 99 人中，有 94.95%投給國民黨籍人士；5.05%投給無黨籍人士。

(3)高中（職）程度者：在 160 人中，有 84.37%投給國民黨籍人士；15.62%投給無黨籍人士。

(4)初中（職）程度者：在 82 人中，有 84.15%投給國民黨籍人士；15.85%投給無黨籍人士。

(5)小學以下程度者：在 178 人中，有 77.53%投給國民黨籍人士；22.47%投給無黨籍人士。

從前列資料，我們可以發現：

(1)投給國民黨籍候選人的選民，其比例隨教育程度的升高而增高，但以專科程度為最高點，大學以上程度者的比例轉而下降，但仍較高中以下程度者為高。比例最高的是專科程度者，最低的是小學以下程度者，其差距為 17%強。

(2)投給無黨籍人士的選民，其情形恰與前述相反，即：其比例隨教育程度的升高而降低，但以專科程度者為最低點，大學以上程度者又再回升。其間，高中及初中程度者的比例，幾乎相同。

上述現象，可能由於低教育程度者，一般處於生活環境較困窮之境，而寄望政府解決的問題較多。在未能獲得滿足的情況下，自易造成心理上的挫折感，進而有一種疏離性的行動傾向。在另一面，高級教育程度者，通常較關切國家與社會問題，他們對政府也有一些理想的期待，在未能獲得滿足的情況下，也會產生與低教育者一樣的心理挫折感，也同樣產生疏離的傾向。

6.黨籍與投票對象

選民有無參加政黨，會不會影響到選民對投票對象的取向？經資料檢定：兩者之間有極顯著的差異(χ^2=21.89, p<.001)，情況如下：

(1)國民黨籍選民：在 218 人之中，有 94.04%投給本黨籍的候選人；5.96%投給無黨籍候選人。

(2)無黨籍選民（包括青年黨、民社黨黨員各一人）：在 464 人中，有 80.17%投給國民黨籍候選人；19.83%投給無黨籍候選人。

從上述可知：在投給國民黨籍候選人的選民中，國民黨籍選民的比例高於無黨籍選民；而在投給無黨籍候選人的選民中，無黨籍選民的比例則較高，差距約 14%。我們從中可以發現，不但國民黨員黨的認同度甚高，而且無黨籍選民對國民黨的支持程度也很高。

7.收入與投票對象

選民的收入多寡，是否也影響他們投票給誰？據資料顯示：兩者之間有某種程度的影響(χ^2=8.41, p<.10)，現分述如下：

(1)家庭每月平均收入在二萬五千至三萬五千元的選民：在 88 人中，有 94.32%投給國民黨人士，另有 5.68%投給無黨籍候選人。

(2)家庭每月平均收入在三萬五千元以上、八千至一萬五千元、以及八千元以下三組的選民：均有 84%強投給國民黨籍候選人，另有15%強投給無黨籍候選人。

(3)每月收入在一萬五千至二萬五千元的選民：在 206 人之中，只有 81.07%投給國民黨籍候選人，另有 18.93%投給無黨籍人士。

我們從上述可知：投給國民黨籍人士的選民，以家庭每月平均收入在二萬五千至三萬五千元者的比例最高，而比例最低者，是家庭每

月收入在一萬五千至二萬五千元的選民。在投給無黨籍人士的選民中比例的高低，恰與上述情形相反。換言之，投給國民黨籍候選人者，以中上收入家庭的選民為多，而投給無黨籍候選人者，以中等收入家庭的選民為多。

8.職業與投票對象

選民的職業不同，和他們投票給誰的差異之間，也具有極顯著的關聯（χ^2=26.92, p<.001），情況如下：

(1)軍警、黨務、團務人員：在 30 人中，百分之百都投給國民黨籍候選人。

(2)公務人員（包括民意代表）：在 74 人之中，有 93.24%投給國民黨籍人士，另有 6.76%投給無黨籍人士。

(3)文教人員（包括教師、文化事業、學生）：在 63 人中，有 93.65%投給國民黨籍人士，另有 6.35%投給無黨籍人士。

(4)專門職業及技術人員（包括自由職業、工程師、演藝人員）：在 41 人中，有 85.37%投給國民黨籍人士，另有 14.63%投給無黨籍人士。

(5)自營商、專業經理人員、工商機構普通職員：在 186 人之中，有 79.5%投給國民黨籍人士，另有 20.43%投給無黨籍人士。

(6)家務職的選民：在 150 人中，有 80.67%投給國民黨籍人士，另有 19.33%投給無黨籍人士。

(7)農漁鹽工（樣本只有農 7 人，工 56 人）：在 51 人中，有 72.55%投給國民黨籍人士，另有 27.45%投給無黨籍人士。

(8)其他（包括無業）的 75 人之中，有 90.67%投給國民黨籍人士；9.33%投給無黨籍人士。

　　由上述可發現：投給國民黨籍人土的選民，以軍警、黨務、團務
人員的比例最高，公務人員及文教人員次高。在另一面，投給無黨籍
人士的選民，以農工的比例最高，自營商、專業經理人員、工商機構
普通職員及家務職者次高，再次是專門職業及技術人員。

　　上面共分析八項選民的背景變項，除性別一項外，其餘八項與選
民的投票對象皆有相關。

四、非政見取向的選民

　　上面探究什麼樣背景的選民把票投給誰，現需再進一步觀察選民
最後把票投給誰的原因。我們把原因分為政見性與非政見性，現先觀
察非政見性的原因。如前所述，把票投給誰可以分成兩種主要對象，
也就是兩種取向的類型，即：(1)投給國民黨籍候選人；(2)投給無黨籍
候選人。我們再進一步把投票給誰的原因分成：(1)私人關係；(2)社會
關係；(3)政治關係；(4)候選人的條件；(5)個人（指選民個人）的因素
等數類。每類原因各包括一到七項不等。現選擇具有顯著意義的項目，
加以分析如下：

（一）私人關係與投票對象

　　所謂私人關係的原因，包括下列四項：(1)由於家人或親戚的囑託；
(2)由於朋友或同學的囑託；(3)由於師長（或長輩）的囑託；(4)由於鄰
居的囑託。經統計檢定的結果，發現只有第一項原因，即由於家人或
親戚的囑託與投票取向具顯著的相關性（ $\chi^2=7.364$, p<.01），其餘四項
原因都與投票取向沒有明顯的關係。第一項原因的關聯性表現在：由
於家人或親戚的囑託而投票的選民，在 79 人之中，有 74.68%投給國

民黨人士；25.32%投給無黨籍人士。反過來看，不是由於家人或親戚的囑託而投票的選民，在 571 位當中，有 68.34%投給國民黨籍候選人；13.66%投給無黨籍候選人。

由上述我們可以發現：投給國民黨候選人的選民，以非因此理由而投票者的比例較高，而投給無黨籍候選人的選民，以基於此理由而投票者的比例較高（高約 12%弱）。這一發現似乎顯示：有些支持無黨籍人士的選民，會主動囑託他們的家人或親戚投票給無黨籍候選人。

（二）社會關係與投票對象

社會關係的原因，包括下列五項：(1)由於所服務機關同事的囑託；(2)由於所參加團體會友的囑託；(3)由於是同鄉；(4)由於是同宗；(5)由於是校友。我們的發現如下：

1.選民的投票原因，不管是否由於服務機關同事或所參加團體會友的囑託，或由於是同宗或校友，都不發生投票取向上的差異。換言之，這些因素不是影響投票類型的重要因素。

2.由於同鄉關係的理由而投票者，明顯地與投票類型有關（$\chi^2=$ 7.136, p<.01），亦即由於同鄉關係而投票給候選人的選民，在 23 人中，有 65.22%投給國民黨候選人，而有 34.78%投給無黨籍候選人。在非由於同鄉關係而投票的選民，在 630 人中，有 85.56%投票給國民黨籍人士，有 14.44%投給無黨籍人士。

從上述可進一步發現：投給國民黨籍人士的選民，以不基於此項理由而投票的選民的比例較高。而投票給無黨籍人士的選民，以基於同鄉關係而投票的選民的比例較高，相差 20%強。由此可知在各項社會關係中，只有基於地理因素的同鄉關係，對於投票類型有顯著的影響。

（三）政治關係與投票對象

政治關係的原因，包括下列五項：(1)由於黨團組織的囑託；(2)由於他（她）是同黨黨員；(3)由於他（她）是無黨籍人士；(4)由於後備軍人組織的囑託；(5)里鄰長的囑託。經統計分析，祇有前二項對受訪的選民具有顯著的影響：

1.由於黨團組織的囑託而投票的選民，在 98 人之中，百分之百都投給國民黨籍候選人。這可能就是國民黨輔選的結果。但這一類型的投票者所佔比例並不高，在 547 位投給國民黨候選人的選民中，只佔 17.85%。

2.由於他（她）是同黨黨員而投票的選民，在 52 人當中，投給國民黨籍候選人者有 51 人。但這一類型的投票者所佔比例也不高，在 552 位投給國民黨籍候選人的選民中，只佔 9.24%。

（四）候選人的條件與投票對象

候選人條件的原因，包括五項：(1)由於他（她）的品德；(2)由於他（她）過去的表現或成就；(3)由於他（她）所經歷的遭遇；(4)由於他（她）敢作敢當的勇氣；(5)由於他（她）的風度。經統計分析檢定的結果，發現除第(5)項外，其餘四項都與選民的投票對象有關。現分析如下：

1.候選人的品德與投票對象

這兩者之間有很明顯的關係(χ^2=7.583, p<.01)：非依候選人的品德而投票的選民，在 487 人當中，投給國民黨籍人士者，佔 82.34%；

投給無黨籍人士者，佔 17.66%。依候選人的品德而投票的選民，在 162 人之中，投給國民黨籍人士者，佔 91.36%；投給無黨籍人士者，佔 8.64%。

由上述可進一步發現：投給國民黨籍人士的選民，以依候選人的品德而投票的比例較高，而且這一類型的投票者，所佔的比例亦不低，在 549 位投給國民黨籍人士的選民中，佔 26.96%，即約佔五分之一強。在另一面，投給無黨籍人士的選民，以非依品德投票的選民比例較高。

2.候選人過去的成就或表現與投票對象

這兩者之間有明顯的相關性（$\chi^2=3.019$, $p<.01$）：非依候選人過去的成就或表現投票的選民。在 374 位之中，投給國民黨籍人士者，佔 82.62%；投給無黨籍人士者，佔 17.38%。依候選人過去成就或表現投票的選民，在 274 位之中，投給國民黨籍人士的佔 87.59%；投給無黨籍人士者佔 12.41%。

由前述可知：投國民黨籍人士的選民中，以依過去成就或表現投票的選民比例較高。而且投給國民黨籍人士的選民中，這種投票類型者佔 43.72%。在另一面，投給無黨籍人士的選民中，以非依過去成就或表現投票的選民之比例較高。

3.候選人所經歷的遭遇與投票對象

這兩者之間有非常明顯的關聯性（$\chi^2=26.878$, $p<.001$）：非依候選人所經歷的遭遇投票選民，在 621 位中，有 86.47%投給國民黨籍人士，有 13.53%投給無黨籍人士。依候選人的遭遇而投票的選民，在 38 位之中，有 55.26%投給國民黨籍人士；有 44.74%投給無黨籍人士。

由上述資料可知：投給國民黨籍人士的選民中，以非依候選人所

經歷遭遇投票者的比例較高。而投給無黨籍人士的選民中，以依候選人所經歷遭遇而投票者，相對非因此項因素的投票，在比例上較高，相差 31.21%。但在投給無黨籍人士的選民中，這種類型的投票者所佔比例並不高，只佔 16.83%。

4.候選人敢作敢當的勇氣與投票對象

依候選人敢作敢當的勇氣而投票給他（她），與投票類型之間具有非常明顯的關聯（χ^2=16.25, p<.001)：非依據候選人敢作敢當的勇氣而投票的選民，在 591 位中，投給國民黨籍人士者，佔 86.63%；投給無黨籍人士者，佔 13.37%。依據候選人敢作敢當的勇氣而投票的選民，在 65 位中，投給國民黨籍人士者，佔 67.69%；而投給無黨籍人士者，佔 32.31%。

由上述兩組資料的比較，可顯示：投給國民黨籍人士的選民中，以非依據候選人敢作敢當的勇氣而投票的選民，在比例上較高。而投給無黨籍人士的選民中，以依據候選人敢作敢當的勇氣而投票的選民，相對非因此項因素的投票，在比例上較高，相差約 19%。而這種類型的投票者，所佔比例也不低，在 100 位投給無黨籍人士的選民中。佔 21%。

5.選民個人因素與投票對象

選民個人因素的原因，包括下列兩項：(1)由於想發抒內心的情緒；(2)由於個人特別利益的考慮。經分析檢定的結果，發現只有前一項原因與投票對象之間有非常顯著的相關性（χ^2=13.50, p<.001)，後一項原因，並未呈現明顯的相關性。現說明如下：

　(1)非由於想發抒個人內心的情緒而投票的選民，在 609 位中，

有 86.37%投給國民黨籍人士；而有 13.63%投給無黨籍人士。

(2)由於爲發抒個人內心的情緒而投票之選民，在 48 位中，有 66.67%投給國民黨籍人士；而有 33.33%投給無黨籍人士。

由前述分析，我們可以發現：投給國民黨籍人士的選民中，以非爲發抒個人內心情緒的選民，在比例上較高，而投給無黨籍人士的選民中，發抒個人內心情緒的選民，相對非因此項因素的投票，在比例上較高，相差約 20%。這種類型的投票者，所佔比例亦值得重視，在 99 位投給無黨籍人士的選民中，佔 16.16%。

（五）結　語

基於以上的研究發現，我們可獲得數點重要的結論及推論如次：

1.自政府在臺舉辦選舉以來，大致上說，國民黨長期而穩定地在選民中擁有 70%強的得票率，而非國民黨籍的得票率約在 30%左右。這一穩定的趨勢，實有利於執政黨推展民主憲政的建設，並藉此來強化政權的合法性。

2.就臺北市而言，經由國民黨提名參選人士的得票率很高，佔 71%強，而國民黨籍自由參選人士的得票率就很低，只佔 5.4%。由此足見選民對國民黨提名的人選，寄以高度的信賴。在另一面，投給態度比較激烈的無黨籍人士者，佔 4.6%，而投給態度比較溫和的無黨籍人士者，佔 9.4%，爲前者的兩倍多，可見選民並不喜歡激烈的行動，但卻喜歡溫和進取的改革行動，此點頗值注意。

3.選民決定自己一票投給誰的時間，就臺北市而言，於候選人登記公布時就決定者爲 28%強，大體上是具有軍警公教及黨員身份的選民。

4.我們把選民非政間性的投票原因分成：(1)私人關係，(2)社會關

係，(3)政治關係，(4)候選人的條件，(5)選民個人的因素五大類。其中候選人的條件或特性，最受選民注目，足見今後候選人要想贏得選戰，必須靠自己本身的條件及特質，諸如品德、成就、及道德勇氣等。另一類較重要的原因，就是政治關係，主要在政黨的囑託與認同。

5.各類投票原因對於選民投票對象的取捨發生不同的影響。大致的情況是：(1)投給無黨籍人士的選民中，以依家人或親戚的囑託（私人關係類）、由於候選人是同鄉（社會關係類）、由於候選人所受的遭遇、因候選人敢作敢當的勇氣，以及由於想發抒內心情緒（選民個人因素類）等原因而投票的選民，所佔的比例較高。(2)投給國民黨人士的選民中，以依黨團組織的囑託、由於候選人是同黨黨員（二項均為政治關係類）、依候選人的品德、依候選人過去的表現或成就等原因而投票的選民，所佔的比例較高。可見國民黨籍候選人，主要是靠黨團的組織力量及候選人本身條件取勝；而無黨籍候選人，主要是憑藉私人關係、社會關係、候選人的條件以及選民個人因素等綜合性的力量而取勝。由上面分析，可發現投國民黨籍人士的選民，比較「現實取向」；而投無黨籍人士的選民，則比較「情感取向」。

6.投給國民黨籍人士的選民，所具背景的特性大致如下：內湖區比例最高，大安區次之；四十歲以上者較多（年齡愈高比例愈高）；外省籍較多；專科最多，高初中者次之；國民黨籍極多（94%強）；中上收入家庭者較多；軍警黨團人員最多，公教（包括學生）人員次之；中上、中等、中下三社會階層者較多。這些背景特性的選民，在整個選民結構中，佔絕大的比例，這也是國民黨能長期維持優勢得票率的原因所在。

7.投給無黨籍人士的選民，所具背景的特性大致是：龍山區（較低社會階層及勞工人口居多）比例最高，大安區次之（現代化都市區）；三十九歲以下者較多；本省籍較多；小學以下程度者比例最高，大學

以上程度者次之（但比例仍比高中以下程度者為高）；無黨籍者較多；中等收入家庭者較多；農工的比例最高，自營商、專業經理人員、工商機構普通職員及家庭主婦等職業者次高，再次是專門職業及技術人員。大致而言，具這些背景特性的選民，在整個選民結構中的比例，正日見增加，這對未來的選舉態勢，會發生左右的力量。當前選民的年齡分布，四十四歲以下者，佔 65.43%；而三十九歲以下者，亦佔 56.55%。這些人口受新式國民教育，日益經民主政治思想的洗禮，他們的價值觀，以及態度、行為，較上一輩選民相當不同。這股新生力量，在未來的投票取向上，甚值得注意。

五、政見取向的選民

（一）引　言

　　一般說來，選民的投票行為主要是基於客觀的生活需求（如，經濟條件的改善、福利設施的增進、財富的均衡分配與減輕賦稅等要求）與主觀的心理基本需要（包括要求自尊、自主、自由、平等、人權、信任、安全及秩序等），而對候選人的抉擇。對候選人來說，則是伸展政治抱負、實現個人理想的機會。他們往往會在選擇過程中主動深入民間，匯集選民實際的主客觀需求，釐訂出一套爭取選民支持，喚起選民共鳴的政見。候選人的政見一方面固然反映出部份選民的政治意願與需要，但也不免帶有說服選民，引發選民潛在的心理情感與認同的作用，藉以達到選民接納、投票支持的勝選目標。

　　選舉過程中，選民相互間及候選人與選民間具有互動的影響關係，最後形成選民投票決定的行為取向。如前所述，西方學者研究投票行

為的結果發現，選民的投票行為取向不外三種：政黨取向、候選人取
向與政策取向。我們認為選民的投票行為無論基於何種取向，在概念
上均可分為政治性的投票與非政治性的投票。政治性的投票是指選民
在投票時，直接而有意識地考慮到有關政治性的問題；非政治性的投
票所指的是選民在投票時，根本未考慮到任何有關政治性的問題。非
政治性的投票決定，可能來自倫理的親誼、同儕的友誼、同鄉的鄉誼、
同黨的黨誼、同性的關愛，以及對候選人風采等特徵的喜愛與物質的
報酬等。在實際投票行為上，無論是政黨取向，或是候選人取向的投
票，都可能會出現政治性與非政治性考慮的混合型態，如二位候選人
的政見類似，投票人就會考慮非政治性的因素，如鄉誼、黨誼等加以
選擇。

　　選舉是政治體系正常運作的一環，投票的結果亦關係著政權的轉
移及人事的新陳代謝。因此，選民與候選人雙方都不免會觸及整個政
治體系的運作過程，甚或深及政治體系本身的核心問題。這種對政治
體系有關問題的檢討與評估，以及對未來的展望與期許，主要的表現
即在候選人的政見與承諾上。選民依政治因素所作的投票決定，是屬
政治性的投票。我們透過選民政治性的投票取向與政見類型的分析，
才能瞭解實際的選舉行為。

（二）政見議題與政治體系

　　政治性的投票是指選民在投票時直接而有意識地考慮到有關政治
體系的問題。我們觀察選民投票支持的政見，也就可以揭露今天政治
議題所強調的問題所在。

　　我們根據政治體系維持及運作的理論，認為一個政治體系至少應
由三個基本部份所組成，即：（1）認同部份，（2）規範部份，（3）

政策部份。我們在前面有關本文架構的分析中，已對這三個部份，作了解說，現不贅述。

　　總之，政治性的投票與選民支持的政見議題，如果顯現出認同的問題，即威脅到體系的統合與維持；如議題的分歧在於權力規範，這對體系的結構即形成嚴重的威脅；如僅為政策問題，則無論於體系的統合，結構的穩定，或功能的運作，皆不構成嚴重的威脅。

（三）政見取向的類型

　　由上所述，我們大致上可以瞭解，一個政治愈現代化、愈民主的國家，選民的投票取向愈可能只落在政策性的問題上，政見的議題亦愈限於政策上的爭論。我們環視歐美民主體制國家的選舉投票情形，即可發現例證。在民主先進國家，人民對於政治體系根本性的認同，以及對歷史久遠的民主制度與規範的尊重，已深植內心，不生懷疑，即所謂民主參與的政治文化早已根深蒂固。候選人如果想別出心裁，而將政見議題提昇到認同與規範的層次上，不但不易爭取選民的支持與擁護，反易遭受選民的攻擊與唾棄。因之，歐美民主先進國家的選舉，候選人無不在政策本身對體系成員生活價值的分配上，以及在制定或執行政策角色行為的遵守與能力的表現上，提出符合選民的期望與保證，所以選舉的運作是在體系之內的(within the system)，而非在認同及規範結構上，針對體系的本身(of the system)。

　　我國雖然早在 1950 年，就實施縣市地方自治，省以下的各級行政首長及民意代表，均由公民直接選舉產生，但民主法治的建設，非一蹴可幾，我們無論在政治認同與民主與法治的文化上，皆尚存留若干問題。因之，我們在進行選民投票行為的研究時，除了觀察選民與候選人在政策層面上的看法外，亦須觀察在認同與規範層面上的意見。

換句話說，政見所涵蓋的範圍包括政治體系三個部分上的種種問題。
我們研究選民的政治性投票行為，就必須對於這三種部分的政見選民，
作深入的分析。

表二　政見取向的因素分析（正交轉軸）

	政策因素	規範因素	安定因素	國家認同因素	地域認同因素	共同性 h²
1.大量興建國民住宅，使住者有其屋。	0.790	-0.091	0.031	-0.032	0.008	0.6345
2.妥善照顧退役官兵、後備軍人及軍眷生活。	0.724	-0.053	0.078	0.108	0.013	0.5446
3.提高軍公教人員的待遇。	0.714	-0.061	0.095	0.144	-0.062	0.5472
4.實施全民失業及醫藥保險，加強社會福利。	0.677	0.098	0.148	0.039	-0.003	0.4917
5.縮短貧富差距，改善低收入民眾生活。	0.635	0.268	0.084	-0.030	-0.121	0.4981
6.澄清吏治，肅清貪污。	0.517	0.183	0.328	-0.196	0.244	0.5066
7.放寬言論尺度，爭取言論自由。	0.090	0.752	-0.144	0.008	0.090	0.6026
8.建立制衡力量，防止政治腐化。	0.091	0.656	0.133	-0.117	0.044	0.4726
9.改善審判的公平與獨立，以確保人權。	0.148	0.628	-0.160	-0.007	0.241	0.5000
10.反對官僚政客的政治特權。	-0.111	0.571	0.316	-0.146	0.066	0.4644
11.維持社會和諧，嚴禁不當言論。	0.086	0.089	0.703	0.062	-0.130	0.5294
12.集中政治權力，強化行政效能。	0.169	0.021	0.696	0.246	0.010	0.5745
13.維護社會秩序，反對暴力政治活動。	0.387	-0.057	0.627	0.157	0.105	0.5814
14.擁護政府，光復大陸。	0.091	-0.097	0.163	0.727	0.067	0.5771
15.提高我國在國際上的地位。	-0.027	-0.001	-0.056	0.684	-0.134	0.4894
16.鞏固領導中心，維護政治安定。	0.014	-0.177	0.318	0.581	0.047	0.4724
17.全面擴大政治參與，增加民意代表的選舉名額。	-0.028	0.268	0.099	-0.010	0.760	0.6604
18.提高本省同胞的地位與榮譽。	-0.037	0.043	-0.117	-0.053	0.786	0.6377
19.依據國情，逐步實現民主。	0.199	0.451	0.218	0.465	-0.131	0.5244
固有值(Eigenvalues)	3.075	2.177	1.890	1.751	1.416	

☐：0.50 以上

我們收集及參考候選人在競選過程中所散發的政見傳單，及政治

演說會上所強調的種種政治主張，歸納出十九道政見題目，然後訪問
受測的選民，請回答：對他所投候選人的各種政見中，贊成那幾條政
見？不贊同的政見又是那幾條？問卷的量表採用「累積評分法」，每
一政見題目，分成六個等級的強度計分（贊同與不贊同各分為強烈、
中度與輕微三級），最高六分，依次而降，一分為最低。

　　我們進而根據參加投票的選民對候選人各種政見的資料，作成因
素分析，共抽繹出五個因素，如表二。因素分析的作用，除了可以顯
示各變項與因素的關係外，更重要的是，我們可用作歸類的基礎。表
二的每一政見題目在五個因素上的負荷量（即每一政見題與因素的淨
相關係數）的大小，就可決定某一項政見與那個因素之間所具有的線
性關係。我們根據因素負荷量的大小，並以 0.5 作為歸類標準，將十
九項政見分別劃入五個共同的因素類別，並用實線框格標示。

　　從表二，我們可以發現，第一個因素包括的政見共有六項，這六
項政見的內容都不外食、衣、住、行與福利等方面的問題（例如，強
調住者有其屋，照顧軍眷及低收入民眾生活，加強福利，提高待遇等），
以及要求制訂或執行政策的權威當局遵守角色行為與能力的問題。這
兩類的問題即是我們上述所稱的政策問題，因之，第一個因素就是代
表政策的政見因素。

　　第二個因素包括四項關係較密切的政見，此四項政見都環繞在較
為特定的權力關係的規範上，如第七項的「放寬言論尺度，爭取言論
自由」，就顯示出決策與執行層級對人民言論自由權的保障不夠；第
八項政見強調「建立制衡力量，防止政治腐化」，乃是針對政治權力
的行使應遵行權力分立制衡的分權規範而言；第九項「改善審判的公
平與獨立，以確保人權」的政見，則說明選民對執政層級在尊重人身
自由權的規範上，尚不滿意；至於第十項「反對官僚政客的政治特權」，
則屬於平等權行使的規範問題。很明顯地，這四項政見都是強調政治

體系的規範部份。因此，我們可以將第二個因素稱為規範的因素。

　　第三個因素包括相關密切的三項政見，即第十一項的「維護社會和諧，嚴禁不當言論」，第十二項主張「集中政治權力，強化行政效能」及第十三項「維護社會秩序，反對暴力政治活動」。以上的三項政見涉及體系運作所必須遵循的一定規則，在內容上主張為維護整個社會的安定、秩序與效能，一方面不得濫用自由，一方面要集中權力，提高效能。這些政見所主張的種種措施，不外於求整個社會的安定，因之，我們將第三個因素類型命名為安定的政見因素。

　　與第四個因素具密切關係的政見項目，包括：第十四項的「擁護政府，光復大陸」、第十五項「提高我國在國際上的地位」及第十六項「鞏固領導中心，維護政治安定」等政見。這三項政見都主張肯定國家的近遠程目標：在近程目標上，對內求政治社會的安定，對外則在中美斷交後，力謀提高我國在國際上的地位；在長程目標上，以三民主義收復大陸，完成中國的統一。這類政見所觸及的問題，即是政治體系的認同部份，所以第四個因素可稱為國家認同的政見因素。

　　第五個因素包括第十七項與第十八項二道政見，前一道是強調「全面擴大政治參與，增加民意代表的選舉名額」，這一政見認為權威決策及執行層級所掌握的權力，應建立在更廣泛的民意基礎上。後一道，即第十八項政見，主張「提高本省同胞的地位與榮譽」，這一政見，在性質上，也是有關平等的規範問題。這兩項政見都強調地域的認同，因此，我們可稱第五個因素為地域認同的政見因素。

　　由上面因素分析與抽繹出五種類型的政見來看，我們發現選民的投票行為，不僅限於政策層面的投票，也觸及政治體系的規範與認同層面的投票。這個發現除了與我們上述的觀察與推論相符外，亦具有重大的意義：我們認為選民的政治性投票愈針對在政治體系的認同問題與規範問題上，則愈會影響到整個政治體系的穩定性。由上面因素

分析的結果看，在強調照顧人民生活福利政策，要求結構上的改革，求安定，主張國家認同及地域認同等五項政見類型中，除了單純要求政治產出的政策政見與主張國家認同的政見外，其他的規範性政見、安定性政見與地域認同政見等，都環繞在結構的問題上。其次這三種類型的政見之間，具有某種的衝突性，例如要求安定的政見與主張改革規範及地域認同的政見，在人民自由權的行使上就有相反方向的主張，這也顯示出今天選舉的爭論議題，仍在於政治體系運作的根本結構上。部份選民認為應以安全為首務，對於人民的基本權利可作必要的限制，另一部份的選民則強調自由、人權與參與的基本權利。此種政見類型的分歧與衝突，一方面說明我們在加速推行民主政治建設的首要工作，乃在於解決規範遵行的問題，另一方面，也指出今天選舉過程中的緊張與衝突，乃源於選民所持的政治價值分歧所致。

（四）政見取向的類型與黨派投票

　　選舉脫離不了政黨，有政黨存在的選舉才是具有意義的選舉。我們現存的合法政黨有國民黨、青年黨與民社黨，但競選公職的候選人以國民黨與沒有政黨的所謂黨外人士居多，民青兩黨的黨員極少，缺乏群眾基礎，提出來的候選人微乎其微。我們在分析黨派投票時，僅劃分為執政的國民黨與黨外人士兩類，將票投給國民黨的選民稱為黨內票，投給黨外人士的票，稱為黨外票。我們認為黨內票與黨外票在五類政見上的支持，會具有差別性。我們乃針對選民對五種政見類型作贊同或不贊同的回答與投黨內票或黨外票的回答，進行分析，看投票執政黨與無黨派社會人士的選民，在這五種政見類型上，是否依據不同政見來作投票的決定，現分述為下：

　　1.在政策政見上，投黨內票的選民中有 281 人回答贊同或不贊同

他所票選候選人在這類型上的各種政見，其中贊同的有 45 人，佔 16.01%。投黨外票的選民回答人數有 56 人，支持的有 9 人，佔 16.07%。經卡方檢定，兩者並沒有差異，即投黨內票與黨外票的選民，對於政策政見的支持沒有兩樣。

2.在規範政見上，投黨內票的選民有 11.64%的支持（贊同 22 人，回答人數 189 人）。在投黨外票中則有 35.29%的人支持（贊同 20 人，回答人數 34 人），兩種投票在規範政見的支持上，具有很顯著的差異（χ^2=12.48, p<.001），也就是投黨外票的選民顯然比投黨內票的選民更支持規範的政見。

3.關於強調安定的政見類型，投黨內票的選民中，支持者佔 23.30%（贊同 65 人，回答人數 279 人），投黨外票的選民只有 14.29%（贊同有 8 人，回答人數 56 人），投黨內票的選民雖較投黨外票的選民，傾向於支持安定的政見，但兩者卻沒有顯著的差異存在（χ^2=2.22, p>.05）。

4.在國家認同的政見類型方面，投黨外票的選民只有 20.51%的人贊同（贊同 8 人，回答人數 39 人），但投黨內票的則有 54.63%的人贊同（贊同 118 人，回答人數 216 人）。兩者差異極為顯著（χ^2=15.383, p<.001）。

5.在地域認同的政見上，投黨內票與投黨外票的選民具有極為顯著的差異（χ^2=18.58, p<.001），投黨內票的選民只有 4.19%的人贊同（贊同 9 人，回答人數 215 人），而投黨外票的選民卻有 23.68%的人支持（贊同 9 人，回答人數 38 人）。

由以上的分析可知，投給執政黨與投給黨外人士的選民，在五類的政見上，除了在政策與要求安定的政見類型支持上，沒有很大的差別外，其他涉及政治體系運作規範的改革，國家認同以及地域認同的三類政見，均存有極為顯著的差異。此種發現也意含著不分黨內外的

選民，皆主張政府的決策與執行須滿足人民的生活需求，並也重視社會安定的價值。但在權威當局權力行使的規範問題上，則投黨外票的選民比投黨內票選民，更重視地域認同與政治結構的改革，如強調參與、自由與人權等價值。此外，投黨內票的選民較投黨外票的較為贊同對國家的認同，兩者之間的差異頗為顯著。

上面是對政見類型與黨派投票的分析，我們現要進一步分析黨派投票在各項政見上的差異，逐條分析的結果如下：

1.在政策的政見類型上，除了在第十八項政見「澄清吏治，肅清貪污」，投黨外票的選民比投黨內票的較贊同，且具顯著的差別外，其他的各項政見，黨內票與黨外票都沒有大的差異存在。

2.在規範的政見類型中，除了第十九項「依據國情，逐步實現民主」的政見，除黨內票與黨外票的支持沒有差異外，其他的各項政見都有極其顯著的差異存在，尤其在「建立制衡力量，防止政治腐化」（第八項）與「改善審判的公平與獨立，以確保人權」（第七項）等政見上，投黨外票的選民支持的程度較高。

3.在求安定的政見類型中，投黨內票選民比黨外票選民，在各項政見題上都表示較支持的態度，除了對「集中政治權力，強化行政效能」沒有顯著差別外，其他的二項政見均具顯著的差異。

4.在國家認同的政見類型上，投黨內票的選民比投黨外票的選民，對各項政見都表示較贊同的支持態度，均具顯著的差異，尤其在「擁護政府，光復大陸」（第十二項）與「鞏固領導中心，維護政治安定」（第十三項）等政見上，差異更為明顯。

5.在地域認同的政見類型中，投黨外票的選民比投黨內票的選民，對各項政見都較贊同，差異也都達極顯著水準，尤其在「爭取本省同胞的地位與榮譽」政見上，差別更為顯著。

綜合政見類型、各項政見與黨派投票分析的結果，我們可以瞭解

投黨內票與投黨外票的選民，具有很大的差異。投黨內票的選民顯然較支持國家認同的政見，投黨外票的選民則較贊同規範性與地域認同的政見。換句話說。要求改革規範與強調地域認同的選民，投黨外票的比例較大，而強調國家認同的選民，則大多數投黨內票。如前所述，投黨內票與黨外票選民，在政見與安定的政策類型上，雖然沒有顯著的差別，但在單項政見上也有顯著差異存在。例如，投黨外票的選民顯然比投黨內票的選民更支持「澄清吏治，肅清貪污」的政策，而投黨內票的選民則顯然比黨外票選民較贊同「維持社會和諧，嚴禁不當言論」與「維護社會秩序，反對暴力政治活動」等強調安全價值的政見。

（五）選民的社會特徵與政見投票

選民的個人背景與社會特徵，如性別、年齡、教育程度、種族、黨籍、職業、經濟地位及宗教信仰等，是否影響政見取向，也是所觀察的對象，現選擇幾個較顯著的變項，加以分析：

1.性別：在五種政見類型上，男性選民比較女性選民贊同的比例為高，但並不具顯著的差異。

2.年齡：我們將受測選民分為於二十幾歲（二十歲到二十九歲），三十幾歲（三十歲至三十九歲），四十幾歲（四十歲至四十九歲），五十幾歲（五十歲至五十九歲）與六十歲以上等五種年齡組，加以觀察分析，結果發現年齡在政策的政見與國家認同的政見投票上，具有顯著的差別：五十幾歲的選民投支持政策政見的比例最高，其次是四十幾歲與六十歲以上的選民，投政策政見票最低的是二十幾歲的年輕選民(χ^2=11.292, p<.01)。在國家認同的政見上，支持比例最高的是六十歲以上的選民（贊同 18 人，佔 72%，回答人數有 25 人），其次是

年紀最輕的廿幾歲選民（贊同 46 人，佔 53.46%，回答人數 86 人），
最低的是五十幾歲的選民（贊同 14 人，佔 34.15%，回答人數 41 人），
且差異達很顯著的水準（χ^2=10.72, p<.01）。年齡的差異雖在規範性、
安定性與地域認同政見上，沒有顯著差別存在，但由贊同的百分比來
看，在規範性政見上，四十幾歲選民最支持，五十歲以上的選民則最
少支持。在強調安定的政見上，支持比例最高的是年紀最大的六十歲
以上的選民，依次而降，二十幾歲的年輕選民贊同安定性的政見比例
最少。在主張地域認同的政見上，三十幾歲的少壯選民支持的比例最
高，五十幾歲的選民支持的比例最小。

　　3.省籍：本省籍與外省籍的受測選民在政策性政見、國家認同政
見與地域認同政見類型上，具有顯著的差異存在，對於規範性與安定
性的政見，並沒有明顯差別。外省籍選民很顯然比本省籍選民支持政
策性政見（χ^2=3.55, p<.05）與國家認同政見（χ^2=10.84, p<.001），但在地
域認同政見上，本省籍選民支持的比例則顯著高於外省籍選民（χ^2=
3.783, p<.05）。在安定性政見與規範性政見方面，省籍因素並沒有顯著
的差異存在。

　　4.教育程度：我們將選民的教育程度分為大學以上、專科、高中、
初中及小學以下等五種程度的類別，分析結果發現，教育程度在安定
性政見與國家認同政見上，具有顯著的差異：高中程度的選民支持安
定性政見的比例最高，其次為專科程度的選民，最低的為小學程度以
下的選民，差別亦達顯著水準（χ^2=11.108, p<.05）；在國家認同政見上，
專科程度的選民最支持，其次是大學程度以上的選民，小學程度以下
的選民贊同國家認同政見的比例最少，其間的差異很顯著（χ^2=11.782,
p<.05）。教育程度的不同，在政策、規範及地域認同等政見上，不具
顯著的差異，但由支持的比例看，小學程度以下的選民在各類政見上，
都比教育程度高的為低，唯獨在主張地域認同的政見上偏高；專科程

度的選民在各類政見的支持上都高，而在規範性與地域認同政見上，比其他教育程度的選民爲低。

　　5.黨籍：我們僅分爲加入國民黨與未加入國民黨等兩種類別來觀察，入黨的黨員選民與未入黨的非黨員選民，在各類型政見的支持上，都不存在顯著的差異。不過，黨員選民在各類型政見上，支持的比例大致上都比非黨員選民高，但在地域認同政見上，非黨員選民卻較黨員選民爲高。我們認爲黨籍因素在各類型政見上，不具顯著差異的結果，與上面關於黨派投票在政見類型上的差異比較來看，顯示出一個很具有意義的發現：即選民的投票行爲不是依照黨的路線投票。假定依政黨的指示投票，則黨員選民與非黨員在政見投票的結果，應會與投黨內票及黨外票在政見上的投票結果一致。但由資料分析來看，兩者並不一致。換句話說，支持規範性、地域認同政見爲主的黨員選民，可能去投黨外票，而國家認同意識較強與支持安定性政見的非黨員選民，則投黨內票。

　　6.生長環境：這是以選民的生長環境來看都市，鄉鎮與農漁鹽村等地區的選民，在政見的支持上是否具有差別。統計資料顯示，鄉鎮地區的選民對各類型的政見，都比都市地區與農、（漁、鹽）村的選民，表示較高的支持，但都不具顯著的差異性。

　　7.職業類別：我們依職業的性質分爲(1)農、漁、鹽、工人，(2)公務員，(3)自由職業與工程師，(4)軍人、警察、團務人員，(5)教職、文化事業與學生，(6)自營商、專業經理人員與工商機構普通職員，(7)家務等七類職業來分析，結果顯示職業類別在各政見類型的支持程度上，雖不具極爲顯著的差異存在，但我們仍可以看到一些不同的趨向。在政策性政見上，各類職業的選民支持的比例都很接近，其中以公務員與軍、警選民略高（24.32%與 22.22%），而以家務爲主的選民較低(12.5%)。在規範性政見上，自營商及私人工商機構職員的選民與教育

文化及學生選民為高(23.61%)，而以家務、軍、警選民為最低（5.26%
與 7.14%）。在強調安全的政見上，軍、警選民最支持(35.29%)，而
農、漁、鹽、工人選民的支持比例最低(4.00%)。對於國家認同政見而
言，軍、警選民支持的比例最高(66.67%)，其他各行業的選民亦高達 50%
左右，唯獨農、漁、鹽、工人選民最低(16.67%)。在主張地域認同的
政見上，卻以農、漁、鹽、工人選民的支持比例最高(17.65%)，自由
業與工程師選民次之，最低的是軍、警選民(6.67%)。由以上職業的性
質加以分析，軍、警選民的比較支持安定性政見，較可理解，而農、
漁、鹽、工人選民比較贊同地域認同，以及對國家認同的政見缺乏興
趣的現象，則可能與他們的地域觀念、低收入的社會地位與教育程度
有關；自營商、經理人員及工商機構職員與教育文化、學生等選民，
比較支持規範性政見，這或與他們的知識能力，現代性及工作環境的
性質有關。

由選民的社會特徵來看對政見類型的支持，我們發現在支持政策
性政見上，僅在年齡與省籍上具顯著差別，年齡大的選民與外省籍選
民，較支持政策性的政見。選民的社會特徵不同，在我們的研究中，
對於規範性政見的支持程度，一般說來，並無顯著的差異。在安定性
政見上，選民的教育程度不同，支持的程度確有顯著差異；中等教育
的選民，比受高等教育或受教育較少的選民，更贊同安定性的政見。
在國家認同政見的支持上，年齡、省籍與教育程度不同的選民，存在
顯著的差異；不同社會特徵的選民在地域認同政見的支持上，也不具
顯著的差異性。

（六）結　語

選民的政治性投票主要反映在他所支持的政見上，我們透過政見

的各種分析，即可進而探討政見的議題與類型，現就我們在以上的發現，作一綜合性的分析與說明：

1.我們認為政治體系必須包括三個基本部分，而一個民主政治建設愈成功的體系，選民在投票決定時的爭論與議題，愈會強調體系內的政策產出。選民的投票行為所反映的問題，假定是構成政治體系根本的國家認同或維繫體系運作規範的結構，則顯示整個政治體系的發展與民主政治的建設仍有待更進一步地加強。從我們的研究發現來看，我們的選舉投票所突顯的議題，除了政策部份外，也包括國家認同與規範結構部份的種種政見。這是非常值得我們注意的。

2.規範部份的議題，共包括規範改革的政見，強調安定的政見與主張地域認同的政見等三類。選民對這些規範問題持不同意見，正也說明我們在推行民主政治上所面臨的困難所在。

3.較支持規範改革性政見及地域認同政見的選民，則較可能投黨外候選人的票，而較支持國家認同政見的選民，則較可能投票支持國民黨籍的候選人。支持政策性政見與安定性政見的選民，投黨內票的比例略高，但不具顯著差異。由此可見，黨內候選人與黨外候選人的政見，主要在主張地域認同，要求改革，強調國家認同及安定價值方面的爭論，政策政見反不是決定勝選的主要政見原因。

總之，我們認為當前選舉的政見議題雖然也強調公共政策、國家認同與安定價值，但爭論最多的還是在於有關政治體系的規範上，亦即地域認同與規範改革的問題上。我們今後推進民主政治的建設，首要的工作，可能即在建立公平合理、普遍遵行的制度與規範。

六、選民的選舉過程

選民在決定投票對象時，從何處獲得資訊與印象，非常影響到抉

擇的本身，因之，我們對這一選舉過程的探討，在投票研究上，非常
具有學術的重要性。我們主要瞭解的是：選民在決定投票給誰時，有
沒有和人商量，跟那一類（或那幾類）人商量；最初從那裏知道所要
選舉的候選人，後來又如何逐漸對候選人印象加深，還有，由那裏加
深這種印象。現針對前述各點，作數項分析。

（一）誰影響選民對投票的抉擇

選民投票抉擇，常會因與人商量，而受到影響。受測選民有多少
人曾和人商量？根據調查統計的結果，共有 182 位(24.5%)的選民，於
決定投票給誰時，曾和人商量。由此可見，大約有四分之一的選民，
於作投票決定時，須參酌從眾的意見，然後再作決定。

這四分之一的選民，究竟和那一類人或那幾類人商量？統計結果
顯示：(1)有 134 位選民在決定時，曾與家人（包括父母、配偶和兄弟
姊妹）商量過，而且在這 134 位選民中，更有 93.3%的人認為，與家
人商量的重要性居於第一位；認為居第二位者有 5.2%，認為居第三位
者有 0.7%，認為居第四位者有 0.7%。(2)有 23 位選民在決定投票時，
曾與師長商量過；而在 23 位選民中，有 56.5%的人認為與師長商量的
重要性居第一位，39.1%的人認為居第二位，4.3%的人認為居第三位。
(3)有 17 位選民認為，與親戚商量後才決定投票給誰；而在這 17 位選
民中，認為與親戚商量的重要性居第一位者佔 35.39%，居第二位者佔
52.9%，居第三位者佔 11.8%。(4)59 位選民在與同學、朋友或同事商
量後，才決定投票給誰；而在這 59 位選民中，認為與同學、朋友或同
事商量的重要性居第一位者佔 52.5%，居第二位佔 33.9%，居第三位
者佔 8.5%，居第四位者佔 5.1%。(5)13 位選民在決定投票時，先與地
方上有地位的人士商量，徵求其意見後，才作決定；而在這 13 位的選

民中，有 84.6%的人，認爲與地方上有地位的人士商量，其重要性居第一位，15.4%的人認爲居第二位。(6)20 位選民認爲與鄰居商量後，才決定投票給誰；在這 20 位選民中，更有 55.0%的人認爲與鄰居商量的重要性居第一位，35.0%的人認爲居第二位，10.0%的人認爲居第三位。

綜合以上的發現，我們可知，在 182 位(24.5%)選民在投票給誰之前，曾與人商量。其中與家人商量者最多，共有 134 位。可見家人對投票決定的影響是相當大的。選民之所以與家人商量投票決定，主因在於他們平日生活在一起的時間較多，相互影響的機會亦大，且在行爲取向上有一致的傾向。其次有 59 位的選民，在決定投票給誰之前，曾與同學、朋友或同事商量。同學、同事或朋友最易形成非正式的團體，因之，在投票決定上，相互商量，乃極其自然，順理成章之事。再進一步看，在影響的重要性上，各類與人商量再作投票決定的選民，以家人的重要性居第一位(93.3%)，其次爲地方上有地位人士(84.6%)，第三爲師長(56.5%)，第四爲鄰居(55.0%)，第五爲同學、朋友或同事(52.5%)，最後爲親戚(35.3%)（因係多重選擇，故與人商量才決定投票的選民，其百分比超過 100%）。

（二）選民何時知道所選舉的候選人

候選人的知名度，在決定選舉當選與否的因素中，往往居於關鍵性的地位。許多過去競選失敗的人，往往因平日在選民的心目中，未曾留下一些痕跡，且在競選期間又無法打開知名度，終於步上落選的命運。因之，選民於何時才知道所選舉的候選人，常反映出候選人的知名度與影響力。現說明本研究發現如下：(1)54.8%選民在這一次競選期間才知道的；(2)16.5%選民在上一次（1978 年）選舉時就知道了；

(3)15.3%選民已知道其所選候選人一段時期了；(4)13.4%選民已知道所選候選人很久了。

從以上的發現可知，候選人知名度的打開，形象的建立，最重要的階級為競選期間。推究其因，主要在選舉期間，無論是政見的發表，宣傳車的宣傳，以及各種聚會，大眾傳播媒介的報導，都會擴散、流通，選民也就易於受到影響。不過，我們也不能忽略，畢竟有 45.2% 的選民，在本次選舉以前，就已知道所選候選人了。因之，候選人平日建立形象的工作與競選期間，同等重要。

（三）選民最初如何知道候選人

我們的研究發現：

1.在私人關係上，有 92 位選民是由家人或親戚處，最初知道他所選舉的候選人，而其中更有 78.3%的選民，認為最初由家人或親戚知道所選舉候選人的重要性居第一位，19.64%的選民認為居第二位，2.2%的選民認為居第三位。

2.最初有 68 位選民由朋友或同學處知道所選候選人，而其中更有72.1%的選民，認為最初由朋友或同學處知道所選候選人的重要性居第一位，16.2%的選民認為居第二位，5.9%的選民認為居第三位，有 2.9%的選民認為居第四位，1.5%的選民認為居第五位，1.5%的選民認為居第六位。

3. 40 位選民最初由師長（或長輩、上司）處知道他所選候選人，而其中更有 60.0%的選民以為重要性居第一位，20.0%的選民認為居第二位，12.5%的選民認為居第三位，5.0%的選民認為居第四位，2.5%的選民認為居第五位。

4.有 34 位選民最初由鄰居處知道他所選候選人，而其中更有 73.5%

選民以為重要性居第一位，23.5%選民認為居第二位，2.9%選民認為居第三位。

5.在社會關係上，有 61 位選民最初由所服務機關的同事處知道他所選候選人，而其中更有 73.8%選民認為重要性居第一位，11.5%的選民認為居第二位，13.1%的選民認為居第三位，1.6%的選民認為居第四位。

6.有 22 位選民最初由所參加的團體處知道他所選候選人，而其中有 68.2%選民認為重要性居第一位，22.7%選民認為居第二位，9.1%選民認為居第三位。

7.有 26 位選民最初由公共場合知道他所選候選人，而其中有 57.7%選民認為重要性居第一位，23.1%選民認為居第二位，11.5%選民認為居第三位，3.8%選民認為居第四位，3.8%選民認為居第六位。

8.在政治關係上，有 97 位選民認為最初由黨團組織處知道他所選候選人，而其中有 70.1%選民認為重要性居第一位，18.6%選民認為居第二位，9.3%選民認為居第三位，1.0%選民認為居第四位，1.0%選民認為居第七位。

9.有 110 位選民認為最初由選舉公報知道他所選候選人，而其中有 59.1%選民認為重要性居第一位，33.6%選民認為居第二位，3.6%選民認為居第三位，2.7%選民認為居第四位，0.9%選民認為居第五位。

10.有五位選民認為最初由後備軍人集會知道他所選候選人，而其重要性分配是，認為居第一位者佔 40.0%，居第二位者佔 40.0%，居第四位者佔 20.0%。

11.有 17 位選民最初由其他的政治性集會知道他所選候選人，而其重要性分配是，認為居第一位者 52.9%，居第二位者佔 17.6%，居第三位者佔 29.4%。

12.在大眾傳播方面，有 242 位選民最初由報紙的報導知道他所選

候選人，而其重要性分配情形，認爲居第一位者佔 68.2%，居第二位者佔 20.7%，居第三位者佔 9.5%，居第四位者佔 1.7%。

13.有 110 位選民認爲最初由電視的報導知道他所選候選人，而其重要性的分配情形是：認爲居第一位者佔37.3%，居第二位者佔50.9%，居第三位者佔 5.5%，居第四位者佔 3.6%，居第五位者佔 2.7%。

14.有 26 位選民表示最初由電台的報導知道他所選候選人；重要性的分配情形是：30.8%選民表示居第一位，15.4%選民表示居第二位，30.8%表示居第三位，3.8%選民表示居第四位，11.5%選民表示居第五位，3.8%選民表示居第六位。

15.有 37 位選民表示最初由雜誌的論著知道其所選候選人，重要性的分配情形是：16.2%選民表示居第一位，29.7%選民表示居第二位，27.0%表示居第三位，18.9%表示居第四位，5.4%選民表示居第五位，2.7%選民表示居第六位。

16.在競選活動上，有 265 位選民認爲最初由候選人的宣傳車、海報、傳單及著作知道他所選候選人，而其重要性分配情形是：認爲居第一位者佔 65.7%，居第二位者佔 22.3%，居第三位者佔 9.8%，居第四位者佔 1.9%，居第六位者佔 0.4%。

17.有 118 位選民表示最初由公、自辦政見發表會，知道其所選候選人，重要性的分配情形是：56.8%選民表示居第一位，20.3 選民表示居第二位，12.7%選民表示居第三位，7.6%選民表示居第四位，1.7%選民表示居第五位，2.8%選民表示居第六位。

18.有 11 位選民認爲最初由助選人員的助選言論知道他所選候選人，重要性的分配情形是：認爲居第一位者佔 54.5，居第二位者佔 36.4%，居第三位者佔 9.1%。

19.有 11 位選民認爲最初由候選人的親自訪談知道他所選候選人；而其重要性分配情形。認爲居第一位者佔 63.6%，居第二位者佔 36.4%。

　　20.有 6 位選民認爲最初由助選人員的訪談知道他所選候選人，重要性的分配情形是：認爲居第二位者佔 66.7%，居第三位者佔 16.7%，居第四位者佔 16.7%。

　　根據以上發現，我們可以看到下面的一些現象：

　　1.選民最初以候選人的宣傳車、海報、傳單及著作，知道所選候選人的情形最多，共 265 位；第二爲報紙的報導，計 247 位；第三爲公自辦政見發表會，計 118 位；第四爲選舉公報與電視報導，各爲 110 位；第五爲黨團組織處，計 97 位；第六爲家人或親戚處，計 92 位；第七爲所服務機關的同事處，計 61 位。

　　2.大眾傳播爲選民最初知道所選候選人的第一個主要管道，四個項目共有 420 位，其中以報紙的報導居功甚偉，計 247 位；電視的報導第二，計 110 位，兩者合計共 357 位。因之，如何運用報紙與電視的選舉報導，是影響選民最重要的關鍵。

　　3.競選活動爲選民最初知道所選候選人的第二個主要管道，共計有 411 位，其中以候選人的宣傳車、海報、傳單及著作，最能使選民最初知道他所選的候選人，共計有 265 位；其次爲公、自辦政見發表會，合計有 118 位。候選人的宣傳車、海報、傳單及著作，一方面爲競選經費龐大開銷的項目之一，另一方面也是滲入各個角落、各個階層的便利工具，因之，在引發選民最初知道所選候選人的功效上亦最大。由此可見，如何設計競選標語、圖案、口號與形象，乃成爲規劃選舉策略不得忽視之處。

　　4.私人關係爲選民最初知道他所選候選人的第三個主要溝通管道，共計 234 位，其中以家人或親戚處的功效最大，計 92 位；朋友或同學計 68 位，師長爲第三，計 40 位；鄰居處爲第四，計 34 位。因之，候選人如何針對選民的家人或親戚下功夫，以爭取選民最初的認知，也是克敵制勝的辦法。

5.政治關係為選民最初知道他所選候選人的第四個主要管道，共有 229 位，其中以選舉公報的功效最大，計 110 位；黨團組織第二，計 97 位，而後備軍人集會幾乎可以說沒有什麼影響力。因之，候選人如何利用選舉公報，吸引選民的注意，進而知道他所選的候選人，也為規劃選舉策略必須斟酌之處。黨團組織的充分動員，並妥適加以運用，亦會有所收獲。

6.社會關係為選民最初知道他所選候選人的第五個主要溝通管道，共計 109 位，其中以所服務機關的同事處，效益最高，計 61 位；第二為公共場合，計 26 位；第三為所參加的團體處，計 22 位。候選人如何利用選民的同事關係，來推廣知名度，亦為可行之道。

7.由選民最初知道所選候選人的重要性來看，則以家人或親戚處最受重視，共有 78.3%的選民認為如此；第二為所服務機關的同事處，計有 73.8%；第三為鄰居處，計有 73.5%；第四為朋友或同學，計有 72.1%；第五為黨團組織處，計有 70.1%；第六為所參加的團體處及報紙的報導，各計有 68.2%；第七為候選人的宣傳車、海報、傳單及著作，計有 65.7%；第八為候選人的親自訪談，計有 63.6%；第九為選舉公報，計有 59.1%；第十為政見發表會，計有 56.8%；第十一為助選人的助選言論，計 54.5%；第十二為其他的政治性集會，計有 52.9%，第十三為後備人集會，計有 40.0%，第十四為電視報導，計有 37.3%。

（四）選民如何逐漸對所選候選人加深印象

選民最初經由大眾傳播、競選活動、政治關係、私人關係、與社會關係等管道，知道所選的候選人，但當時可能還未決定要投票給他。候選人為了逐漸加深在選民心目中的印象，進而左右其投票的意向，有必要利用上述種種管道，規劃一套策略來傳播他的黨籍派別、特殊

條件、具體形象、基本主張、過去表現或成就，以及將來的抱負。

我們的研究發現：

1.有 128 位選民認為，逐漸對所選候選人加深印象，乃自從知道他（她）是同黨黨員之後，而其中更有 75.8%選民表示，這種加深印象的原因，重要性居第一位，14.8%選民表示居第二位，7.0%選民表示居第三位，2.3%選民表示居第四位。

2.有 15 位選民以為，逐漸對所選候選人加深印象的原因，乃自從知道他（她）是無黨籍人士之後，重要性的分配情形是：有 46.7%選民表示居第一位，33.3%選民表示居第二位，6.7%選民表示居第三位，6.7%選民表示居第四位，有 6.7%選民表示居第七位。

3.有 31 位選民表示自從知道他（她）是同鄉之後，才逐漸加深對所選候選人的印象；重要性的分配情形是：有 71.0%選民表示重要性居第一位，有 9.7%選民表示居第二位，16.1%選民表示居第三位，有 3.2%選民表示居第四位。

4.有三位選民認為自從知道他（她）是同宗之後，才逐漸加深對所選候選人的印象。另有 16 位選民表示自從知道他（她）是校友之後，才逐漸加深其對所選候選人的印象；重要性的分配情形是：有 56.2%選民表示居第一位，25.0%選民表示居第二位，12.5%選民表示居第三位，6.2%選民表示居第四位。

5.有 261 位選民以為自從知道他（她）的政見之後，才逐漸加深對所選候選人的印象；重要性的分配情形是：有 69.0%選民表示居第一位，20.3%選民表示居第二位，8.4%選民表示居第三位，1.9%選民表示居第四位，有 0.4%選民表示居第六位。

6.有 204 位選民以為，自從知道他（她）的品德之後，才逐漸加深對所選候選人的印象；重要性的分配情形是：有 67.2%選民表示居第一位，有 27.5%選民表示居第二位，有 4.9%選民表示居第三位，0.5%

選民表示居第四位。

7.有 166 位選民以為，自從知道他（她）的學識之後，才逐漸對所選候選人加深印象；重要性的分配情形是：有 44%選民表示居第一位，39.8%選民表示居第二位，14.5%選民表示居第三位，1.8%選民表示居第四位。

8.有 286 位選民認為自從知道他（她）的表現或成就之後，才逐漸加深對所選候選人的印象；其中更有 75.5%選民表示這個項目的重要性居第一位，16.1%選民表示居第二位，7.0%選民表示居第三位，1.4%選民表示居第四位。

9.有 12 位選民認為自從知道他（她）的遭遇之後，才逐漸加深對其所選候選人的印象；而其中有 50.0%選民表示這個項目的重要性居第一位，33.2%的選民表示居第二位，16.7%選民表示居第四位。

10.有 50 位選民認為自從知道他（她）的膽識之後，才逐漸加深對其所選候選人的印象；而其中有 50.0%選民表示這個項目的重要性居第一位，26.0%選民表示居第二位，18.0%選民表示居第三位，6.0%選民表示居第四位。

由以上的各種發現，我們對選民如何對所選候選人逐漸加深印象，可歸納出下列幾個要點：

1.在所有十一個項目中，選民表示候選人的表現或成就，為其逐漸加深印象的第一個主要途徑，計有 286 位選民認為如此；第二為候選人的政見，計 261 位；第三為候選人的品德，計 204 位；第四為候選人的學識，計 166 位；第五為候選人是否為同黨的黨員，計 128 位。

2.在上述五個主要逐漸加深選民印象的途徑中，候選人所具備的條件最為重要，諸如個人的表現或成就、學識與品德，以及對將來的抱負。因之，候選人於競選活動期間，利用各項溝通管道，儘量推銷自己，並將實際的資料呈現給選民，以加深其印象，乃成為選民最後

決定的主要參考。

3.若從選民對各該項目所表示的重要性而言，在選擇知道他（她）是同黨黨員為逐漸加深印象的選民中，共有 75.8%的人認為該項目的重要性居第一位，為所有項目之冠；依次為知道候選人的表現或成就(75.5%)，知道候選人是同鄉(71.0%)，知道候選人的政見(69.0%)，知道候選人的品德(67.2%)，知道候選人是校友(56.2%)，知道候選人的遭遇或膽識（兩者均為 50.0%），知道候選人是無黨籍人士(46.7%)，知道候選人的學識(44.0%)，最後為知道候選人是同學(33.3%)。

（五）選民由何處加深印象

根據本研究的發現：

1.在私人關係上，有 99 位選民是由家人或親戚處，加深其對所選候選人的印象；而其中更有 79.8%選民，認為這項重要性居第一位，10.1%選民表示第二位，7.1%選民表示第三位，3.0%選民表示第四位。

2.有 62 位選民表示自朋友或同學處，加深對所選候選人的印象；重要性的分配情形是：58.1%選民認為居第一位，25.8%選民表示居第二位，9.7%選民表示居第三位，6.5%選民表示居第四位。

3.有 25 位選民認為由師長（或長輩）處，加深對所選候選人的印象；重要性的分配情形是：60.0%選民表示居第一位，28.0%選民表示居第二位，8.0%選民表示居第三位，4.0%選民表示居第五位。

4.有 39 位選民表示自鄰居處，加深對所選候選人的印象；重要性的分配情形是：69.2%選民表示居第一位，20.5%選民表示居第二位，5.1%選民表示居第三位，2.6%選民表示居第三位，2.6%選民表示居第七位。

5.有 54 位選民表示自所服務機關、公司的同事處，加深對所選候

選人的印象；重要性的分配情形是：57.4%選民表示居第一位，27.8%選民表示居第二位，13.0%選民表示居第三位，1.9%選民表示居第四位。

6.有21位選民表示自所參加的團體處，加深對所選候選人的印象；重要性的分配情形是：76.2%選民表示居第一位，9.5%選民表示居第二位，9.5%選民表示居第三位，4.8%選民表示居第四位。

7.有22位選民表示自公共場合，加深對所選候選人的印象；重要性的分配情形是：59.1%選民表示居第一位，27.3%選民表示居第二位，9.1%選民表示居第三位，4.5%選民表示居第四位。

8.在政治關係上，有92位選民表示自黨團組織處，加深對所選候選人的印象；重要性的分配是：75.0%選民表示居第一位，21.7%選民表示居第二位，2.2%選民表示居第三位，1.1%選民表示居第四位。

9.有87位選民表示自選舉公報加深對所選候選人的印象；重要性的分配情形是：50.6%選民表示居第一位，31.0%選民表示居第二位，14.9%選民表示居第三位，2.3%選民表示居第四位，1.1%選民居第五位。

10.有8位選民表示自後備軍人集會上，加深對所選候選人的印象，重要性的分類情形是：50.0%選民表示居第一位，37.5%選民表示居第二位，12.5%選民表示居第三位。

11.有16位選民表示自其他的政治性集會，加深對所選候選人的印象；重要性的分配情形是：50.0%選民表示居第一位，37.5%選民表示居第二位，12.5%選民表示居第三位。

12.在大眾傳播上，有225位選民表示自報紙的報導，加深對所選候選人的印象；重要性的分配情形是：65.8%選民表示居第一位，23.6%選民表示居第二位，9.8%選民表示居第三位，0.9%選民表示居第四位。

13.有113位選民表示自電視的報導，加深對所選候選人的印象；

重要性的分配情形是：38.1%選民表示居第一位，46.9%選民表示居第二位，14.2%選民表示居第三位，0.9%選民表示居第四位。

14.有 46 位選民表示自雜誌的論著，加深對所選候選人的印象；重要性的分配情形是：21.7%選民表示居第一位，54.3%選民表示居第二位，15.2%選民表示居第三位，4.3%選民表示居第四位，4.3%選民表示居第五位。

15.有 22 位選民表示由電台的報導，加深對所選候選人的印象；重要性的分配情形是：18.2%選民表示居第一位，36.4%選民表示居第二位，13.6%選民表示居第三位，22.7%選民表示居第四位，4.5%選民表示居第五位，4.5%選民表示居第八位。

16.在競選活動上，有 261 位選民以為候選人的宣傳車、海報、傳單及著作，加深對所選候選人的印象；重要性的分配情形是：60.9%選民表示居第一位，27.2%選民表示居第二位，10.0%選民表示居第三位，0.8%選民表示居第四位，0.4%選民表示居第五位，0.8%選民表示居第六位。

17.有 147 位選民表示由自辦、公辦政見發表會，加深對所選候選人的印象；重要性的分配情形是：71.4%選民表示居第一位，15.6%選民表示居第二位，4.8%選民表示居第三位，6.8%選民表示居第四位，0.7%選民表示居第五位，0.7%選民表示居第七位。

18.有 20 位選民表示自助選人員的助選言論，加深對所選候選人的印象；重要性的分配情形是：50%選民表示居第一位，20.0%選民表示居第二位，25.0%選民表示居第三位，5.0%選民表示居第六位。

19.有 10 位選民表示自候選人的親自訪談，加深對所選候選人的印象；重要性的分配情形是 40.0%選民表示居第一位，40.0%選民表示居第二位，20.0%選民表示居第三位。

20.有 7 位選民表示自助選人員的訪談，加深對所選候選人的印象；

重要性的分配情形是 42.9%選民表示居第一位，14.3%選民表示居第二位，42.9%選民表示居第三位。

由以上的描述，我們可歸納出幾項重要的發現：

1.選民主要認為競選活動會加深對所選候選人的印象，這類選民共有 445 位，其中選候選人的宣傳車、海報、傳單及著作的有 261 位，公自辦政見發表會的有 147 位，再次為大眾傳播，計有 406 位，而其中報紙的報導，有 225 位，電視的報導，有 113 位；自認因私人關係加深印象的，計有 225 位，而其中選家人或親戚者，有 99 位，選朋友或同學者，有 62 位；因政治關係加深印象的，計有 203 位，而其中選黨團組織者，有 92 位，選選舉公報者，有 87 位；最後為社會關係，計 97 位，而其中以所服務機關、公司的同事為主，計有 54 位。

2.若從二十個項目加以比較，則以候選人的宣傳車、海報、傳單及著作加深選民的印象最多，計 261 位，其次依序為：報紙的報導（225位）、政見發表會（147 位）、電視的報導（113 位）、家人或親戚處（99 位）、黨團組織處（92 位）、選舉公報（87 位）。

3.再從選民對自認加深印象有關項目的重視程度而言，則以家人或親戚處最為選民所重視，計有 79.8%的人，居第一位；其次依序為：所參加的團體處(76.2%)、黨團組織處(75.0%)、自辦公辦政見發表會(71.4%)、鄰居處(69.2%)、報紙的報導(65.8%)、候選人的宣傳車、海報、傳單及著作(60.9%)。

4.將選民最初知道所選候選人的溝通管道與逐漸加深對所選候選人印象的溝通管道，加以比較，我們發現選民最初主要以大眾傳播為首要溝通管道，其次依序為：競選活動、私人關係、政治關係、社會關係；而選民在逐漸加深印象的首要溝通管道，則以競選活動為第一，其次依序為：大眾傳播、私人關係、政治關係、社會關係。這種轉變，在於競選活動直接接觸選民，較易產生鮮明的印象，而大眾傳播在選

情報導上，非常重要，但限於報格與篇幅，不能完全滿足選民的需要，以致在加深印象上退居第二位。

5.從二十個項目選民所表示的重要性百分比較觀察，我們發現，選民最初知道候選人的管道，以家人或親戚處高居首位，依序為：所服務機關的同事處、鄰居處、朋友或同學、黨團組織、報紙報導、候選人的宣傳車、海報、傳單及著作，候選人親自訪談、選舉公報、政見發表會；而選民逐漸加深候選人印象的管道，也以家人或親戚的重要性最高，其次依序為：所參加的團體、黨團組織、政見發表會、鄰居處、報紙的報導、候選人的宣傳車、海報、傳單及著作、師長處、公共場合、所服務機關同事處。兩者同以家人或親戚處居最重要性地位，主要的原因在觀念與看法接近，相互的信任感較高，因而容易產生共鳴，受到影響。至於變化最大的是政見發表會的重要性，由原來第十位跳昇到第四位；選舉公報由原來第九位落於第十位之後；候選人親自訪談也由原來第八位落於第十位之後。政見發表會上最能顯露候選人的才華、表現、成就、抱負，所以較易加深選民的印象。

七、選民與選舉及民主體系

（一）選舉與民主政體的運作

在民主國家，大選的結果，足以更換領導階層，決定政黨的進退，從這個角度看，選舉乃成為公民控制及選擇最高決策人選的手段。選舉既然如此重要，自然須要有公平的競賽規則，及超然客觀的選監機構，而在這樣的基礎上，由候選人（競爭者）透過各種合法的手段，爭取選民的支持。唯有如此，候選人即使落敗，也沒有怨尤。更重要

的是，選舉制度才能獲得選民的信任，而趨於穩定。因之，選民對選舉體系及運作的信任與支持，對制定的確立與運作實有非常重要的影響。我們特設計五項指標，作實證性的探究：

1.選民對選舉規章，亦即競賽規則的信任：也就是認為是否公正的問題，這是選舉系統的規範層面。假定選舉規章被絕大多數的選民認為公正，那麼整個選舉系統，即較能發揮有效的功能，也能進一步促進整體政治系統的穩定。反之，若多數選民不相信選舉規章的公正性，那麼，不僅選舉過程會產生激烈、緊張的情況，且會對整體政治體系構成極為不良的影響，妨害到民主政治的發展。

2.選民對主辦選舉事務機構的信任：假如大多數選民能信任主辦選務的機構，認為確實站在超然客觀的立場，處理選舉事務，而不偏袒競爭者的任何一方，則選舉的結果，即能為大眾所接受，另一方面也容易建立選民對選舉制度的信心，民主政治因而也較容易推動並落實在一可靠的基礎上。反之，若一旦多數選民不信任主辦選務機構的超然立場，那麼不僅會對選舉喪失信心，進而也會對民主的信念產生動搖。

3.選民對候選人水準的評價：候選人不僅是選戰的競賽者，也是選舉制度的推動者，因之，候選人的水準是否獲得選民的信心，關係到整個選舉制度的運作，如候選人的水準較高，即較能遵守遊戲規則，提昇政治的品質。如水準低落，敗壞選風，以權謀私，即不會受到選民的信任，也連帶影響到民主政治的發展。

4.選民對大眾傳播媒介的評價：近代大眾傳播媒介，無遠弗屆，對大眾的生活產生了無比深遠的影響。在競選過程中，大眾傳播也扮演了極為重要的角色，但選民對所傳遞的政治訊息是否覺得信任、可靠及公正、客觀，非常影響選舉的運作。大眾傳播媒介若能公正無私地報導事實的真相，不僅能提供選民更多的重要訊息，幫助選民作正

確的抉擇，也能贏取選民的信任，促進選舉系統的功能發揮，以及提高民主政治的水平。

5.選民對選舉所具有影響力的看法：在理論上選舉既是大眾控制政治決策人選及影響公共政策的手段，那麼，選民是否相信透過這種手段，真能達到上述控制及影響的的目的呢？若真能相信，一方面可增強對選舉系統的支持，另一方面，也自然會強化投票的動機。反之，則將削弱選民對選舉系統的支持，並對選舉產生無價值感，而有害於民主政治的發展。

從以上五方面加以觀察，相信大致可以看出大眾對選舉系統的支持與信任。在測量上我們設計了一個階梯的量表，共分十層，而以第六層爲及格的標準。受測選民的評估如在第八層以上即表示相當信任與滿意；在第六、七兩層表示尙能信任與滿意，六層以下即屬不信任與不滿意的表示。

（二）選民對政府處理選務的評價

我們訪問選民：「右邊有一階梯圖，最上層（第十層）代表政府對選舉事務的處理最公正，而最低一層（第 0 層）代表最不公正，請問：政府在這一次選舉中對選舉事務的處理，處於第幾層？」選民的評估是：認爲第六層以下者，佔總數的 10.4%；認爲在六、七兩層者，佔總數的 23.2%；認爲在八、九層者，佔總數的 40.3%；認爲在第十層者，佔總數的 21.4%；表示不知道或不願回答的，共佔 4.6%。

從以上的結果，我們可以大致看出，61.7%的選民認爲政府在處理選務上是相當公正的；而 23.2%的選民認爲還算公正，但覺得還有不足的地方；完全作負面評價的選民，即認爲有欠公正者，佔 10.4%。

爲了比較受測選民在信任及滿意度上是否產生變化，我們再問：

「政府在上一次選舉中對選舉事務的處理，屬於第幾層？」結果如下：
認為在第六層以下者，佔 25.2%；認為在第六、七層者，佔 30.3%；
認為在第八、九兩層者，佔 24.4%；認為在第十層者，佔 9.4%；不知
道或不願表示意見者，佔 10.4%。從以上可知，認為政府處理選務相
當公正的，佔總數的 33.8%，另有 30.3%認為還算公正，但也有 25.2%
對政府的表現不表信任與滿意。

　　比較選民對現在與上一次選舉有關選務處理的評價，我們可以很
清楚地發現，儘管選民對政府過去的表現，評價不是特別高，但對政
府現在的表現，則有大幅度的提高，認為相當公正的，較上一次高出
27.9%。原因不外是政府近年來，在選務的處理上，的確令人感覺更
公開、公正與公平。這有助於選民對選舉體制的支持。

　　以上僅是總體分配的討論，若進一步探討選民的背景與評價高低
的關係，將更有助於我們對真相的了解。我們僅撰擇二個具有明顯意
義的變項，作一分析：

　　1.省籍方面，在本省籍選民當中（包括閩南、客家、山胞），認
為政府在這一次對選舉事務的處理相當公正者，佔 58.05%；認為還算
公正者，佔 26.83%；認為有欠公正者，佔 18.78%。在外省籍選民當
中，認為相當公正者佔 73.4%；認為還算公正者，佔 20.98%；認為有
欠公正者，佔 5.57%。很明顯地，外省籍選民的信任度，高於本省籍。

　　2.教育程度方面，我們發現，教育程度與對政府的評價之間，具
有顯著的關係。大致說來，教育程度中等的選民，對政府表現的評價
最高；教育程度高的選民次之，教育程度低的選民，對政府的評價最
低。進一步看，高教育程度的選民中，63.03%認為政府的表現相當公
正，28.79%認為還算公正，8.17%認為有欠公正。在教育程度中等的
選民中，66.79%認為政府的表現相當公正，25.89%認為還算公正，7.81%
認為有欠公正。在教育程度低的選民當中，62.5%認為政府的表現相

當公正，19.27%認爲有欠公正，18.23%認爲還算公正。再比教育程度高、低兩組，即可發現，教育程度高的選民，認爲政府處理選務有欠公正者，僅佔 8.17%，而教育程度低的選民，則達 19.27%；但認爲還算公正者，在教育程度高的選民中，即達 28.79%，教育程度低的選民當中，則佔 18.23%。由此可見教育程度低的選民對政府的信任較趨低落，而教育程度高的選民則較平穩。

（三）選民對選舉開票結果的評價

我們測量選民的問題是：「右邊有一個階梯圖，最上層（第十層）代表開票的結果最可靠，而最低一層，代表最不可靠，請問：您認爲這一次的開票結果，是處於第幾層？總體分配的情況如下：認爲開票結果非常可靠的選民，佔總數的 76.7%；認爲還算可靠者，佔 9.6%；認爲不太可靠者，佔 7.5%，而不知道或不願回答者，佔 5.3%。若將前二項認爲可靠者累加，則達到 87.2%，可說是相當信任了。

我們也同樣地與上一次選舉的情況，加以比較，問題是：「您認爲上一次的開票結果，是處於第幾層？」統計分析的結果如下：認爲過去開票結果非常可靠的選民，佔總數的 50%；認爲還算可靠者，佔總數的 20.8%；認爲不太可靠者，佔 17.2%；不知道或不願回答者，佔 11.9%。這項結果顯示，選民現在對開票結果的信任程度，比上一次大幅提高，認爲非常可靠者高出 26.7%。選民對選舉制度的信心已經建立，臺灣未來的選舉將可在一較穩固、可靠的軌道上運作。

（四）選民對選舉規章的評價

選舉規章即選舉競賽的規則，應該對所有候選人皆屬公平，才算符合民主政治的精神。選民認爲選舉規章是否公平，我們特加訪問：

「右邊有一個階梯圖，最上層代表選舉規章對任何候選人皆最公平，而最低一層代表最不公平，請問：您認爲這一次選舉規章對任何候選人公平的程度，處於第幾層？」在整體的分配上，認爲非常公平者佔總數的 59.9%，認爲還算公平者佔 19.1%，認爲不太公平者佔 11.9%，不知道或不願回答者佔 9%。

　　比較的問題是：「您認爲上一次選舉規章對候選人公平的程度，處於第幾層？」統計分析的結果如下：認爲非常公平者佔總數的 39.5%，認爲還算公平者佔 26.7%，認爲不太公平者佔 21.1%，不知道或不願意回答者佔 13.9%。根據以上資料可知，有爲數不少的選民 (21.1%)對過去選舉規章的公平程度，持著懷疑的態度，認爲並非公平的競賽規則。但與現在作比較，這類的選民已減少了約一半。在另一面，認爲非常公平者，現在比上一次大幅增加 20.4%。可見選罷法的制訂，使得選舉能在法律的基礎上進行，確實贏得民心的支持，也消除了不少疑慮。但值得注意的是，對當前的選舉規章，仍有 11.9%的選民認爲不太公平，並且有 19.1%的選民僅認爲尚稱公平，真正認爲滿意的選民僅佔 59.9%，在程度上還不算太高，甚值得我們重視。

（五）選民對候選人水準的評價

　　候選人的品質，無疑地，對選民在建立起對選舉制度的信心方面，具有重要的影響。如前所述，選民若在主觀的感覺上，認爲候選人的水準高、程度好，進而會認爲透過選舉制度，確實可以選出優秀的人才，因此也更能認同於民主的價值，更鞏固民主憲政的基礎。反之，若在主觀上感覺候選人的品質差，當然會對選舉喪失信心，認爲透過選舉根本選不出有用的人才，如此會對民主憲政的發展構成嚴重的不良後果。根據我們研究的發覺，選民對候選人的評價，認爲水準相當

高的，佔 59.4%；認爲水準還可以的，佔 29%；認爲水準低者，佔 6.5%；不知道或不願回答的，佔 5%。根據這項資料顯示，絕大多數的選民對候選人的表現，大致感到滿意。另一方面，在與上一次選舉的比較上，選民對過去候選人的評價，顯然較現在爲低。認爲水準相當高的，佔 24.7%；認爲水準還可以的，佔 40.3%；認爲候選人水準低落者，佔 24.7%；不知道或不願回答者，佔 10.3%。由此可見，選民對過去候選人的水準評價，普遍呈現偏低的現象。但從最近一次的評價則可發現，選民認爲候選人的水準，較過去已提高很多，在水準相當高的方面，高出 34.7%。從民主發展的角度來看，這是一項進步的現象。

（六）選民對大眾傳播媒介的評價

針對這項問題，我們訪問選民：「右邊有一個階梯圖，最上層代表大眾傳播媒介（如報紙、電視）對候選人的報導最公正，最低一層代表最不公正，請問：您認爲這一次大眾傳播媒介對候選人的報導，處於第幾層？」根據統計分析的結果，認爲相當公正的，佔 45.9%；認爲還算公正的，佔 30.1%；認爲不太公正的，佔 16.8%；不知道或不願回答的，佔 7%。根據這項發現，選民對大眾傳播媒介，特別是報紙與電視所報導的選舉新聞，在公正性上，顯然評價不高，真正信任及滿意的，僅佔 45.9%。

比較的問題是：「您認爲上一次大眾傳播媒介對候選人的報導，屬於第幾層？」在這個問題上，選民對大眾傳播媒介的評價，更呈現低落的現象：認爲相當公正者，佔 28.9%；認爲還算公正者，佔 30.1%；認爲不太公正者，佔 28.5%；沒有表示意見者，佔 12.3%。

比較過去與現在選民對大眾傳播媒介的差異，即可發現，大眾傳播媒介在選民心目中的形象，已經有轉好的跡象，但嚴格說來，選民

對大眾傳播的信任感仍然偏低。這一現象，顯示選民的獨立性相當高，並不輕易受到大眾傳播媒介的控制。

（七）選民對選舉促進政治革新的看法

如前所述，選民在主觀上是否感覺選舉對政治革新具有影響作用，對民主政治的建設很關重要，因為當選民感覺選舉對政治革新具有影響力時，一方面固可提高政治參與的興趣，另一方面也更覺具有積極的意義。而且，當愈來愈多的選民能意識到選舉的影響力時，民主的基礎也就日益擴大。

根據我們的發現，選民認為去年選舉對政治革新具有極大影響力者，佔總數的 51.1%；另有 25.8%認為僅具有輕微的影響力；15.3%的選民認為沒什麼影響力；而 7.9%的選民沒表示意見。我們正處於民主政治的發展過程中，選舉則是一種推動的力量，但選民對選舉促進政治革新的評估，並不算太高，仍有相當保留。

（八）結　論

根據以上幾方面的分析，我們發現，選民對選舉體制的信任與支持，相較於過去，已有大幅度地提昇，同時，我們也發現，仍有不少的選民，期望選舉系統在既有的基礎上，作更進一步的改善。事實上，政府近幾年來在選務方面的努力，已相當程度地避免了過去所呈現的若干缺點，我們的實證資料也顯示，選民對政府努力的滿意。政府若能在此基礎上，作更進一步的革新，相信選民的支持與信任也會相對地提高，這對整體選舉體系的穩定及民主政治的發展，皆會發生非常深遠的影響與貢獻。

八、總　結

本文的主要目的在發展一全面性研究投票行為的概念架構，並進行概括性的實證觀察。我們認為這一完整的概念架構應能分析以下的數個論題：

1.誰？也就是選民的個人特質及經社背景。

2.為什麼去投票？也就是投票的原因。

3.如何作成投票決定？也就是投票的決定過程。可再分為：

(1)何時認知所選舉的候選人？

(2)如何認知所選舉的候選人？

(3)因何認知所選舉的候選人？

(4)何時作成投票決定？

4.根據什麼理由票選候選人？

5.投票的結果？也就是黨派候選人的抉擇。

6.對政治體系產生怎樣的影響？也就是與選舉體系及民主政治的相互影響。

7.選民在選舉過程中的參與情形。

上述的研究架構使我們對投票行為能有一較完整而清晰的全面性掌握，並從實徵性的科學驗證中，對選民的整個投票行為有了通盤性的了解，及若干理論性的發現。　（本文原載《中國論壇》，13 卷 3 期，1981 年 11 月 10 日，現重加修訂及增刪。原文曾承編輯委員會協助，特此致謝。）

參考文獻

Abramson, Paul R. 1975. *Generational Change in American Politics*. Lexington, Mass.: Heath.

Almond, Gabriel and Sidney Verba. 1965. *The Civic Culture*. Boston: Little, Brown.

Berelson, Bernard, Paul F. Larzarsfeld, and William N. McPhee. 1954. *Voting*. Chicago: Chicago University Press.

Campbell, Angus, Gerald Gurin, and Warren E. Miller. 1954. *The Voter Decides*. Evanston, Ill.: Row, Peterson.

Campbell, Angus, Philip E. Converse, Warran E. Miller, and Donald E. Stokes. 1960. *The American Voter*. New York: Wiley.

Campbell, Angus, Philip E. Converse, Warran E. Miller, and Donald E. Stokes. 1966. *Elections and Political Order*. New York: Wiley.

Converse, Philip E. 1964. "The Nature of Belief Systems in Mass Politics." In David Apter (ed.) *Ideology and Discontent*. New York: Free Press.

Easton, David. 1953. *The Political System*. New York: Knopf.

Easton, David. 1965. *A Framework cf Political Analysis*. New Jersey: Prentice-Hall.

Key, V. O. 1966. *The Responsible Electorate: Rationality in Presidential Voting, 1936-1960*. Cambridge, Mass.: Harvard University Press.

Lazarsfeld, Paul E., Bernard Berelson, and Hegel Gaudet. 1944. *The Pecple's Choice.* New York: Columbia University Press.

Merriam, Charles E. and Harold Gosnell. 1924. *Non-Voting*. Chicago:

University of Chicago Press.

Miller, Arthur, Warran E. Miller, Alden S. Raine, and Thed A. Brown. 1976. "A Majority Party in Disaray: Policy Polarization in the 1972 Election." *American Political Science Review* 70: 753-778.

Nie, Norman H., Sidney Verba, and John R. Petrocik. 1976. *The Changing American Voter*. Cambridge, Mass.: Harvard University Press.

Repass, David E. 1971. "Issue Silence and Party Choice." *American Political Science Review* 65:389-400.

Rice, Stuart A. 1928. *Quantitative Methods in Politics*. New York: Knopf.

Schulman, Mark A., and Gerald M. Pomper. 1975. "Variability in Electoral Behavior: Longitudinal Perspectives from Causal Modeling." *American Journal cf Political Science* 19: 393-417.

Stimson, James A. 1975. "Belief Systems: Constraint, Complexity, and the 1972 Election." *American Journal cf Political Science* 19:393-417.

附錄一　樣本的結構

		n	%	
性別	男	491	52.8	性別不詳=25
	女	438	47.2	
區別	大安	657	68.9	
	龍山	122	12.8	
	內湖	175	18.3	
籍貫	閩南	481	51.7	
	客家	57	6.1	
	大陸各省	385	41.3	籍貫不詳=23
	山胞	5	0.53	
	僑胞	3	0.32	
年齡	20-29	278	30	
	30-39	229	24.8	
	40-49	143	15.5	年齡不詳=30
	50-59	150	16.2	
	60 以上	124	13.4	
家庭收入	8000 以下	91	10.3	
	8000-15000	297	33.7	
	15000-25000	273	31	家庭收入不詳=72
	25000-35000	113	12.8	
	35000 以上	108	12.2	

選民的投票動機

一、概　　說

　　選民的投票動機，是當代投票行為研究的一項主要論題。選民為
什麼去投票？換言之，選民究竟是基於何種原因去投票？是社會的、
心理的或其他的原因？進一步看，具有不同的個人、經濟或社會背景
的選民，是否也具有不同的投票動機？假如真有不同，那麼，它的原
因何在？顯然地，這幾個問題都是研究投票行為的學者所相當關注的。
透過對這些問題的探討、分析與了解，我們即較易掌握選民投票的具
體意義，進而可使我們認清選舉系統，甚至整個政治體系，運作的原
理。

　　儘管投票行為研究的起源很早，但早期所謂的「生態途徑」的研
究，是建基於總體的選舉統計資料(electoral return)及人口統計資料
(census data)之上，所探討的主題大都是環繞在選區的投票率、投票方
向與經社背景或個人特質之間的關係(Ranney 1962:91-102; Tingsten
1937)。對於選民的投票動機、政治態度，由於受限於資料及方法，無
法做直接而深入地探討。後來，以 Paul E. Lazarefeld, Bernard Berelson

等為首的社會學研究途徑興起，但所關注的重點，仍然非是選民的投票動機與政治態度，而偏重於個人特質、經社變項、大眾傳播、競選活動、人際溝通、社會關係與投票參與及投票方向等關係的討論(Lazarsfeld, Berelson, Gaudet 1944; Berelson, Lazarsfeld, McPhee 1954)。儘管如此，他們也注意到所謂「交叉壓力」(cross pressure)與投票參與之間的關係。他們發現交叉壓力愈大，選民愈不可能去投票(Lazarsfeld, Berelson, Gaudet 1944:chap. 4)。此外，他們也發現政黨有動員選民前往投票的作用，雖然這項功能並不十分顯著(Berelson, Lazarsfeld, McPhee 1954:177-78)。政治社會學者 Seymour Martin Lipset(Lipset, Lazarsfeld, Barton, and Linz 1954:1128; Lipset 1960:185-203)等在綜合分析過去根據總體資料對投票行為所作的研究時指出，選民的動機主要有二：一是「利益的投票」(interest voting)，即為了影響政府的決策，實現或保障自己的利益而投票；另一是「從眾的投票」(conformity voting)，即受到團體的壓力而投票，並非由於自覺利益受到政治決策的影響，而思有所改變。以上的兩種因素，也可能同時影響個人的投票或不投票。

　　除上述外，經濟學途徑的投票行為研究，對選民的投票動機則有較多的討論。但整體說來，此派學者所討論的乃「理性的選民」，例如 Anthony Downs(1957:7-8)在探討選民的投票行為時，即首先提出兩項假定：

　　1.民主政治體系中，選舉的功能在建立一個政府。因此，選民的理性行為，即是取向於這項目標的行為，除此而外，皆非理性的行為。

　　2.選民是理性的。但所謂理性，實包括下列五項要素：(1)當面對多項的選擇時，他有能力判斷。(2)他可按個人的喜好，將各項可能的選擇，排列出具有次序的等級。(3)這項喜好的等級是具有遞移性的(transitive)。(4)他通常是選擇最接近他喜好的選項。(5)當每次面對同

樣的多重選項時，他的決定都是一樣的。而凡是兼具有上述各條件者，即可稱之為理性的人。

根據這兩項假定，Downs(1957:49-50, 271-72)再配合「成本—效用分析」(cost-utility analysis)進行有關選民投票動機的討論。繼 Downs 之後，William H. Riker 與 Peter C. Ordeshook(1968)承繼這項傳統，將選民投票投機的研究往前推進了一大步，開始重視個人的信仰、價值、態度對投票參與的影響，彌補了早期「理性抉擇模型」(rational-choice model)的不足。此外，Otto A. Davis, Melvin J. Hinich, Ordeshook(1970) 則從選民對候選人的評價，來探討投票參與的問題。大致說來，代表演繹途徑(deductive approach)的「理性抉擇模型」，在探討投票行為上，早期與後期雖有若干不同，但基本上，仍遵循理性抉擇的傳統，而對選民投票動機的探討，具有相當重要的理論性啟示與貢獻。

相對地說，在歸納途徑(inductive approach)的經驗研究方面，密歇根大學 Angus Campbell 等所發展的社會心理的研究途徑，可說是其中最具規模、最有系統的分析。在「選民的抉擇」一書中，Campbell, Gerald Gurin 及 Warran E. Miller(1954:86, 107-11, 190-96)等認為政黨認同、政策問題、候選人魅力、公民責任感、政治功效意識及團體規範等六項因素，對選民的投票或不投票具有影響力。但進一步的檢定卻發現，政黨認同與投票參與之間並沒有明顯的相關；其他四項因素，則皆顯示出具有重要的影響力。此後，在「美國選民」一書中，Campbell, Philip E. Converse, Miller 及 Donald E. Stokes(1960:96-101)等進而以黨派偏好 (partisan preference)與政治涉入(political involvement)等兩項因素闡釋選民投票或不投票的原因。所謂「黨派的偏好」，係指個人對政治競爭中的甲黨或乙黨候選人所具有的偏好；若是不偏不倚，則表示對競爭中的雙方沒有好壞喜惡的感覺，亦即沒有偏好；他們發現具有黨派偏好的公民則比沒有黨派偏好的公民更可能去投票。所謂「政治涉入」，

實包含四項要素：(1)對競選活動的興趣；(2)對選舉結果的關切；(3)公民責任感；(4)政治功效意識(political efficacy)。他們亦發現對競選活動的興趣愈大者、愈關切選舉結果者、愈富有公民責任感者、政治功效意識愈高者，愈可能去投票；反之，則愈不可能去投票。

Stokes(1968:390)在歸納各種影響投票參與的因素後，另提出三類影響選民前往投票的因素：

1.規範性的因素(normative factor)：一般說來，積極的關懷及參與公共事務是自由民主政治的倫理規範。為了維持或實現民主，投票參與就成為一項應然的行為。例如，投票是因為受公民責任感的驅使，此即是規範性因素所產生的作用。

2.工具性的因素(instrumental factor)：選舉的功能是在決定政治體系的領導人選，而投票參與，對絕大多數公民而言，則成為影響政治領導者或公共政策的唯一管道。事實上，理性且積極的政治參與，以及對政治決策的人選及公共政策施加影響，也正是古典自由民主理論中典型的公民形象。

3.表情性的因素(expressive factor)：從另一方面看，投票只不過是為了給自己所欣賞的候選人的一種鼓勵，與政府的政策毫不相干。競選就好比是一項運動競賽，選民就等於是看台上的觀眾，而投票正如同觀眾給予所支持隊伍的掌聲一樣。這類「表情性的因素」，尚包括某種潛意識的或非理性的因素在內。

Raymond E. Wolfinger 與 Steven J. Rosenstone(1980:7)在研究各種促成投票參與的因素時，亦指出工具性因素與表情性因素實為影響投票參與的兩大要素；而且，表情性的因素比工具性的因素更為重要。但 Wolfinger 與 Rosenstone 所稱的工具性與表情性因素的內涵，與 Stokes 所說的不太一樣。他們所指的工具性因素，除前述外，尚包括個人立即利益的考慮。例如，投票可以獲得某種立即的物質報酬，或維繫人

際關係的和諧等等；像公務人員即可能因避免懲罰而不得不前往投票。至於所謂「表情因素」，則具更複雜的意義：主要是指一種責任感，對象包括個人、社會或某些參考團體(reference groups)等，另外，還包括個人對政治體系的忠誠，或政治功效意識的表現等。

綜合說來，在整個投票行爲的研究中，投票動機的探討，無疑地是主要的研究重點之一。西方學者經由各種不同的角度及研究途徑，經長期研究的結果，確也產生了頗爲可觀的成果。但直至目前爲止選民投票動機的各種因素間的相互關係及所具的比重，則欠較深入、較有系統的分析。我們認爲，對上述投票動機的結構、類型，以及與有關因素之間關係的探討，對投票參與的理論建構，極關重要，所以很值得進行。以下的分析，即是針對這方面的探討所作的嘗試。

二、研究設計與方法

如上所述，當代關於投票動機的探討，看重在社會與心理的變數。在社會的變數方面，主要爲初級團體、同輩團體、參考團體以及政黨等；在心理的變數方面，主要爲公民責任感、公民義務感，政治功效意義、政治興趣、對選舉結果的關切、以及對候選人的評價等。在本研究中，我們的重點在觀察影響選民投票的各項動機，以及這些動機變項之間的關係。我們擬從中探尋選民對投票動機的結構與類型，並進一步就各種類型探究與個人特質及經社背景之間的關係，以試建理論。

整體看來，影響選民投票參與的因素很多；也很複雜，幾乎不可能一一列舉。但在性質上，我們可從五方面加以觀察：

1.投票參與是絕大多數公民影響政治領導人選及公共政策的最重

要途徑。因此，投票參與的本身很可能就是選民意圖影響政府政策以維護自身利益的一項行動。根據這項觀點，我們設計了三個題目加以測試：(1)可以影響政府的政策，(2)可以表達自己的意見，(3)為支持所喜歡的候選人。

2.投票參與，既然是自由民主體制下的倫理規範，那麼基於規範上的理由，投票參與自然是公民應有的行動。根據這個觀點，我們設計兩道題目加以測試，(1)行使公民的權利，(2)盡公民的義務。

3.政黨的動員：政黨為了贏得選舉的勝利，常運用嚴密的組織，透過各種不同的管道，來動員選民投票，以求獲得最多的支持。根據這項觀點，我們設計一道題目加以測試：黨團組織的交代。

4.初級團體(primary group)的影響：家庭是政治社會化的最主要媒體之一，對個人的政治信仰、價值、態度及行為皆具深遠的影響。選民的投票參與，當然也會來自這方面的影響。因此，我們也設計一道題目加以測試：家人或親友的囑託。

5.次級團體(secondary group)的影響：社會互動是人類生活中無法避免的現象，對政治生活也有相當重要的影響。投票參與自然也會受到這方面的影響。因此，我們共設計四道題目加以測試，(1)所屬團體的囑託，(2)所服務機構同事的囑託，(3)有認識的人參加競選，(4)里鄰長的催促。

綜上所述，我們所列可能影響選民投票參與的因素共有 11 項，另列「其他」一項供自由陳述，故總共為 12 項。我們所運用的方式是訪談：先請受訪者據實說明那一項或那幾項因素是他前往投票的原因，然後再排列這幾項因素的重要次序。受訪的選民可作一項或多項選擇，也可作同等次序的排列。我們採用二段抽樣法(two phase sampling)，共抽取臺北市選民樣本計 954 人，並在 1981 年 2 月中旬作逐戶訪問。在 954 人的樣本中，投票樣本計 754 人（另不投票樣本 183 人，無效

樣本 17 人），此即為我們觀察的樣本總數。有關抽樣的方法，樣本的分析請參見：胡佛、游盈隆（1983：附錄一），本文量表的編製與測量等，請參見附錄一。

三、選民的投票動機

一般說來，影響選民投票的變數很多，很複雜，幾乎不可能一一列舉。但在概念上我們仍可將眾多影響選民投票行為的變數，分成兩類：一是態度的變數；二屬個人外在環境的變數。這裏所稱的「態度的變數」，包括影響政府的政策、表達自己的意見、支持所喜歡的候選人、行使公民的權利、盡公民的義務等；而所謂「個人外在環境因素」，包括黨團組織的交代、家人或親友的囑託、所屬團體的囑託、所服務機關同事的囑託、里鄰長的催促等。選民可能僅受態度變數或外在環境變數中的某一項的影響，也可能受態度變數或外在環境變數中的多項變數共同的影響，同時也可能受內在及外在多重變數的交互影響。根據我們的發現，選民僅受單項變數的影響而投票的（178 人），佔總數的 23.6%；受兩項以上變數的影響的，高達 76.4%。我們從進一步的分析中發現，受兩項變數的影響而投票的（217 人），佔總數的 28.78%；受三項變數的影響而投票的（157 人），佔總數的 20.82%；受四項變數的影響而投票的（106 人），佔總數的 14.05%；其他受五項以上變數的影響的（96 人），佔總數的 12.75%。至於各項變數之間相對的重要性如何？我們可從表一看出，影響臺北市選民投票的最重要因素足為行使公民的權利，其次是盡公民的義務，以下依次是：可以表達自己的意見、為支持所喜歡的候選人、可以影響政府的政策、黨團組織的交代、家人或親友的囑託、里鄰長的催促、所屬團體的囑

託、有認識的人參加競選、所服務機構同事的囑託及其他因素。現再
分五點加以討論：

表一　選民的投票動機：次數、百分比及最高重要性

	次數	百分比	最高重要性（百分比）
行使公民的權利	519	68.80	47.30
盡公民的義務	498	66.00	43.90
可以表達自己的意見	247	32.80	15.50
為支持所喜歡的候選人	228	30.20	12.20
可以影響政府的政策	181	24.00	11.90
黨團組織的交代	98	13.00	5.60
家人或親友的囑託	79	10.50	5.60
里鄰長的催促	49	6.50	2.70
所屬團體的囑託	38	5.00	2.30
有認識的人參加競選	28	3.70	0.90
所服務機關同事的囑託	14	1.90	0.50
其他	15	2.00	1.70

N=747

　　1.影響選民投票最重要的前五項因素，皆屬態度的變數；個人外
在環境因素的影響，是較次要的。由此可見，臺北市大部分的選民，
相當具獨立性格，多能自作決定，不輕易受外在因素的左右。

　　2.超過三分之二的選民是為了行使公民的權利而投票，並且將近
二分之一的選民，認為這是他們前去投票的最重要因素。在民主政治
體系下，公民只要具備一定的積極與消極的資格要件，法律即賦與投
票權。但這裏所稱的權利意識，在心理上的意義遠過於法律上的意義。
選民一方面可能認知到投票是法定的權利；同時，一旦將此種法定權
利內化成個人政治價值取向的一部分，即是投票的權利意識。在性質
上，這種權利意識的形成，實即顯示民主價值已落實到大眾的基礎上，
這也就是說，選民大眾不僅肯定且也追求這項民主價值的實現。

　　3.公民義務感，與政治責任感或公民責任感的涵義一樣，也是指一種心理上的感覺，即不論政治活動是否被視爲値得或有效，凡是公民皆應參與，不應規避。Campbell，Gurin 及 Miller(1954:196-99)等研究美國選民，發現大約 80%-90%的選民具有公民義務感。Rose 與 Mossawir 在 Storkport 研究，亦發現 82%的選民將投票視爲一項責任或義務(Milbrath and Goel 1976:49)。Bradley M. Richardson(1974:80)研究日本選民，也發現其中約 40%-50%認爲投票是公民應盡的責任。Gabriel Almond 與 Sidney Verba(1963:168-76)的五國研究，則發現公民義務感似乎與一國實行民主政治的時間長短，具有密切的關聯。在五國之中，美國選民的公民義務感最強，依次是英國、德國、義大利、墨西哥。在此次對臺北市選民的研究中，我們發現其中的 66%視投票爲應盡的義務，並且有 43.9%認爲這項因素是他前去投票的最重要原因。根據西方的研究，公民義務感愈強，政治參與的興趣也愈濃厚(Milbrath and Goel 1976:49-50)，這或許可以部分解釋臺北市選舉投票率一直維持相當高水準的緣故（大約在 65%-70%）。

　　4.工具性因素(instrumental factor)：許多研究投票行爲的學者，皆假定選民的投票行爲是一具有目的性的行爲，也就是說投票本身僅是一種手段或工具。如前所述，Downs 即假定選民投票的目的在產生政府，因之，一切的行爲皆是根據這一目的而設定的。Lipset 亦指出，選民投票最明顯的原因，是試圖影響政府的行動，於是他即稱這類投票爲「利益的投票」(interest voting)，以別於「從眾的投票」(conformity voting)。根據我們的研究發現，工具性的投票動機，在各種影響選民投票的因素中，佔有重要的地位。這又可分三點加以說明：

　　(1)可以表達自己的意見：選舉是表達民意的非常重要的管道。從選舉的結果，政治決策者也可大致測知民意的趨向。選民爲表達自己的意見而投票，其目的無論在正面支持執政黨，或負面反對執政黨，

但皆為一有意識的政治行動。在影響臺北市選民投票的各種因素中，表達自己的意見是僅次於公民權利感與義務感的重要原因：約有三分之一的選民就是為了要表達自己的意見而去投票，並且有超過七分之一的選民認為這項因素是他前去投票的最重要因素。

(2)為支持自己所喜歡的候選人：就邏輯上說，決定是否去投票，要先於投給誰；換言之，投票方向的問題是較後面的考慮。但是決定是否去投票與投給誰，有時是混而為一的；並且導致選民喜歡某黨或候選人的因素，往往會成為選民去投票的原因(Stokes 1965:390)。在臺北市選民的研究中，我們發現將近三分之一(30.2%)的選民，是為支持所喜歡的候選人而去投票的，並且有將近八分之一的選民認為這是他去投票的最重要原因。

(3)可以影響政府的決策：Lipset 所稱的「利益的投票」就是那些為影響政府決策的投票。根據我們的發現，約四分之一的選民，是自認投票可以影響政府的政策，才去投票的；並且超過九分之一的選民認為這是一項最重要的投票因素。儘管在客觀的現實上，選民投票對政策決策的影響似乎不大，但選民主觀的感覺，認為投票可以影響政府政策，對民主政治而言，這是極具意義的。Campbell, Gurin 及 Miller(1954:187-94)等研究美國選民的投票行為，曾指出政治功效意識(sense of political efficacy)與投票之間其有密切的關聯：政治功效意識愈強者，政治參與的程度也愈高，投票的可能性也愈大。。此後，政治學者在西方及非西方國家的許多研究，也都支持這一發現的可靠性(Milbrath and Goel 1976:58)。

5.個人外在環境因素：如上所述，選民投票不僅是基於個人因素的考慮，也可能受外在環境因素的影響。Lipset 即將這種純粹受外在環境因素影響的投票稱之為「從眾的投票」(conformity voting)。這類投票的性質，相當類似 Downs 所說的，是以政治的方法達到非政治的

目的(Downs 1957:7)。易受外在環境因素影響的選民，可能較缺乏堅定的政治信仰或對其他非政治性的考慮優先於政治的考慮。現就本研究的發現，作三點討論：

1.政黨的因素：民主政治，從另一角度看，就是政黨政治。而政黨最主要的目標，即是掌握政權，以貫徹執行其政綱。在民主體制下，選舉是政黨獲取政權的唯一合法途徑。因此，政黨活動在競選過程中扮演非常重要的角色。有組織、有計劃地直接與選民接觸，是競選策略中很重要的一環。根據我們的發現，臺北市選民中約超過八分之一是因黨團組織的交代而去投票的；並且約有廿分之一的選民認爲這是他們前去投票的最重要原因。這項發現，顯示兩點意義：

(1)黨團的動員，對選舉投票率(turnout)，仍具有不可忽視的影響(5.6%)。

(2)選民的投票參與，不可無條件地解釋爲熱心、主動、積極的參政；不少選民的投票是被動的，並不具有明顯的政治目的。

2.初級團體(primary group)的因素：許多選舉研究皆指出，初級團體是影響選民投票的另一項重要因素。根據我們的發現，在臺北市選民中因家人或親友的囑託前去投票的，約佔十分之一；認爲這是他們前去投票的最重要原因的，約二十分之一。這項發現，顯示初級團體在影響選舉投票率方面，仍扮演一不可忽視的角色。

3.次級團體(secondary group)的因素：利益團體(interest group)，例如工會、商會等等，在「價值權威性分配」的政治決策過程中，扮演一重要角色，這在多元民主政體下的國家，如美國，更是如此。利益團體爲維護自身的利益，必須鞏固或更加強在政策過程中的影響力，因之，涉入選舉過程進而影響選舉結果，正是維護自身利益的重要而有效的途徑。根據我們的研究發現，雖然臺灣地區的利益團體不甚發達，但對選舉過程、結果，仍具有某種程度的影響力。在臺北市選民

中，約有二十分之一是因所屬團體的囑託而投票的，並且有 2.3%選民認爲這是他們前去投票的最重要原因。此外，因所服務機構同事的囑託而投票的，僅佔 1.9%，且僅有 0.5%的選民認爲這是他們前去投票的最重要原因。除此之外，我們尚須注意，里、鄰長在影響選民投票方面，也扮演一相當重要的角色。根據發現，臺北市選民中有 6.5%是因里、鄰長的催促而去投票的；並且有 2.7%的選民認爲這是他們前去投票的最重要原因。里、鄰長在目前臺灣地區的選舉過程中具有相當特殊的地位，但在缺乏可靠的實證研究的情況下，尚無法得出具體的結論。不過，可以肯定的是，里、鄰長在促進選舉投票率方面，仍具有一定程度的影響力。

四、投票動機的結構與類型

（一）投票動機的結構：

我們在前面所探討的是影響投票參與的各項動機變數的相對重要性；現將進而分析這些投票動機的結構，以供作類型建構的基礎。對上述十一項態度因素的測量，我們採取累積評分法。被訪者的投票，可能是受其中某一項或某幾項變數的影響；對這幾項變數，我們可以按量表中的重要性順序給分：最重要者給四分，次重要者給三分，第三重要者給二分，第四重要以下者給一分，其他非影響其投票的因素，給零分，此即構成五個等級的分數。對於這些動機變數之間關係的探討，我們採用皮爾遜積差相關(Pearson product-moment correlation)分析法進行研析，所得的結果，可見表二。現分別加以討論如下：

表二　投票動機的相關係數（r值）

	1.	2.	3.	4.	5.	6.	7.	8.	9.	10.	11.
1.可以影響政府的政策	1.000										
2.可以表達自己的意見	.313****	1.000									
3.為支持所喜歡的候選人	.125***	.208***	1.000								
4.行使公民的權利	.038	-.021	.045	1.000							
5.盡公民的義務	.039	-.053	-.017	.282***	1.000						
6.黨團組織的交代	.126***	.051	-.036	-.017	.039	1.000					
7.家人或親友的囑託	-.085*	-.125****	-.097***	-.167****	-.142***	.036	1.000				
8.所屬團體的囑託	-.004	.006	-.053	-.084*	-.071*	.109**	.021	1.000			
9.所服務機關同事的囑託	.029	.015	-.017	-.063	-.062	.079*	.034	.366***	1.000		
10.有認識的人參加競選	.051	.042	.056	-.016	-.040	.061	.108***	.137***	.130***	1.000	
11.里鄰長的催促	-.029	-.066	-.038	-.072*	-.056	-.024	.117**	.084*	.099***	.012	1.000

N=747　　*p<.05　　**p<.01　　***p<.001

1.「可以影響政府的政策」與其他投票動機變項之間的關係：

　　(1)「可以影響政府的政策」與「可以表達自己的意見」之間具有極顯著的正相關(r=0.313, p<.001)。換言之，認為投票可以影響政府的政策的，亦同時以投票作為表達自己意見的手段。一般說來，表達自己的意見常常是為了影響政府的政策，兩者之間具有顯著的關連是極易理解的。

　　(2)「可以影響政府政策」與「為支持所喜歡的候選人」之間具有極顯著的正相關(r=0.125, p<.001)。基於「為支持所喜歡的候選人」而投票的，在選舉過程中，涉入的程度較深，而能對候選人形成某種偏好。從上述相關分析的發現，我們可以進一步了解，涉入政治愈深者，愈覺得能影響政府的政策；反之，亦然。

　　(3)「可以影響政府的政策」與「行使公民的權利」之間沒有相關(r=0.038, p>.05)。換言之，認為投票是公民的權利者，不一定認為投票可以影響政府的政策。由此亦可知，注重政治規範的，非即為工具取向的政治行動者。

　　(4)「可以影響政府政策」與「盡公民的義務」之間，沒有相關(r=0.039, p>.05)。認為投票是公民應盡的義務的，亦即注重政治規範的，同樣地，不一定認為投票是一項工具，可以影響政府的政策。

　　(5)「可以影響政府的政策」與「黨團組織的交代」之間，具有極顯著的正相關(r=0.126, p<.001)。根據我們的發現，因黨團組織的交代而投票的選民，其中約 84%為黨員，我們從中外文化的比較研究可知，參與政黨的公民，在政治功效意識上較強，且較自認可以影響政府的政策(Milbrath and Goel 1976)。我們的發現，實與此相當。

　(6)「可以影響政府的政策」與「因家人或親友的囑託」之間，具有相當顯著的負相關(r=-0.085, p<.01)。一般說來，自認投票可以影響政府政策的，所具的政治意識較高，而投票乃成為獲取或維持利益的手段，此即是 Lipset 所說的「利益的投票」；而具有此種強烈的傾向者，是較不接受團體的壓力的，即使出現交叉壓力的情境，也不致於影響其基本傾向。反過來說，因初級團體的影響而投票者，通常亦不認為投票可以影響政府的政策。

　(7)「可以影響政府的政策」與其他諸如所屬團體的囑託、所服務機構同事的囑託、有認識的人參加競選、里鄰長的催促等因素之間皆沒有相關存在。由此可知，工具取向與從眾或關係取向的選民，並不相當。

2.「可以表達自己的意見」與其他投票動機變項之間的關係：

　(1)「可以表達自己的意見」與「為支持所喜歡的候選人」之間，具有極顯著的正相關(r=0.208, p<.001)。這顯示出投票支持所喜歡候選人的選民，並不是單純的動機，同時也是為了表達自己的意見。在這方面，自己的意見可能與所喜歡候選人的政見相合。

　(2)「可以表達自己的意見」與「家人或親友的囑託」之間，具有極顯著的負相關(r=-0.125, p<.001)。這項發現顯示，認為投票是為了表達自己的意見的，大都不是因初級團體的影響而投票，反過來說，受初級團體的影響而投票的，通常不將投票視為表達自己意見的一種手段。受初級團體的影響的，大多是私人關係取向，這與重視個人意見的自我取向者，當然格格不入。

　(3)「可以表達自己的意見」與「里鄰長的催促」之間，沒有顯

著的相關性(r=-0.066, p>.05)。這項發現顯示，將投票視爲表達自己意見的選民，其投票與里鄰長的催促並不相干。反過來說，因里鄰長的催促而投票者，較可能不是爲了表達自己的意見而投票，而往往只是基於社會的期望或壓力才投票，換言之，乃是基於一種非政治的目的而投票。由此也可看出，自我取向與順從取向之間，也並不相同。

　　(4)「可以表達自己的意見」與其他態度因素，諸如行使公民的權利、盡公民的義務、黨團組織的交代、所屬團體的囑託、所服務機構同事的囑託或有認識的人參加競選等因素之間，皆無相關存在。對於「可以表達自己的意見」與「行使公民的權利」之間，沒有相關的現象，我們認爲可能是多數感覺投票權乃民主政體下公民應享的權利，而投票權行使的本身，即可有所滿足，同時對政治事務也不一定具有特定的意見。因此，「爲表達自己的意見」與「行使公民的權利」之間才沒有相關的存在。根據這個論點，那些視投票乃公民應盡的義務或責任的選民，並不一定將投票視爲表達自己意見的一種方法。

3.「爲支持所喜歡的候選人」與其他投票動機變項之間的
　關係：

　　(1)「爲支持所喜歡的候選人」與「家人或親友的囑託」之間，具有相當顯著的負相關(r=-0.097, p<.01)。這項發現顯示，涉入選舉過程愈深的選民，其投票並不受初級團體的影響；反過來說，因初級團體的影響而投票者，大都取向私人的傳統關係，不僅缺乏某種固定的政治取向(political orientation)，也可能對政治缺乏興趣，其投票僅是遵從私人關係，例如妻子接受丈夫的指示而投票，其間並沒有明顯的政治目的。

　　(2)「爲支持所喜歡的候選人」與其他因素，諸如行使公民的權

利、盡公民的義務、黨團組織的交代、所屬團體的囑託、所服務機構
同事的囑託、有認識的人參加競選、里鄰長的催促等皆無相關存在。
造成此種現象的原因，我們認為主要在基於「為支持所喜歡的候選人」
而投票的選民，涉入選擇過程的程度較深，而直接受候選人的影響，
形成某種堅定的偏好。因此，此類選民的投票既非基於民主的規範，
亦非受社會關係的影響。

4.「行使公民的權利」與其他投票動機變項之間的關係：

　　(1)「行使公民的權利」與「盡公民的義務」之間，具有極顯著
的正相關(r=0.282, p<.001)。這項發現顯示，認為投票乃行使公民權利
的選民，同時也認為投票乃是公民應盡的義務。換言之，這類選民認
為權利與義務是相當的；投票權既是公民應享有的參政權，同時也是
公民應盡的義務。如前所述，權利與義務同為政治規範，作此取向的
選民，當然具高度的關連性。

　　(2)「行使公民的權利」與「家人或親友的囑託」之間，具有極
顯著的負相關(r=-0.167, p<.001)。這項發現明白地顯示，受初級團體的
私人關係影響而投票的選民，基本上並沒有認知到投票乃公民應享的
權利；而認為投票乃公民應享的權利的，其投票則大都不受初級團體
的影響。換言之，權利取向愈強的，愈不受初級團體的影響；而權利
取向愈弱的則愈易受初級團體的影響。由此亦可進一步證實：重視現
代規範的選民與看重傳統關係的選民，在投票動機上是絕然不合的。

　　(3)「行使公民的權利」與「所屬團體的囑託」之間，具有顯著
的負相關(r=-0.084, p<.05)。此亦顯示出權利規範的取向愈強的，愈不
受次級團體(secondary group)的從眾取向的影響；而權利規範取向愈弱
的，則愈易受次級團體的從眾取向的影響。

　　(4)「行使公民的權利」與「所服務機構同事的囑託」之間的負相關雖不具相當的顯著性，但很接近(r=-0.063, p<.05)，由此可以大致看出投票的權利規範感愈高者，愈不易順從他人的囑託，而因為同事的囑託才前去投票者，權利的規範取向也愈低。

　　(5)「行使公民的權利」與「里鄰長的催促」之間，具有顯著的負相關(r=-0.072, p<.05)；由此亦可見，權利取向愈強者，愈不順服里鄰長的權威；反之，因里鄰長的囑託而投票者，權利的規範取向愈弱。

　　(6)「行使公民的權利」與「黨團組織的交代」及「有認識的人參加競選」之間，皆不具顯著的相關性。

5.公民義務感與其他投票動機變項之間的關係：

　　(1)公民義務感與「家人或親友的囑託」之間，具有極顯著的負相關(r=-0.142, p<.001)。這項發現顯示，公民義務感愈強的，愈不受初級團體的影響而投票；反之，公民義務感愈弱的，則愈易受初級團體的影響而投票。現代的規範取向與傳統的私人關係取向，絕然不能合致，由此再獲一次證實。

　　(2)公民義務感與「所屬團體的囑託」之間，具有顯著的負相關(r=-0.070, p<.05)；這項發現顯示，公民義務感愈強的，愈非因團體的影響而投票；反之，因團體的影響而投票的，公民義務感也愈弱。同樣地，由此也可再一次證實，現代的規範取向與從眾取向間，在性質上不能相合。

　　(3)公民義務感與「黨團組織的交代」、「所服務機構同事的囑託」、「里鄰長的催促」及「有認識的人參加競選」之間，皆無顯著的相關存在。由此再次顯示出，規範取向並不與從眾及關係取向相合。

6.政黨動員與其他投票動機之間的關係：

　　(1)政黨動員與「所屬團體的囑託」之間，具有相當顯著的正相關(r=0.109, p<.01)。這項發現顯示，受政黨動員的影響而投票的選民，也較可能受其他次級團體的影響；反之，亦然。此兩項動機皆為從眾取向，在性質上相同，故呈現顯著的關連性。

　　(2)政黨動員與「所服務機構同事的囑託」之間，具有顯著的正相關(r=0.079, p<.05)；換言之，愈受政黨囑託的影響而投票者，也愈易受同事的影響；反之，亦然。在性質上，兩者不僅皆為從眾性，也可能兼具順服性，因皆牽涉到權威性的影響關係，可能因此而具顯著的關連性。

　　(3)政黨動員與「家人或親友的囑託」、「有認識的人參加競選」及「里鄰長的催促」之間，皆無顯著的相關存在。以家人關係為中心的取向，在傳統文化上，最為強固，而具有獨特性，因而不一定與其他取向相合。此外，較深的社會關係取向，也頗為強固而獨特，並不與政黨動員的從眾取向相合。

7.初級團體的影響與其他投票態度

　　(1)「家人與親友的囑託」與「有認識的人參加競選」之間，具有相當顯著的正相關(r=0.108, p<.01)。由此我們可以了解，因初級團體的影響而投票者，一般說來，政治效能感較低，不感覺投票乃影響政府政策的途徑；而且也較少涉入選舉過程，政治興趣亦低；同時又不認為投票乃公民應享的權利，亦非應盡的義務；另外，也不認為投票是一項可以表達自己意見的工具。總而言之，如果缺乏初級團體的影響，這類選民很可能是不投票的選民。至於因「有認識的人參加競選」而投票的選民，性質上較重社會關係，而這種關係可能是透過初級團體而來的，所以兩者具有顯著的關連；這類選民大都是關係取向

者，二者的關連，也是很可理解的。

(2)「家人與親友的囑託」與「里鄰長的催促」之間，具有相當顯著的正相關(r=0.117, p<.01)；里鄰長在選舉過程中究竟扮演何種角色？由於過去並無這方面的研究，很難加以論斷。但根據我們的探究與發現，因里鄰長的催促而投票的選民，至少具有兩項態度上的特質：一是並不感覺投票乃公民應享的權利，二是也不認為投票可以表達自己的意見。因此其投票乃是為順應社會的期望與壓力，基本上仍是一種非政治的投票。在性質上，這類選民的投票，相當具有傳統的順服性，因而與受初級團體的影響，即重視傳統關係者，具有顯著的相關關係。

(3)「家人與親友的囑託」與其他態度變項，諸如「所屬團體的囑託」與「所服務機構同事的囑託」之間，沒有相關存在。如前所述，初級團體的私人關係，十分強固而獨特，因之，具此取向而投票的，未必就受到次級團體的從眾影響；反之，亦然。

8.次級團體的影響與其他投票動機變項之間的關係：

(1)「所屬團體的囑託」與「所服務機構同事的囑託」之間，具有極顯著的正相關(r=0.366, p<.001)。根據我們前述的分析，受次級團體的從眾影響而投票者，具有以下的態度特質：即既不認為投票乃公民應享的權利，也不認為是公民應盡的義務。因此對這類選民而言，投案很可能是維持和諧的人際關係的一項工具。因「所屬團體的囑託」與「所服務機構同時的囑託」，皆是典型的從眾的投票，二者之間當然易具極顯著的正相關。

(2)「所屬團體的囑託」與「有認識的人參加競選」之間，具有極顯著的正相關(r=0.137, p<.001)；此外，「所服務機構同事的囑託」

與「有認識的人參加競選」之間，也具有極顯著的正相關(r=0.130,
p<.001)；換言之，受次級團體的從眾影響而投票者，同時也是基於「有
認識的人參加競選」。這些發現皆顯示出從眾取向與社會關係取向，
皆有異於自我取向，而能在相當的程度上合致。

　　(3)「所屬團體的囑託」與「里鄰長的催促」之間，具有顯著的
正相關(r=0.084, p<.05)；此外，「所服務機構同事的囑託」與「里鄰
長的催促」之間，也具有相當顯著的正相關(r=0.099, p<.01)。根據我
們上述的分析，基於「里鄰長的催促」而投票的選民，大都不感覺投
票乃公民應享的權利，同時也不認為投票可以表達自己的意見；而因
次級團體的影響而投票的選民，也同樣不認為投票乃公民應享的權利，
並且也不認為投票乃公民應盡的義務。因之，這些選民如果缺乏有力
的影響，很可能成為不投票的選民；但若同時遭受多重社會的壓力，
則可能接受影響，而前去投票。當然，這類選民多具傳統的順服性及
從眾性，因而極易合致。

　　在以上各項投票動機變項的相關分析中，對這些變項之間的相互
關係，也就是相互關連的結構，已作了相當的釐清與分析。根據這些
變項的相關結構，我們就可進一步試建投票動機的類型。我們在前面，
曾明白指出，西力學者對投票行為的研究，雖相當重視投票動機或影
響投票的社會或心理勢力(force)，但迄今為止，最重要的成就，多在
探究某些態度變數與投票參與的相關上，對於諸變數之間的關係並沒
有作明確的釐清，也未進而從事類型建構的努力。例如 Lipset 認為「利
益的投票」與「從眾的投票」二者亦可能產生混合的型態，選民可能
一方面基於個人的利益，同時也可能受團體的壓力而投票。根據我們
的研究發現，Lipset 的看法雖然大致正確，但實際的情況卻遠較他所
作的分類複雜得多。像從眾的投票，至少可分成三類：(1)順從政黨的
投票；(2)順從初級團體的投票；(3)順從次級團體的投票；而這三類從

眾投票的性質，多少又有些差異，已如上述。再如 Stokes 繼將投票態
度分成規範性的、工具性的與表情性的三類，但同樣地，也沒有完全
獲得直接資料的支持。可見這方面的研究仍有待進一步的發展。

　　經過相關分析後，我們已可發現諸態度變數之間其有某種規律性，
我們於是在相關結構的基礎上，運用因素分析(factor analysis)的方法，
進行投票動機的類型建構。事實上，因素分析的主要功能，就在釐清
變數與變數之間的關係，並進而作分類的工作。因素分析結果所得的
每一項因素，都可視為一項經驗性的概念，或一個類別(category)。

（二）投票動機的類型

　　我們對十一項投票動機進行因素分析，結果共抽離出四項因素，
可見表三。現分別加以討論：

　　1.第一項因素，主要是由「可以影響政府的政策」、「可以表達
自己的意見」、「為支持所喜歡的候選人」等三項變數所構成。依照
我們上述的討論，這三項變數具有一共同的特質，即皆具有一明確的
政治目的；換言之，不論是為了要影響政府的政策、或表達自己的意
見、或具有一黨派的立場，皆是想經由投票對政治體系產生影響。因
此，根據這些特性，這項因素我們可以稱之為「工具性的投票」。

　　2.第二項因素，主要是由「所屬團體的囑託」、「所服務機構同
事的囑託」等兩項變數所構成；此外，「有認識的人參加競選」和「里
鄰長的催促」等兩項投票動機在這項因素上的因素負荷量(factor
loading)，分別是 0.319 及 0.268，而顯示出與這項因素具有某種程度
的關係。從構成這項因素的投票動機的性質來看，我們可將這項因素
命名為「從眾的投票」。

　　3.第三項因素，很明顯地主要是由行使「公民的權利」、「盡公

民的義務」等兩項投票動機變數所構成，但因「家人或親友的囑託」的投票動機在這項因素上的負荷量達-0.575，因此可同時歸劃爲第三項因素。這項因素的性質也很明確，即基於權利義務的觀念而投票，因之，我們可命名爲「權利義務的投票」。

4.第四項因素，主要是由「黨團組織的交代」的動機變項所單獨構成。此外，「可以影響政府的政策」的動機變項在這項因素上的負荷量，達 0.402，而顯示出與這項因素的關係頗爲密切。但我們仍將這項因素命名爲「政黨動員的投票」。

表三　投票動機的因素分析

	工具性的投票	從眾性的投票	權利義務性的投票	政黨動員的投票	共同性(h²)
可以影響政府的政策	0.589	-0.002	0.055	0.402	0.5119
可以表達自己的意見	0.747	0.005	-0.077	0.134	0.5817
爲支持所喜歡的候選人	0.622	-0.019	-0.004	-0.271	0.4603
行使公民的權利	-0.047	-0.070	0.720	-0.027	0.5267
盡公民的義務	-0.157	-0.084	0.710	0.154	0.5589
黨團組織的交代	-0.018	0.096	0.011	0.826	0.6927
家人或親友的囑託	-0.360	-0.049	-0.575	0.221	0.5117
所屬團體的囑託	-0.045	0.790	-0.022	0.063	0.6311
所服務機關同事的囑託	0.005	0.797	0.008	-0.018	0.6350
有認識的人參加競選	0.103	0.319	-0.124	0.230	0.1808
里鄰長的催促	0.174	0.268	-0.220	-0.218	0.1982
固有值(Eigenvalues)	-1.491	1.457	1.427	1.114	

N=747,　□: 0.55 以上，　⬚: 0.25 以上，0.45 以下

根據以上的因素分析，我們發現，臺北市選民的投票，可以分成四種類型，即：工具性的投票、從眾的投票、權利義務的投票及政黨動員的投票。這些發現與 Stokes 及 Lipset 的觀察極爲符合，但多了一類政黨動員的投票，我們認爲，這乃民主發展中國家的特質。

五、個人特質、經社背景與投票動機

本節我們將分析個人特質、經社背景與投票動機類型之關係。個人特質包括性別、年齡、省籍、教育等四個變數；經社背景變數則包括社會地位一項，現分別討論如下：

（一）性別與投票動機類型

表四　性別與四項投票動機類型的變異數分析（F值）

	工具性的投票		從眾性的投票		權利義務性的投票		政黨動員的投票		n	%
	平均數	標準差	平均數	標準差	平均數	標準差	平均數	標準差		
男	0.0514	1.1249	0.1851	0.9801	0.0977	0.9029	0.1722	1.1186	389	52.57
女	-0.1709	1.0793	0.1140	0.9493	-0.0370	1.1371	-0.1425	0.8926	351	47.43
F 值	7.491**		1.001		3.215		17.742***			

N=740　　**p<.01　　***p<.001

根據表四的性別與四項投票動機類型的變異數分析，我們獲得以下四點發現：

1.男性選民與女性選民在工具取向的投票上，很明顯地較具有目的性，較感覺投票可以影響政府的政策，較傾向將投票視為是表達自己意見的方法，且具有較明顯的政治偏好(political preference)。換言之，男性選民遠較女性選民更傾向於將投票視為是一種表達利益的方式或手段。而女性選民，一般來說，是政治過程中較消極的一群，較不具有明顯的、固定的政治偏好，政治功效意識較低，較不感覺投票可以影響政府的政策；投票對他們而言，較不用作表達意見的工具，較可

能是基於倫理規範的要求，或社會關係的壓力。

　2.男性選民與女性選民在社會關係取向的投票上，沒有顯著的差異(F=1.001, p>.05)。根據我們在前面的分析，社會關係或次級團體對選民投票參與的影響力較弱，因此，男性選民與女性選民所感受的來自這方面的壓力，即無明顯的不同。

　3.男性選民與女性選民在權利義務取向的投票上，沒有顯著的差異(F=3.215, p>.05)。根據我們在前面的分析，權利義務取向是促使選民前往投票的最重要的民主規範。由於這項倫理規範的普遍影響性，便得不分男性或女性選民，皆同感投票乃公民應盡的義務及應享的權利，而沒有較明顯的差異。

　4.男性選民與女性選民在政黨取向的投票上，有極顯著的差異(F=17.642, p<.001)。男性選民較女性選民更易受政黨動員的影響而投票。我們若從另一角度看，則可以說，政黨動員或可動員的主要對象是男性選民，而非女性選民。當然，男性選民涉入政黨活動的程度較女性選民深，也是一個可能的原因。

（二）年齡與投票動機類型

表五　年齡與四項投票動機類型的變異數分析（F值）

	工具性的投票		從眾性的投票		權利義務性的投票		政黨動員的投票		n	%
	平均數	標準差	平均數	標準差	平均數	標準差	平均數	標準差		
20-34	0.1469	1.1746	0.1344	0.8550	0.1469	0.9270	-0.0281	0.8356	320	43.18
35-54	-0.1520	1.0025	0.1760	0.9782	0.0960	0.9646	0.0800	1.0687	250	33.74
55 以上	-0.2865	1.0654	0.2047	1.2268	-0.2398	1.1762	0.0351	1.2737	171	23.08
F 值	10.261***		0.304		8.876***		0.789			

N=741　***p<.001

　　根據表五的年齡與四項投票動機類型的變異數分析，我們有四點發現，現分別討論如下：

　　1.不同年齡層的選民在工具取向的投票上，具有極顯著的差異（F=10.261, p<.001）。愈年輕選民的投票，愈具有工具取向的特質；而愈年長選民的投票，愈不具有此種特質。更具體地說，年紀愈輕的選民，政治功效意識愈強，愈感覺投票可以影響政府的政策；同時，政治興趣較高，較具明顯的政治偏好，而愈傾於將投票視為表達自己意見或利益的一種方式及手段。反之，愈年長的選民，政治功效意識愈弱，愈不感覺投票可以影響政府的政策；同時，政治興趣可能較低，較不具有強烈的政治偏好，從而也較不認為投票是表達自己意見的良好方法。這樣的一種現象，我們可從不同的觀點，獲得不同的詮釋與理解。首先從「生命循環」(life cycle)的觀點看，愈年長的選民，政治、社會或人生的歷練經驗均遠比年紀輕的選民豐富，因此，也愈可能感覺投票對現實政治的影響非常有限。而年輕的選民是政治體系的初生之犢，人生的閱歷經驗較少，挫折感也相對減少，對自己則滿懷信心，政治效能感可能因而提高。但是隨著年紀的增長，愈來愈感覺世事非易，而逐漸降低其政治效能感。因之，從整個政治體系的成員來看，年紀愈輕者政治效能感愈高，愈積極於透過各種可能的管道去表達自己的意見，而年紀愈長者政治效能感愈低，對表達自己的意見愈感意興闌珊；這種模式乃成為政治體系的常態現象。但若從「政治世代」(political generation)的觀點看，年齡不同而具有不同程度的工具取向特質，這種現象可能反映不同年齡層的選民，因成長過程中時空環境的差異，而有不同的集體政治經驗，且這種集體的政治經驗較不易因歲月的推移而改變。

　　2.不同年齡層的選民在社會關係取向的投票上，沒有顯著的差異（F=0.304, p>.05）。根據我們在前面的討論，社會關係對選民投票參與

的影響不大，因此，不論年紀較輕的選民或年紀較長的選民，在感受這方面的壓力或期望上，皆無明顯的差異。

3.不同年齡層的選民在權利義務取向的投票上，有極顯著的差異(F=8.876, p<.001)。年紀愈輕選民的投票，愈具有權利義務取向的特質，而年紀愈長的選民，其投票愈不具有此種特性。投票的權利義務感是民主政體正常運作的支柱，而不同年齡層的選民表現出顯著不同的權利義務感，其意義爲何？我們可從「政治世代」的觀點去理解。我們所劃分的三個年齡組選民，其成長過程中的大環境皆不相同，從而也會產生不盡相同的三種集體的政治經驗；而愈年輕的選民可能較具有明顯、強烈的民主價值觀念，此表現在投票參與上，即是較強烈的權利義務觀念。

4.不同年齡層的選民在政黨取向的投票上，沒有顯著的差異(F=0.789, p>.05)。在現行政黨體系下，只有中國國民黨有能力動員選民、組織選民，而根據上述的發現，國民黨所動員或能動員的選民，似乎並不集中或偏向於特定的年齡層。

（三）省籍與投票動機類型

表六　省籍與四項投票動機類型的變異數分析（F值）

	工具性的投票		從眾性的投票		權利義務性的投票		政黨動員的投票		n	%
	平均數	標準差	平均數	標準差	平均數	標準差	平均數	標準差		
本　省	-0.1617	1.0460	0.1824	1.0678	-0.0670	1.0791	-0.1663	0.8714	433	58.28
外　省	0.0935	1.1746	0.1194	0.8137	0.1806	1.9171	0.2968	1.1724	310	41.72
F 值	9.699**		0.764		10.759**		38.134***			

N=743　**p<.01　**p<.001

　　根據表六的省籍與四項投票動機類型的變異數分析，我們有四點重要發現，現分別討論如下：

　　1.不同省籍的選民在工具取向的投票上，具有相當顯著的差異(F=9.699, p<.01)。外省籍選民的投票較本省籍選民更具有工具取向的特質。申言之，外省籍選民的政治功效意識可能較高，較感覺投票可以影響政府的政策，同時也具有較明確堅定的政治偏好，從而也較傾向於將投票當作表達意見的一種工具。反觀本省籍選民，相較於外省籍選民，所表現出的是，政治效能感較低，較不感覺投票是影響政府政策的適當工具，同時，不像外省籍選民的政治偏好有較高的一致性；木省籍選民的政治偏好的分佈可能較為分歧，不一致。不同省籍的選民在工具取向的投票上呈現如此明顯的差異，是否與整體政治結構的特質有關？是一個值得深思的問題。

　　2.不同省籍的選民在社會關係取向的投票上，沒有顯著的差異(F=0.764, p>.05)。換言之，社會關係或次級團體對本省籍選民及外省籍選民在投票參與上的影響，並沒有重要的不同。

　　3.不同省籍的選民在權利義務取向的投票上，具有相當顯著的差異(F=10.759, p<.01)。外省籍選民的投票遠比本省籍選民更具有權利義務的特性。根據我們因素分析的結果，權利義務取向的因素中，尚包含一項特質，即「不受家人或親友的影響」，由此可知，外省籍選民的投票，較少是因初級團體的影響，亦即較具獨立性；而本省籍選民的投票，較多受初級團體的影響，亦即較不具有獨立性。

　　4.不同省籍的選民在政黨取向的投票上，具有極顯著的差異(F=38.134, p<.001)。外省籍選民的投票遠比本省籍選民更易受政黨動員的影響。從另一個角度看，政黨動員的對象或接受政黨動員的影響者，主要是外省籍選民。更進一步地說，外省籍選民較支持國民黨的動員。

（四）教育與投票動機類型

表七　教育與四項投票動機類型的變異數分析（F值）

	工具性的投票		從眾性的投票		權利義務性的投票		政黨動員的投票		n
	平均數	標準差	平均數	標準差	平均數	標準差	平均數	標準差	
不　識　字	-0.8039	0.7217	0.1373	1.4145	-0.9608	1.4827	-0.3922	1.0016	51
識字但未入學	-0.3478	0.9346	-0.1304	0.4577	-0.6522	1.2288	-0.1739	1.0725	23
小　　　學	-0.2826	1.0252	0.0870	0.7397	0.0072	1.0216	-0.2971	0.7585	138
初　（國）　中	-0.1333	1.0299	0.1222	0.6149	0.1889	0.8196	-0.0111	0.8413	90
高　　　中	0.1163	1.1437	0.2035	0.8848	0.1512	0.9305	0.1047	1.0979	172
專　　科	0.0693	1.1336	0.2475	1.2362	0.2178	0.9550	0.1980	1.0865	101
大　學　以　上	0.1761	1.1337	0.1195	0.7824	0.1572	0.8384	0.3019	1.1181	159
F 值	7.705***		0.815		12.484***		6.644***		

N=734　***p<.001

　　根據表七的教育與四項投票動機類型的變異數分析，我們共獲得四點重要發現，現分別討論如下：

　　1.不同教育程度的選民在工具取向的投票上，具有極顯著的差異(F=7.705, p<.001)。且教育與工具取向之間的皮爾遜相關分析也顯示，二者之間具有極顯著的正相關(r=0.2269, p<.001)。亦即教育程度愈高的選民的投票，愈具有工具取向的特質；而教育程度愈低的選民的投票，愈不具有此種特性。更具體地說，教育程度愈高的選民，政治功效意識可能愈高，愈感覺投票可以影響政府的政策；且政治興趣較高，較具有明顯、固定的政治偏好，同時，也愈珍惜投票的機會，以作為一種表達意見的手段。反觀教育程度愈低的選民，政治功效意識愈低，自卑感較重，政治興趣較低，對政治常帶有一種冷漠嘲諷的態度，不覺得自己能在政治過程中扮演一積極的角色，更遑論如何去影響政府

的政策，甚至透過投票去表達自己的意見。

2.不同教育程度的選民，在社會關係取向的投票上，沒有顯著的差異(F=0.815, p>.05)。社會關係取向的投票，在性質上，是「從眾性的投票」，而一般說來，教育程度愈低選民的投票，因較缺乏一致性的、結構良好的政治態度，理論上應較有此種「從眾性投票」的特質，然而，經驗上的證據並不支持這樣的論斷。這顯示社會關係對選民投票參與的影響性相當分散，不集中在一特定的群體上。

3.不同教育程度的選民，在權利義務取向的投票上，具有極顯著的差異(F=12.484, p<.001)。相關分析的檢定也發現兩變數之間具有極顯著的正相關(r=0.2255, p<.001)。換言之，教育程度愈高選民的投票，愈具有權利義務取向的特質，而教育程度愈低的選民，愈不具有此種特性。根據我們的因素分析結果，權利義務取向的因素，除了包含為行使公民的權利及盡公民的義務外，尚包含一項特質，即「不受家人或親友的影響」。因此，教育程度愈高選民的投票，愈具有權利義務取向的特質，這種現象除了反映出，教育在民主規範的政治社會化上發生作用外，也表現出教育程度愈高的選民，在政治過程中，較具獨立的性格。反觀教育程度愈低的選民，民主價值觀念的根基較不穩固，對於扮演一民主體制下主人角色的自覺不夠，此表現在實際政治過程中，即是較缺乏獨立的性格，易受旁人的左右。

4.不同教育程度的選民，在政黨取向的投票上，具有極顯著的差異(F=6.644, p<.001)。相關分析的檢定也顯示兩變數之間具有極顯著的正相關(F=0.220, p<.001)。換言之，政黨動員的有效性，主要是表現在教育程度較高的選民；對於教育程度較低的選民而言，政黨動員的影響力可能微不足道。這個現象可能顯現兩種意義：第一，從政黨參與的觀點來看，教育程度愈高的選民，參與政黨活動的程度，可能高於低教育程度的選民；從而，政黨動員的範圍，即限定或集中在教育程

度較高的選民；第二，政黨動員的對象，若僅集中在教育程度較高的選民，即表示其缺乏草根性(grass root)，在性質上，即非屬一群眾性政黨。

（五）社會地位與投票動機類型

在政治學研究中，關於社會地位的測量方法有兩種，一是根據客觀的教育程度、所得、職業所組合成的經社地位指標(SES)，另一是以被訪者的主觀認定為準。本研究對於社會地位的量度，是採取被訪者的主觀認定，而劃分為上層、中上層、中層、中下層、下層等五個層級。根據表八的社會地位與四項投票動機類型的變異數分析，我們共獲有四點發現，現分別討論如下：

表八　社會地位與四項投票動機類型的變異數分析（F值）

	工具性的投票		從眾性的投票		權利義務性的投票		政黨動員的投票		n
	平均數	標準差	平均數	標準差	平均數	標準差	平均數	標準差	
下　層	-0.2308	1.3009	-0.1538	0.3755	-0.3846	1.5021	-0.2308	0.8321	13
中下層	0.3654	0.9859	0.3846	1.7141	-0.1442	1.1858	-0.1538	1.1215	104
中　層	0.0207	1.1167	0.1452	0.8180	0.0519	0.9797	0.0062	11.0000	482
中上層	0.0763	1.1137	0.0687	0.6815	0.1908	0.8954	0.2366	1.0585	131
上　層	0.0000	1.0690	0.0000	0.5345	0.0000	1.4142	0.1250	0.9910	8
F 值	2.734*		2.11		2.178		2.444*		

N=738　*p<.05

1.不同社會地位的選民，在工具取向的投票上，呈現顯著的差異(F=2.734, p<.05)。相關分析的檢定也顯示，這兩變數間其有相當顯著的正相關(r=0.12, p<.01)。社會地位愈高的選民，其投票愈具有工具取

向的特性，而社會地位愈低的選民，其投票愈不具有工具取向的特性。申言之，社會地位愈高者，政治功效意識愈高，愈感覺有能力影響政治的決策；同時，政治興趣較高，較具有一致的、明顯的政治偏好，投票對他們而言，是表達意見與利益的手段之一。反觀社會地位愈低的選民，可能具有較深沉的無力感，不感覺有能力影響政府的政策，即令是投票也不能成為影響政治的工具。此外，社會地位愈低的選民，政治興趣也愈低，生活的重擔可能使他們無暇發展政治興趣，久而久之自然對政治產生冷漠、嘲諷的態度與閉塞的心靈，如此自然不會是政治過程中理性的、積極的行動者。

2.根據變異數分析，不同社會地位的選民，在社會關係取向的投票上，沒有顯著的差異($F=2.11$, $p>.05$)。但根據相關分析的檢定，這兩變數間具有顯著的負相關($r=-0.063$, $p<.05$)。換言之，社會地位愈高的選民，其投票愈不具有社會關係取向的特質，而社會地位愈低的選民，其投票愈具有此種特質。社會關係取向的投票，在性質上，是從眾性的投票。社會地位愈低者的投票，愈具有從眾性，可能顯示社會地位愈低的選民，愈不具有一貫的、堅定的政治信仰與態度，而容易受他人的左右。而社會地位愈高的選民，投票愈不具有從眾的特性，顯示較有一貫的、鮮明的政治信仰與態度，同時也較具獨立自主的性格，不輕易受他人的影響。

3.根據變異數分析，不同社會地位的選民，在權利義務取向的投票上，沒有顯著的差異($F=2.178$, $p>.05$)。然而，從相關分析的檢定，卻發現社會地位與權利義務取向的兩變數間，具有相當顯著的正相關($r=0.1002$, $p<.01$)。由此可知，社會地位愈高，投票愈富有權利義務感；社會地位愈低，投票愈缺乏權利義務感。另外，我們可以說，社會地位愈高，投票愈不受家人及親友的影響，而社會地位愈低，投票愈容易受家人及親友的影響。

　　4.不同社會地位的選民，在政黨取向的投票上，具有顯著的差異
(F=2.444, p<.05)。相關分析的檢定也發現，社會地位與政黨取向之間，
具有相當顯著的正相關(r=0.1095, p<.01)。由此可以看出，社會地位愈
高，愈支持政黨的動員；社會地位愈低，愈感受不到政黨動員的影響。
我們換另一個角度來看，政黨動員的有效對象乃社會地位愈高者，而
非社會地位愈低者。

六、結　論

　　經過以上的討論與分析，我們對臺北市選民投票動機的結構、類
型及與個人特質、經社背景的關係，大致已可獲致相當的認識，現再
作數點綜合的說明：

　　1.在各種影響選民投票參與的動機因素中，內在的態度因素是最
重要的影響力量，而外在社會環境的因素僅有相當次要的影響。權利
義務感是選民前往投票的最主要因素，這顯示自由民主政體的倫理規
範，已經對選舉體系的實際運作，產生了極為重要的影響；而工具取
向的投票，是僅次於權利義務感的重要影響力量，可見大眾對選舉體
系在整個政治體系中的角色與影響力，仍抱持相當的信心與樂觀。外
在社會環境對選民投票參與，僅具有相當次要的影響，此顯示大多數
選民已具有相當獨立自主的性格，這對整體的民主發展，具有正面、
實質的意義。

　　2.選民投票動機的結構與類型，是我們研究的主要興趣所在。因
素分析的結果顯示，臺北市選民的投票動機可分成四種類型，分別是：
工具取向、社會關係取向、權利義務取向以及政黨取向。參照西方相
關的研究發現，可以看出，西方對於投票動機的探討，雖然相當重視，

但似乎缺乏較有系統的關於投票動機結構與類型的實徵性研究。另外，儘管近十數年來，代表投票行為研究中演繹途徑的「理性抉擇模型」，在投票動機方面的研究獲有不少的成果，但大都不是經驗性的實徵研究。我們則主張不應忽視經驗研究在建立選民投票動機的結構、類型，以至理論的重要性，本研究即是明顯的例子之一。

　　3.我們進一步分析，四種不同投票動機類型的選民的特質，而有以下四點重要的發現：

　　(1)工具取向的投票，在性質上是一種利益的投票。這種類型的選民具有如下的特質：是男性、年紀愈輕的、外省籍的、教育程度及社會地位愈高的選民。這類選民的政治態度特質，可能是政治效能感較高、政治興趣較濃、較具有一致的、明顯的政治偏好者。

　　(2)社會關係的投票，在性質上是一種從眾的、順服的投票。這類選民的特質是：社會地位及教育程度較低；另外，比較可能是女性。年紀愈大者。在政治態度的特質方面，這類選民可能政治興趣低落，沒有明顯的政治偏好；因此，較易受旁人的左右。

　　(3)權利義務取向的投票，在性質上是遵循民主規範的投票。這類選民的社會特質是：年紀愈輕、外省籍、教育程度及社會地位愈高者。另外，這類選民的投票參與，較不受初級團體的影響。在政治態度的特質方面，這類選民一方面具有強烈的公民義務感，能確實遵循民主的規範；另一方面則權利意識很強，自覺有權選舉政治的領導者。

　　(4)政黨取向的投票，在性質上是順應政黨動員的投票。這類選民的社會特質是：男性、外省籍、教育程度及社會地位較高者。這顯示兩點意義：第一、男性、外省籍、教育程度及社會地位愈高者，涉入政治活動的程度較深，因而較支持政黨的動員。第二、政黨有效動員的主要對象，既然是外省籍、教育程度及社會地位愈高者，這就表示政黨動員的力量尚未能穿透到基層的大眾。　　（本文由作者與游盈隆

教授合作完成，原載：《社會科學論叢》（臺大法學院印行），第33輯，1985年，頁 1-33；所運用的資料係根據作者主持的《臺北市選民的選舉研究：民六十九年增額中央民意代表選舉之分析》專題研究。）

參考文獻

胡佛，游盈隆，1983，〈選民的投票取向：結構與類型的分析〉，《政治學報》，11 期，頁 225-79。

Almond, Gabriel A. and Sidney Verba. 1963. *The Civil Culture*. Princeton, N.J.: Princeton University Press.

Berelson, Bernard R.; Paul E. Lazarsfeld and William McPhee. 1954. *Voting*. Chicago: University of Chicago Press.

Campbell, Angus; Gerald Gurin and Warran E. Miller. 1954. *The Voter Decides*. Evanston, Ill.: Row, Peterson.

Campbell, Angus; Philip E. Converse; Warran E. Miller and Donald E. Stokes. 1960. *The American Voter*. New York: Wiley.

Davis, Otto A.; Melvin J. Hinich and Peter Ordeshook. 1970. "An Expository Development of a Mathematical Model of the Electoral Process." *American Political Science Review* 64: 426-48.

Downs, Anthony. 1957. *An Economic Theory of Democracy*. New York: Harper & Row.

Lazarsfeld, Paul E.; Bernard Berelson and Hegel Gaudet. 1944. *The People's Choice*. New York: Columbia University Press.

Lipset, Seymour M.; Paul F. Lazarfeld; Allen H. Barton and Juan Linz. 1954. "The Psychology of Voting: An Analysis of Political Behavior." In Gardner Lindzey and Elliot Aronson (eds.) *Handbook of Social Psychology*. Cambridge, Mass.: Addison-Wesley.

Lipset, Seymour M. 1960. Political Man: *The Social Bases of Politics*.

Garden City, New York: Doubleday.

Milbrath, Lester W. and M. L. Goel. 1976. *Political Participation: How and Why Do People Get Involved in Politics?* Chicago: Rand McNally College Publishing Company.

Ranney, Austin. 1962. "The Utility and Limitations of Aggregate Data in the Study of Electoral Behavior." In Austin Ranney (eds.) *Essays on the Behavioral Study of Politics.* Urbana: University of Illinois Press.

Richardson, Bradley M. 1974. *The Political Culture of Japan.* Berkley, Cal.: University of California Press.

Riker, William H. and Peter C. Ordeshook. 1968. "A Theory of the Calculus of Voting." *American Political Science Review* 65: 25-42.

Stokes, Donald. 1968. "Voting." In *International Encyclopedia of the Social Science,* Vol. 16. New York: Macmillan.

Tingsten, Herbert. 1937. *Political Behavior: Studies in Election Statistics.* Stockholm Economic Studies. London: P. S. King.

Wolfinger, Raymond E. and Steven J. Rosenstone. 1980. *Who Votes?* New Haven and London: Yale University Press.

附錄一：量表的編制與測量

　　我們編製了測量選民投票動機的量表。由於影響選民投票的變數很多，通常並不止一個，因此，首先，我們允許受訪者陳述一項至多項影響其投票的變數。其次，在受訪者陳述影響其投票的多項變數後，我們乃進一步請受訪者就影響其投票的多項變數，依個人自覺的重要性作先後次序的排列。當然，受訪者也很可能難分重要性的軒輊或感覺其中的兩項或三項乃同等重要。在這種狀況下，我們也允許受訪者作同等重要的排列。第三，多重選擇與重要次序的排列，皆運用到各類變數的施測。基本上，多重選擇亦是一種「是或不是」的問題。換言之，多重選擇所獲得的資料，是一種類名尺度(nominal scale)。若再進一步將多項變數作重要先後次序的排列，由此所得到的資料則係次序尺度(ordinal scale)。但就重要性的高低延續的意義上來看，我們也可以視作一種等距的尺度(interval scale)。

　　我們利用「社會科學套組程式」(Statistical Package For The Social Sciences，簡稱 SPSS)及「生統電腦程式」(Biomedical Computer Programs P-Series 簡稱 BMDP)，進行統計分析。所運用的統計方法包括皮爾遜相關分析(Pearson product moment correlation)、變異數分析(ANOVA)、因素分析(factor analysis)等。

　　我們對選民的整體投票取向，共列 12 道題。在訪問時，我們共詢問兩個問題：（先問第一題，再續問第二題）

(1)請問你去投票的原因為何？（不限一種選擇）

(2)請問在你所選擇的原因中，那一種（或那幾種）是最重要或次重要的？（請用 1. 2. 3. 4. ...等數字說明；同等重要的，請用相同的數字）

12 項問題如下：

　　1. 可以影響政府的政策

　　2. 可以表達自己的意見

　　3. 為支持所喜歡的候選人

　　4. 行使公民的權利

　　5. 盡公民的義務

　　6. 黨團組織的交代

　　7. 家人或親友的囑託

　　8. 所屬團體的囑託

　　9. 所服務機關同事的囑託

　　10. 有認識的人參加競選

　　11. 里鄰長的催促

　　12. 其他（請註明）＿＿＿＿＿＿＿＿＿＿。

選民的投票取向

～結構與類型的分析

一、概　說

　　選民的投票是對候選人所作的抉擇。這一抉擇雖是一項外顯的行為或行動,其中卻蘊藏著選民的種種心態。換句話說,選民的投票決定,不過是依據內在感受或價值所反映的特定取向。這些態度取向,就是我們所稱的投票取向,也就是一般所關注的選民投票決定的原因。

　　對投票決定原因的探尋,自政治學者開始研析選民的投票行為以來,即成為主要的課題。但投票的態度取向在投票決定的過程中是否構成觀察的重點?究能發生怎樣的影響?形成的過程及相互之間的關係又如何?學者之間對這些問題,仍存有不少爭論。大致說來,早期使用總體統計資料作為分析基礎的學者,如 A. Siegfried 等,對選民投票取向的認定,係根據選區當選人的政治態度。如候選人當選後的政治態度偏左,即推論選民的投票態度取向也偏左,然後再就此選區進而分析選民的背景與社會關係(參見:Davis 1958)。這一研究途徑雖特別重視選區的生態環境,但對投票取向的推論則過於簡化,甚易

產生所謂的「生態的謬誤」(ecological fallacy)。[1]

　　稍後的研究，尤其是 1940 年代以後美國學者對投票行爲的探討，多注重經驗性的觀察與實證理論的建立。其中哥倫比亞大學的學者 Paul F. Lazarsfeld, Bernard Berelson, Hazel Gaudet 等人(1944)尤其強調投票行爲中的社會特質。他們綜合選民的經社地位、宗教信仰與居住地區等三變數，建立一「政治傾向指標」(indexes of political predisposition)，並發現這一以社會特質爲基礎的指標與選民的投票決定具有顯著的關連。很明顯地，他們的這一發現相當忽視了投票的態度取向從中所發生的中介作用，因選民的社會特質不能不經由態度取向的形或與作用，而直接影響投票的決定。[2] 因之，密歇根大學的學者 Angus Campbell, Gerald Gurin, Warren E. Miller(1954)等人即指出，其間的關連祇是一種虛假的相關。[3] 在另一面，V. O. Key(1966:7-8)則認爲，對社會特質的過份強調是一種「社會決定論」(social determinism)，在解釋選民的投票決定上，會產生很大的限制。

---

[1] Austin Ranney(1962:91-102)即認爲在投票行爲的觀察上，整體資料(aggregate data)的運用有其限制。如以選區國會議員贊成偏左的議案，就認爲選區的選民在投票取向上亦偏左，那就成爲「生態的謬誤」。W. S. Robinson (1950:351-57)也指出，「生態的相關」(ecological correlation)與「個人的相關」(individual correlation)，往往不符合。

[2] Lazarsfeld 等學者很強調人際溝通(interpersonal communication)及社會互動(social interaction)的作用，所以很注重選民投票決定的過程，但重點仍放在社會團體，尤其是初級團體的影響。對過程的重視就不能不考慮選民在心理上受到的影響，因之，他們後來也探討選民對候選人政治立場的認知及態度。這些都顯示出他們已開始注重選民的心態(參見：Berelson, et al. 1954)。

[3] Morris Janowitz 及 Warren E. Miller(1952:723)曾發現 Lazarsfeld 等人所建立的「政治傾向指標」，對維護現狀的投票較具預測的能力，但對抗議性或贊成社會變遷的投票，則較欠預測的能力。

Campbell 等人並不否定社會特質的重要性，但主張態度取向在投票決定的過程中，處於關鍵的中介地位，決不能忽略。而社會特質及心理取向的兩者相輔，則可建立更周延的理論架構(Campbell, Converse, Miller, and Stokes 1960:18)。他們以投票決定的「時間面向」(time dimension)爲主軸，發展一「漏斗狀因果模型」(funnel of causality)。[4] 在投票取向的眾多變項中，他們認爲政黨認同、候選人取向及問題取向等三項，是最爲重要的變項，而此三者又以政黨認同爲重心。他們強調政黨認同是一項相當穩定，不易受短期因素影響，並具有長期持續性的態度取向。Philip E. Converse(1966)的「正常投票」(normal vote)的理論架構，即以政黨認同爲核心概念。至於候選人取向及問題取向則被看成短期的影響因素，且根據他們的發現，問題取向對投票決定的影響不大。

近年來的研究則更能證實態度取向的影響作用，但對 Campbell 等人的理論架構及發現卻具有不同的意見與論證。如 Key(1966:7-8)即辯稱：「選民並非愚昧」，爲數頗多的選民就是根據問題取向投票，所以他們是「負責的選民」。另有若干學者也指出政治問題對美國選民投票決定的影響愈來愈大，而政黨認同則有減弱的趨勢（參見：Schulman and Pomper 1975; Miller, Miller, Raine and Brown 1976; Nie, Verba and Petrocik 1976; Abramson 1975）。這些發現對投票行爲的理論，究具有怎樣的衝擊，學者之間似仍無一致的看法（參見：Niemi and Weissberg

---

[4] Campbell 等學者所發展的「漏斗因果模型」是將選民的投票取向區分爲政治性與非政治性，以及個人的與外在的兩個面向，然後再在時間的主軸上，觀察兩個面向所交互形成的四種投票決定的過程與態度。實際上他們所探討的仍在個人與政治的取向變數，也就是 Philip E. Converse(1975:113)所說的「近因且政治的變數上(proximal and political variables)。

1976:161-75）。

　　從以上的檢視，我們大體可以察覺西方學者無論在理論架構的建立及實證性的發現與驗證上，皆已提供相當的貢獻，但也留下若干問題與爭論，有待解決。對這些問題，我們也有一些基本的看法：

　　1.投票的態度取向具有時、空的因素，也就是說，會隨著時、空的變遷而改變。在這樣的情況下，我們很難僅據一時、一地選民投票的數項態度取向，建立一抉擇的通則或理論。以政黨認同說，美國具有兩黨政治的長期傳統，選民在投票時，會作習慣性的政黨選擇，所以還可一時用作理論架構的核心。但在欠缺此一傳統的地區，即難以適用。再進一步看，縱使具有兩黨政治的傳統，但因文化的相對性，選民也不見得視政黨認同為最重要的投票原因。如 Bradley Richardson(1974)即發現日本選民最主要的兩項投票取向是候選人與政黨；而候選人取向尤重於政黨認同。至於政見問題的影響，則微不足道。「文化的相對性」是空間的變異，這一變異在時間的流轉上，也同樣發生。如前所述，美國學者即發現近年來美國選民已不受政黨認同的籠罩，日漸取向政治問題。我們由此可知，如局限於數項投票取向以探求投票決定的通則，不僅不易，且對投票取向在整體政治過程中的實質意義，亦欠缺解釋的能力。

　　2.在性質上，投票決定是選民所從事的一種政治參與；政治參與則關係到整體政治體系的運作。因之，投票取向的實質意義實在於對政治體系的影響，而這也正是我們最應加以觀察的所在。我們如能據政治參與及體系運作的概念，發展投票取向的概念架構，就較易驗證假設，建立理論。譬如我們可因多數選民的取向政治問題，推論政治參與的昇高及體系壓力的增強。反之，我們也可因多數選民的非政治性取向，推論較低的政治參與及較少的體系壓力。根據這些推論，我們即可作進一步的驗證，並在時、空的面向上，對政治發展有所了解。

3.我們如據選民投票的政治取向觀察政治參與與體系運作的情況，就必得對整體政治體系的特質具有較周延的認識。美國學者近年來雖發現選民的投票偏向於政治問題，但在概念架構上，卻將政治問題限於政府的公共政策，也就是祇重體系內的決策及執行的功能，未能擴展到體系的規範結構及對體系的認同。這可能是由於歷史的經驗限制了觀察的視野，因美國久未產生政治認同及政治結構上的嚴重問題。事實上，我們如稍作跨文化的比較觀察，即可發現政治體系在基本結構上的差異，特別在民主政治體系與權威性政治體系之間。這種結構上的差異，很可能促使不同政治體系下的選民產生不同的投票動機與取向。在一個權威性政治體系逐漸過度到民主政治體系的轉變過程中，我們可以看到，既有的政治結構受到嚴重的衝擊，必得要進行調整以緩和環境的壓力。選舉在此時實施，本身就是一種舒解，但其中勢必充滿政治利益及觀念上的對立與衝突，而這些皆會使選民的投票取向趨於複雜。因之，我們對投票取向的觀察即無法限於一般決策的功能面，而須發展包括認同、結構在內的整體體系的概念架構。

4.如前所述，當一個政治體系發生結構上的轉變時，選民的投票取向會趨向複雜：不僅具有類別之分，也會產生層次之別。前者如政治取向之於非政治取向；後者如政治取向中的認同取向之於結構取向，或結構取向之於政策取向。但選民作實際決定時，卻會跨越類別及層次的差別，採取投票取向上的多重選擇，如既考慮候選人的政見，也考慮候選人的品德等。在整體體系的概念架構中，我們如能就複雜的取向，探究相互之間的關係及類型，定可加強對選民投票行為的了解，且可有助於投票理論的建立。

根據以上的看法，我們覺得對投票取向的觀察，應以政治體系的運作為中心概念，然後分割為以問題為對象的政見取向，以及非以問題為對象的非政見取向。在這兩類取向中，再按各別的性質，續分為

各種次級取向，以探討投票取向在政治參與上所特具的意義。本論文的主旨即在探尋各種取向的相對重要性，以及相互之間的關係與類型。觀察的對象是 1980 年 12 月所舉行的立法委員增額選舉中的臺北市選民。

二、研究設計與方法

我們所分劃的政見取向及非政見取向，如前所述，係針對政治體系中的政治問題而來。根據政治體系運作的層次，以及我們對候選人政見所作的內容分析，可進而將政治問題分成三種政見取向：(1)認同取向，(2)規範取向，(3)政策取向。我們另根據選民之間的各種關係，再分成五種非政見取向：(1)私人關係取向，(2)社會關係取向，(3)黨政關係取向，(4)候選人取向，(5)個人取向。選民在決定投票時，可能會考慮到多種因素，也就是會受到多種投票取向的影響。在各種影響中，還可能有先、後、輕、重之分。換句話說，各種取向之間，對投票的決定，會產生交互作用的相關關係，而呈現某種類型。在另一方面，各種取向之間也會存有相對的重要次序。我們的探究就是要涵蓋所有的這些關係及重要的次序。

在研究設計上，我們將上列的各種投票取向，再分為若干項，並製作量表施測。我們所運用的方式是訪談：先請受訪者據實說明那一項或那幾項因素影響自己的投票決定，然後再請排列這幾項因素的重要次序。受訪的選民可作一項或多項選擇，也可作 同等次序的排列。因政見取向牽涉到若干候選人所提出的較具體的政見，所以我們又特製一政見量表。假如受訪的選民選擇政見取向，就續請說明是贊成那一項或那幾項候選人的政見。我們對候選人的政見及受訪選民的選擇

情況，已另文分析（參見：胡佛 1982），不在本文的討論範圍之內，現僅將五種非政見取向所包涵的各個項目分列如下：

　　1.私人關係取向：共包括四項：(1)「由於家人或親戚的囑託」，(2)「由於朋友或同學的囑託」，(3)「由於師長或長輩的囑託」，(4)「由於鄰居的囑託」。

　　2.社會關係取向：共包括五項：(1)「由於所服務機關同事的囑託」，(2)「由於所參加團體會友的囑託」，(3)「由於是同鄉」，(4)「由於是同宗」，(5)「由於是校友」。

　　3.政黨關係取向：共包括五項：(1)「由於黨團組織的囑託」，(2)「由於是同黨黨員」，(3)「由於是無黨籍人士」，(4)「由於後備軍人組織的囑託」，(5)「由於鄰里長的囑託」。

　　4.候選人取向：共包括七項：(1)「由於品德」，(2)「由於過去的表現或成就」，(3)「由於所經歷的遭遇」，(4)「由於家世」，(5)「由於學識」，(6)「由於敢作敢當的勇氣（膽識）」，(7)「由於風度」。

　　5.個人取向：共包括兩項：(1)「由於發抒情緒」，(2)「由於個人的特別利益」。

　　我們採用二段抽樣法(two phases sampling)共抽取臺北市選民樣本計 954 人，並在 1981 年 2 月中旬作逐戶訪問。在 954 人的樣本中，投票樣本計 754 人（另不投票樣本 183 人，無效樣本 17 人），此即為本研究樣本的總數。有關抽樣的方法及量表的編製與測量等，請參見附錄一及二。

三、投票取向的結構

　　選民投票取向的結構，如分配次數、百分比及次序等，可見表一。表一共列六類投票取向，其中政見取向爲一類，非政見取向爲五類，即候選人取向、黨政取向、私人關係取向、社會關係取向及個人因素。此五類中，每類再分爲若干項目，連同政見取向，共得二十四個變項。現就六個類別來看，政見取向爲 38.7%，非政見取向的候選人取向爲 58.9%，黨政取向爲 21.0%，私人關係取向佔 17.1%，社會關係取向佔 10.0%，個人因素佔 9.8%。由此可知，在六個類別中，以候選人取向爲最多，其次爲政見取向，再依次爲黨政取向、私人關係取向、社會關係取向及個人因素。現再就二十四個變項看，政見取向與成就取向是其中最重要的兩項取向，各佔 38.7%；換言之，在臺北市投票的選民當中，約近五分之二的選民是分別根據這兩項因素作投票決定的。候選人的品德，則僅次於上述兩項因素；約四分之一的選民(24.4%)以此作爲投票決定的考慮因素。以下依次是候選人的學識(19.6%)、黨團的囑託(13.3%)、家人或親友的囑託(11.7%)、候選人的風度(11.7%)、候選人敢作敢當的膽識(8.4%)、同黨黨員的認同(7%)、發抒內心的情緒(6.8%)、個人特別利益的考慮(5.8%)、對候選人遭遇的同情(5.2%)、朋友或同學等同輩團體的囑託(4.4%)、同事的囑託(3.3%)、鄰居的囑託(3.2%)、同鄉的認同(3.2%)、里鄰長的囑託(2.8%)、所屬團體會友的囑託(2.4%)、校友的認同(2.1%)、由於是無黨籍人士(1.7%)、候選人的家世(1.7%)、師長的囑託(1.6%)、同宗的認同(1.1%)、後備軍人組織的囑託(0.7%)。

表一　選民的投票取向：次數、百分比及次序

	次數(n)	百分比(%)	次序
1.候選人取向	444	58.9	1
(1)成就取向	292	38.7	1
(2)品德取向	184	24.4	2
(3)學識取向	148	19.6	3
(4)風度取向	88	11.7	5
(5)膽識取向	71	8.4	6
(6)同情取向	39	5.2	10
(7)家世取向	13	1.7	17
2.政見取向	292	38.7	2
3.黨政取向	158	21.0	3
(1)黨團囑託	100	13.3	4
(2)政黨認同	53	7.0	7
(3)里鄰長囑託	21	2.8	14
(4)黨外取向	13	1.6	20
(5)後備軍人組織囑託	5	0.7	17
4.私人關係取向	129	17.1	4
(1)家族囑託	88	11.7	5
(2)同輩團體囑託	33	4.4	11
(3)鄰居囑託	24	3.2	13
(4)師長囑託	12	1.6	18
5.社會關係取向	76	10.0	5
(1)同事囑託	25	3.3	12
(2)同鄉囑託	24	3.2	13
(3)團體會友囑託	18	2.4	15
(4)校友認同	16	2.1	16
(5)同宗認同	8	1.1	19
6.個人因素	74	9.8	6
(1)發抒情緒	51	6.8	8
(2)利益考慮	44	5.8	9

N=754

　　從以上的次數分配，我們可以看出，那些取向較受選民的重視，以及那些取向較不受選民的重視。但單憑次數分配並不必然盡能了解

各項取向之間的相對重要性。因之，我們尚需觀察選民對投票取向重要性的考慮。現將臺北市選民認為最重要的十項列出如表二。其他取向由於在最重要的次數上甚少，缺乏重要的影響力，故不予列入。

表二　選民最重要的投票取向：次數、百分比及次序

	次數	百分比	次序
1.政見取向	216	28.6	1
2.成就取向	198	26.3	2
3.品德取向	99	13.1	3
4.黨團囑託	68	9.0	4
5.家族取向	68	9.0	4
6.學識取向	58	7.7	5
7.膽識取向	33	4.4	6
8.政黨認同	27	3.6	7
9.風度取向	24	3.2	8
10.利益考慮	19	2.5	9

N=754

　　根據表二，我們發現政見取向是所有取向中最具影響力的取向，計 28.6%的選民認為這是影響他們投票決定的最重要因素。其次是成就取向(26.3%)；再次是候選人的品德(13.1%)、黨團組織的囑託(9%)、家人及親友的囑託(9%)、候選人的學識(7.7%)、候選人敢作敢當的勇氣（即膽識）(4.4%)、同黨黨員的認同(3.6%)、候選人的風度(3.2%)，以及個人特別利益的考慮(2.5%)。

　　比較表一及表二可知，次數分配並不能精確地反映各項取向之間在重要性上的相對次序。在表一中，候選人的學識原居第三位，換言之，是僅次於政見取向、成就取向、候選人品德等取向之後，最為選民所考慮的因素(19.6%)，但在表二中，則降為第五，僅有 7.7%的選民視此為影響投票決定的重要取向。黨團動員與家族取向的兩項取向

則超前躍升爲第四。值得注意的是，在表一中，家族取向略次於黨團動員的因素，但在表二的重要性上，則變成二者不相上下，各佔9%。此外，候選人的風度取向，在表一中，原與家族取向不相上下，同佔11.7%，並列第五，但在表二的重要性上，則降爲第八。候選人敢作敢當的勇氣（膽識）與同黨黨員的因素，則躍升爲第六與第七。還有，在表一中原列爲第八及第十的發抒情緒及同情取向，在表二的十名重要取向上，皆未能列入。而原列第九的利益考慮，在重要性上則仍列第十。

　　進一步分析上述的發現，我們可以作以下的幾點討論：

（一）候選人取向：

　　根據我們的發現，候選人取向在六個分類的次數上爲最多，此類共包括七個分項，即候選人的過去的表現與成就、品德、學識、風度、敢作敢當的勇氣、所經歷的遭遇、家世等。根據表二，在影響選民投票決定的十項重要取向中，其中五項即屬候選人取向，依次是：(1)過去的表現與成就，(2)品德，(3)學識，(4)風度，(5)敢作敢當的勇氣。選民如此重視候選人的特質，很可能是受傳統「選賢與能」觀念的影響。從這些發現中，我們不難看出選民心目中的理想中央民意代表，那就是：若不考慮其政治立場，首先必須具有在政治上或社會上的很好表現與成就，其次品德要好；至於候選人學識的高低，亦有約五分之一的選民加以考慮，但真正視爲最重要的因素的，僅約十三分之一。由此可知，在一般選民的心目中，候選人學識因素固然重要·但大都當作一種輔助性質的因素。候選人的品德比學識重要，似乎顯示選民在心理取向上寧可選擇道德高尚而能力平庸的候選人，而不願選擇知識豐富而道德低落的候選人。除了以上三項特質之外，候選人敢作敢

當的勇氣，是較受選民重視的特質；約有十二分之一的選民，認爲這是影響其投票決定的重要因素之一；但僅有二十三分之一的選民認爲這是影響其投票決定的最重要因素。所謂「敢作敢當的勇氣」的實質意義是指候選人不懼權勢，敢於批評又勇於負責的特性。這項特性表現在競選過程中，則是指勇於向禁忌挑戰，奮不顧身地批評、指責政治及社會中不合理的現象等。從我們的發現中可知，敢於批評政治社會現況的候選人，祇是少部分選民（二十三分之一）心目中的英雄。候選人的風度，也是候選人重要的特質之一，主要包括口才、儀表等。嚴格說來，風度並非政治性的因素，卻受到約九分之一選民的重視，但真正認爲這項取向是影響其投票決定的最重要因素的，僅佔 3.2%，低於三十分之一。由此可見，候選人風度，對選民來說，充其量不過是一參考性的因素，對投票決定的影響相當微弱。

（二）政見取向：

國內可能有人會有一種印象，即選民的水準不太高，大都受非政治因素的影響而投票，也就是真正能考慮候選人的政見及其他條件，作爲投票依據的很少。換言之，在有些人的想像中，政見取向的選民並不多，而政見取向也非影響選舉結果的重要變數。但據我們的研究發現，上述的印象並不是正確的。政見取向不僅在所有投票取向中，影響選民投票決定次多的變數，在重要性上卻是影響選民投票決定最強的因素。在國外的研究，特別是歐、美地區，問題取向往往不是影響選民投票決定的最重要變數。即使在美國的 1970 年代前後，問題取向的投票(issue voting)雖節節上升，而政黨認同的影響力逐漸減弱，但問題取向的影響力，仍然屈居政黨認同與候選人取向之後(Pomper 1975:186-209)。但我們對臺北市選民的研究，卻發現問題取向的投票，

是影響選民投票決定的最重要變數，這是很值得重視的。根據我們的推斷，其原因可能有三：

1.政治衝突的性質：政治衝突是任何政治體系內部不可避免的正常現象。若我們將政治的功能視爲一種對社會價值的權威性分配，那麼政治衝突即是政治體系的成員（個人或團體）之間，爲爭取更多的價值(values)，而根據共同接受的規則，所從事的競爭過程。政治權威階層乃成爲政治衝突的仲裁者。這種政治衝突是在政治結構的共識基礎上進行，所以在性質上是一種體系內(within the system)的競爭。因之，不論這種衝突的強度如何，在本質上還是溫和的，不至於引發政治體系的危機，造成政治不穩或生存受到威脅的根本問題。在民主政治基礎深厚的國家，如英、美、法等國，選舉競爭莫不在民主憲政的軌道上運作，也就是說，競選過程中論辯的主題(issues)，皆是在肯定既有政治結構的基礎上進行的。但在我國臺灣地區的選舉，論辯的主題主要集中在政治結構的層面，這使得選舉過程充滿緊張的氣息。在另一方面，也迫使更多的選民關注這些攸關體系維持與變遷的政治問題。政治衝突的層次，昇高到政治體系權力運作的規範層面時，已經不再是體系內的衝突，而是對體系(of the system)的衝突。由於在1980年立法委員的選舉中，執政黨與無黨籍人士候選人論辯的主題，主要集中在基本政治結構與規範，乃使政見取向的選民佔 38.7%的相當大的比例；同時也使政見取向的投票，成爲影響選舉決定的最重要因素。

2.內外政治環境的衝擊：1980 年中央民意代表選舉的政治背景，一是中美斷交，一是高雄事件。這種內外環境的嚴重挑戰，使得政治體系的成員警覺到系統危機的存在。一部份成員進而趨向於追求絕對的國家安全，摒棄任何革新政治現狀的提議；而一部份成員，則趨向以革新政治結構，作爲因應環境挑戰的具體措施；於是擴大政治參與，建立制衡力量等，乃成爲革新政治的主要目標，而這兩種傾向的相激

相盪，一方面徹底表現在競選過程之中，另方面乃激起更多選民的關注。

　　3.政黨制度的傳統：一般說來，在西方國家的國會議員選舉，問題取向並非是最重要的因素，但在我國卻成為關鍵性的因素，此絕非一很尋常的現象。但以美國國會議員的選舉看，對選局具有決定性影響的長期因素是政黨認同，至於議員的政策立場則是所謂的短期因素，而且是很次要的(Niemi and Weissberg 1976:237-46)。再看多黨制的法國國會議員選舉，也有類似的情況，縱使政黨認同的力量在法國比美國弱(Converse and Dupeux 1966:277-83)。但據 Roy Pierce(1981:117-34)最近的研究，派系偏好仍是影響法國選民投票方向的極重要因素。他指出派系偏好的因素不僅對法國選民的投票決定具有獨立的影響力，並且比「左派─右派的認知」更具重要性。

　　美國的兩黨制及法國的多黨制，皆具有長期而深厚的傳統，很可能在習慣上形成選民的政黨認同，而較少注重政治問題。我國雖然具有一黨執政的長期經驗，但較為缺乏兩黨或多黨在競爭政權上的深厚傳統，此反會影響選民對政黨選擇及認同的專注，而相當程度地移向不同的政治問題。

　　以上所討論的，乃影響選民投票決定的五項候選人的特質取向；除此之外，候選人的遭遇及家世的因素，也很值得探討。在臺灣地區的各項選舉，從地方到中央民意代表，許多人認為同情的因素也是影響某些選民投票決定的重要因素之一。事實上，在過去的多次選舉中，有些候選人確曾以訴諸選民的同情作為競選策略的一部分，但這一策略，究對選民的投票決定具有多大的影響力，仍是疑問，何況，即使同情票是存在的，其意義也相當複雜。有些同情票可能純粹基於非政治性的考慮，但有些同情票則純粹是政治性的。當然，也可能同時包括政治性的與非政治性的。要精確地了解同情票的意義與性質，我們

首先必須釐清同情取向可能包含的幾個層次：

1.在競選經費的缺乏方面。

2.在公平待遇的缺乏方面。

3.在缺乏助選人員方面。

4.在生活處境的艱難方面。

5.在本身能力的缺乏方面。

這五個層次，實際可以再分為兩類：1.政治性的：包括上述的(2)、(4)；2.非政治性的：包括上述的(1)、(3)、(5)。根據表一，我們發現基於候選人的遭遇而投票的選民，佔選民總數的 5.2%。此顯示同情取向的投票比例並不高，約達十九分之一。依據我們的研究設計，凡是答稱是基於候選人的遭遇而投票的，則再問是基於上述五種同情因素層次中的那一種或那幾種。我們發現在 39 位認為候選人的遭遇是影響其投票決定的選民之中，29 位是基於缺乏公平待遇的因素（佔 74.35%）；20 位是基於候選人缺乏競選的經費（佔 51.28%）；19 位是基於候選人生活處境的艱難（佔 48.71%）；11 位是基於候選人缺乏助選人員（佔 28.2%）；僅有 5 位是基於候選人本身能力的不足（佔 12.82%）。從以上的統計可知，同情票的意義遠比一般人所想像的要複雜得多。在一般人印象中，所謂的同情票，主要係指對候選人競選經費的缺乏或本身能力的不足。根據以上的發現，在少數投同情票的選民當中，最大多數的選民並非基於候選人競選經費的缺乏，而是因為主觀上感覺有些候選人沒有獲得公平的待遇。此外，基於候選人本身能力不足的因素而投票的選民僅佔極少數。綜合來說，同情票的政治意義高於非政治意義，亦即政治的性質比非政治的性質來得顯著。不過，投同情票的選民僅佔選民總數的 5.2%；而且認為同情候選人的遭遇乃影響其投票決定的最重要因素的，也僅佔 0.9%。這些皆顯示同情的因素對

選民投票的影響微不足道。不過，這一因素仍高過於候選人家世的取向。從表一可知，祇有非常少的選民(1.7%)曾考慮候選人家世而投票；並且僅有 0.4%的選民視爲影響其投票的最重要因素。

（三）政黨動員與政黨認同：

在目前臺灣地區的政黨體系下，唯一具有組織動員能力的，僅有執政的中國國民黨。至於民社黨與青年黨的組織動員能力仍非常微弱。政黨動員，即政黨輔選，乃臺灣選舉過程中很重要的政治活動，但對選民的投票決定，究具何種程度的影響力？或者，純粹憑組織的力量，究能影響多少選民？根據表一及表二，約有 13.3%的選民受黨團組織的影響；而認爲這項因素是影響其投票決定的最重要因素的，亦佔 9%。從這些發現可知，政黨輔選的影響力似不如想像中大，但仍構成一不可忽視的力量。

政黨動員，主要是強調組織的角色；而政黨認同，則純粹是心理的現象。密西根大學「調查研究中心」(Survey Research Center)對政黨認同測量的題目是：「一般說來，你通常認爲自己是共和黨員、民主黨員、獨立人士，或其他？」假如是獨立人士，則進而詢問：「是較傾向於共和黨還是民主黨，或是不偏不倚的獨立人士？」假如是共和黨員或民主黨員，就進而再問：「是強烈的或較弱的？」(Campbell, Gurin, and Miller 1954:90-97)在歐洲的研究，測量的項目也大致雷同(Budge, Crewe, and Farlie 1976)。但在我們目前的政黨體系下，既欠缺強大的反對黨，而所謂獨立的黨外人士，在政黨的型態上，又難作明確的認定，所以對選民投票取向的測量，祇能作一般類別的分析，無法對獨立人士再作進一步的分析。

我們共選擇兩道題目測量選民投票的政黨認同：(1)因爲他（她）

是同黨黨員；事實上，即是中國國民黨黨員。(2)因為他（她）是無黨籍人士。我們從表一及表二可以發現，基於同黨黨員的因素而投票的選民，佔7%；而視這項因素為影響投票決定的最重要因素的，佔3.6%。根據這些發現可知，政黨認同的影響力相當薄弱。此外，從表一也可發現，基於候選人為無黨籍人士而投票的則更少，僅佔 1.7%；而以此為投票的最重要因素的，更微不足道。

總之，從上述的討論中，我們得知，政黨動員的影響力大於政黨認同；而政黨認同並非影響選舉結果的重要變數，甚至是一影響力相當薄弱的因素。

（四）初級團體：

從表一及表二可以發現，因受家人或親戚的囑託而作投票決定的，佔 11.7%；認為這項取向是最重要的因素的，佔 9.0%。由此可知，初級團體對選民投票的決定具有相當不可忽視的影響力。我國傳統文化，特別強調家人與親戚之間的親密關係，這一傳統當然在某一程度上會影響到選民的投票決定。

（五）個人因素的影響：

此處所謂的「個人的因素」，是指選民個人情緒性的因素與利益性的考慮，以下分兩方面加以討論：

1.情緒性因素：這一因素並不是指非政治性的情緒因素，而是指政治性的情緒因素。在性質上，情緒性因素的投票較不具穩定性，很可能因激發情緒的因素消失而消失。情緒性因素的投票所包含的意義也頗為複雜；並非所有情緒性的投票，皆具有相同的意義。但這種投票也有一共同點，即皆由政治環境中各種不同性質的刺激所引起的。

有些情緒性因素的投票，是基於對政治現狀的不滿，要求改革而遭受重大挫折所引起的，有些情緒性因素的投票，則是爲擁護現狀，反對變遷所引起。大致上，我們可以將情緒性因素的投票分爲兩類：一是正面的情緒性因素投票，一是負面的情緒性因素投票。但不論是正面的或負面的情緒性因素投票，皆可合而稱之爲情緒性因素的投票。根據我們研究的發現，基於爲發抒內心的情緒而投票的選民，佔 6.8%。

　　2.利益取向的投票：利益取向，一方面包含個人私利的考慮，另一方面亦包含公益上的考慮。在性質上，較屬於具體的利益，而較不具有抽象的或意識型態的心理取向。從表一可知，基於利益取向而投票的選民，佔 5.8%。根據我們的研究設計，利益取向的投票，可能包含以下七個要素，而這七個要素又可歸類成私利的與公益的兩個類別：(1)私利的因素：包括曾在過去接受他（她）的幫助、曾在過去接受協助他（她）競選者的幫助、最近曾接受過他（她）的利益或幫助、將來他（她）會對我有所幫助。(2)公益的因素：包括他（她）對地方公益有過貢獻、最近他（她）對地方公益有所貢獻、將來他（她）會對地方公益有所貢獻。根據我們的發現，利益取向的投票，主要是基於公益的因素，甚少基於私利的考慮。在 44 位基於利益因素投票的選民當中，37 位（約 84%），亦即超過六分之五的選民是基於「將來他（她）會對地方公益有所貢獻」的考慮而投票；二十八位（約 63.6%）選民，是基於「他（她）對地方公益有過貢獻」的考慮而投票；十位（約 22.7%）選民是基於「最近他（她）對地方公益有所貢獻」的考慮而投票。其他基於個人私利的考慮而投票的，非常少（約 10%），故不予討論。從以上的分析可知，利益取向投票的主要內容是對地方公益的考慮，但在所有影響選民投票決定的因素中，利益取向的因素，僅扮演相當次要的角色（佔 5.8%）；而且認爲利益取向因素乃影響投票決定的最重要因素的，僅佔 2.5%。

（六）其他因素的影響：

除了上述各種因素的影響外，尚有其他影響選民投票決定的因素，但皆屬很次要。從表一得知，這些因素所能影響選民的程度，全都低於 5%；而其中則以同輩團體的因素稍顯著。其他如同事、鄰居、里鄰長、師長（長輩）、團體會友等的囑託，以及同宗、校友、同鄉、後備軍人組織等因素，皆微不足道。而這些因素的共同特質，乃非政治的個人與社會關係，可見社會關係因素對選民投票決定的影響極為有限。

四、投票取向的相關分析

我們在上面分析了影響選民投票決定的多項重要變數，以及相互之間的相對重要性。從各項分析中，我們發現政見取向、候選人過去的表現、品德、學識、風度、膽識及其遭遇、政黨動員與政黨認同、初級團體的影響、個人情緒性因素與特別利益的考慮等，是其中最具影響力的幾項變數。我們現要進一步探討上述各影響投票決定的變數之間，究具有何種關係？經由相關分析，我們不僅可了解選民投票的關係模式，且可進而探尋投票態度的類型。對於這些投票態度變數之間關係的探討，我們將運用皮爾遜積差相關(Pearson product-moment correlation)分析法進行研析。相關分析的結果，可見表三。現分別加以討論如下：

表三　投票取向的相關係數（r值）

	1	2	3	4	5	6	7	8	9	10	11	12
1.家人或親戚的囑託	1.000											
2.黨團組織的囑託	-.045	1.000										
3.由於他是同黨黨員	-.087*	.226***	1.000									
4.由於他的成見或解決問題的辦法	-.152***	-.019	-.04	1.000								
5.他的品德	-.133***	-.098**	-.005	.029	1.000							
6.他過去的表現或成就	-.188***	-.103***	-.026	.004	.033	1.000						
7.他所經歷的遭遇	.007	-.015	-.003	.103**	-.068*	.114**	1.000					
8.他的學識	-.074*	-.036	-.015	.005	.339***	-.008	-.039	1.000				
9.他的風度	-.078*	-.016	.014	.028	.280***	.067*	.017	.407***	1.000			
10.他敢作敢當的勇氣	.006	-.050	-.016	-.036	.128**	.115**	.104**	.116**	.192***	1.000		
11.想發抒內心的情緒	-.025	-.028	.026	.162***	-.011	.079*	.280***	.029	.097*	.067*	1.000	
12.個人特別利益的考慮	-.028	.056	.110**	.100**	-.054	.018	.086*	-.047	-.012	-.019	.223***	1.000

N=674　*p<.05　**p<.01　***p<.001

（一）初級團體的影響與其他投票取向：

所謂初級團體的影響，是指家人或親戚對選民投票決定的影響。根據表三，初級團體的影響與其他投票取向之間，呈現如下的關係：

1.「家人或親戚的囑託」與「黨團組織的囑託」之間，呈現輕微的負相關，但沒有達到顯著的水準(r=-.045, p>.05)。

2.「家人或親戚的囑託」與「由於他是同黨黨員」之間，具有顯著的負相關(r=-.087, p<.05)。所謂「由於他是同黨黨員」的因素，性質上，乃是一種政黨認同的感情。初級團體的影響與政黨認同之間呈現顯著的負相關，是表示愈受初級團體影響的選民，愈不傾向因政黨認同的影響而投票；反之，愈是基於政黨認

同而投票的，愈不受初級團體的左右。

3.「家人或親戚的囑託」與「由於他的政見或解決問題的辦法」之間，具有極為顯著的負相關(r=-.152, p<.001)。所謂「由於他的政見或解決問題的辦法」，就是我們所稱的「政見取向」。上述初級團體的影響與政見取向之間呈極顯著的負相關，是表示愈受初級團體影響的選民，愈不傾向於因候選人的政見而投票；而愈是政見取向的選民，即愈不可能受初級團體的影響而投票。

4.「家人或親戚的囑託」與「由於候選人的品德」之間，具有極顯著的負相關(r=-.133, p<.001)。換言之，愈是受初級團體影響的選民，愈不傾向於因候選人品德的因素而投票；而愈是重視候選人品德因素的選民，則愈不容易受初級團體的影響而投票。

5.「家人或親戚的囑託」與「由於候選人過去的表現或成就」之間，具有極顯著的負相關(r=-.188, p<.001)。所謂「由於候選人過去的表現或成就」，我們可簡稱為「成就取向」。初級團體的影響與成就

取向之間呈現極顯著的負相關，是表示愈受初級團體影響的選民，愈不傾向因候選人的表現或成就而投票；而愈是成就取向的選民，則愈不可能受初級團體的影響而投票。

6.「家人或親戚的囑託」與「候選人過去所經歷的遭遇」（即同情因素）之間，不具有相關性(r=.007, p>.05)。

7.「家人或親戚的囑託」與「候選人的學識」之間，具有顯著的負相關(r=-.074, p<.05)。換言之，愈是受初級團體影響的選民，愈不傾向於因候選人的學識而投票；而愈是重視候選人學識因素的選民，則愈不易受初級團體的影響而投票。

8.「家人或親戚的囑託」與「候選人的風度」之間，具有顯著的負相關(r=-.078, p<.05)。換言之，愈受初級團體影響的選民，愈不傾向於因候選人的風度而投票；而愈是重視候選人風度的選民，則愈不易受初級團體的影響而投票。

9.「家人或親戚的囑託」與「候選人敢作敢當的勇氣」（即候選人膽識）之間，沒有相關(r=.006, p>.05)。

10.「家人或親戚的囑託」與「發抒內心的情緒」之間，具有輕微的負相關，但沒有達到顯著水準(r=-.025, p>.05)。

11.「家人或親戚的囑託」與「個人特別利益的考慮」之間，具有輕微的負相關，但沒有達到顯著水準 (r=-.028, p>.05)。

根據以上的發現，我們可以很清楚地看出，初級團體在選舉過程中，扮演一很獨特的角色，亦即對選舉決定具有獨特的影響力。

（二）政黨動員與其他投票取向：

所謂「政黨動員」，我們指的是「黨團組織的囑託」。關於這方面的討論，已如前述。根據表三，政黨動員與其他投票態度之間，呈

現如下的關係：

　　1.「黨團組織的囑託」與「由於他是同黨黨員」之間，具有極其顯著的正相關(r=.226, p<.001)。換言之，愈是受政黨動員影響的選民，也愈傾向於因政黨認同的因素而投票；而愈是具有政黨認同的選民，也愈易受政黨動員的影響而投票。

　　2.「黨團組織的囑託」與「由於候選人的政見或解決問題的辦法」之間，具有極輕微的負相關，沒有達到顯著水準(r=-.019, p>.05)。

　　3.「黨團組織的囑託」與「候選人的品德」之間，具有相當顯著的負相關 (r=-.098, p<.01)。換言之，愈是受政黨動員影響的選民，愈不傾於因候選人品德的因素而投票；反之，愈重視候選人品德的選民，愈不受政黨動員的影響。

　　4.「黨團組織的囑託」與「候選人過去的表現或成就」之間，具有相當顯著的負相關(r=-.103, p<.01)。換言之，愈是受政黨動員影響的選民，愈不傾向因候選人過去的表現或成就而投票；反之，愈是成就取向的選民，則愈不易受政黨動員的影響。

　　5.「黨團組織的囑託」與「候選人過去所經歷的遭遇」之間，沒有相關(r=-.003, p>.05)。

　　6.「黨團組織的囑託」與「候選人的學識」之間，具有輕微的負相關，但未達顯著水準(r=-.036, p>.05)。

　　7.「黨團組織的囑託」與「候選人的風度」之間，沒有相關(r=-.016, p>.05)。

　　8.「黨團組織的囑託」與「候選人敢作敢當的勇氣」之間，具有某種程度的負相關，但未達顯著水準(r=-.05, p>.05)。

　　9.「黨團組織的囑託」與「發抒內心的情緒」之間，具有輕微的負相關，但未達顯著水準(r=-.028, p>.05)。

　　10.「黨團組織的囑託」與「個人特別利益的考慮」之間，具有某

種程度的正相關，但未達顯著水準(r=.056, p>.05)。

　　根據以上的分析，我們對「政黨動員」的影響力，可得一較好的了解。首先，政黨動員如要發生有效的影響，相當程度地需要政黨認同的心理基礎。若缺乏這種心理基礎，政黨動員或組織的輔選，將倍感困難。其次，易接受政黨動員影響的選民，相當能遵從組織的指示，而少慮及私人的其他偏好。

（三）政黨認同與其他投票取向：

　　「政黨認同」在此是指基於「候選人是同黨黨員」的投票態度。根據表三，政黨認同與其他投票取向之間，呈現如下的相關關係：

　　1.政黨認同與政見取向的投票態度之間，呈現輕微的負相關，但未達顯著水準(r=-.04, p>.05)。

　　2.政黨認同與品德取向的投票態度之間，沒有相關(r=-.005, p>.05)。

　　3.政黨認同與成就取向的投票態度之間，沒有相關(r=-.076, p>.05)。

　　4.政黨認同與同情的投票態度之間，沒有相關(r=-.003, p>.05)。

　　5.政黨認同與學識取向的投票態度之間，沒有相關(r=-.015, p>.05)。

　　6.政黨認同與風度取向的投票態度之間，沒有相關(r=.014, p>.05)。

　　7.政黨認同與膽識取向的投票態度之間，沒有相關(r=-.016, p>.05)。

　　8.政黨認同與個人情緒的投票態度之間，沒有相關(r=.026, p>.05)。

　　9.政黨認同與個人利益的投票之間，具有相當顯著的正相關(r=.110, p<.01)。換言之，政黨認同愈強的選民，利益投票的傾向也愈強；而

利益投票傾向愈明顯的選民，政黨認同的傾向也愈強。

　　從以上的分析，我們可以較清楚地認識政黨認同投票的性質。我們如視政黨爲政治體系中執行利益匯聚功能的重要結構，政黨的政治主張即是反映政治體系中某部分成員的政治利益，特別是對具有強烈政黨認同的成員，更是如此。因之，當選民基於政黨認同的感情而投票時，很可能在平日即認同了政黨的政治主張，而不須等到選舉時再去注意同黨的候選人的政見立場。因之，在上述的分析中，我們發現政黨認同與政見取向之間，沒有顯著的相關。此外，政黨認同與候選人特質的投票取向之間，亦無任何相關，此顯示出具有強烈政黨認同的選民，視政黨的影響力高於一切，而在作投票決定時，不再考慮其他因素。

（四）政見取向與其他投票取向：

　　1.「由於候選人的取見或解決問題的辦法」與「候選人的品德」之間，沒有相關($r=.029$, $p>.05$)。

　　2.「由於候選人的政見或解決問題的辦法」與「候選人過去的表現或成就」之間　，沒有相關($r=.004$, $p>.05$)

　　3.「由於候選人的政見或解決問題的辦法」與「候選人所經歷的遭遇」之間，具有相當顯著的正相關($r=.103$, $p<.01$)。換言之，愈是政見取向的選民，愈傾向於因同情的因素而投票，而愈是因同情而投票的選民，也愈可能是政見取向的選民。

　　4.「由於候選人的政見或解決問題的辦法」與「候選人的學識」之間，沒有相關($r=.005$, $p>.05$)。

　　5.「由於候選人的政見或解決問題的辦法」與「候選人的風度」之間，沒有相關($r=.028$, $p>.05$)。

　　6.「由於候選人的政見或解決問題的辦法」與「候選人敢作敢當的勇氣」之間，具有輕微的負相關，但未達顯著水準(r=-.036, p>.05)。

　　7.「由於候選人的政見或解決問題的辦法」與「想發抒內心的情緒」之間，具有極顯著的正相關(r=.162, p<.001)。換言之，愈是政見取向的選民，愈是因為想發抒內心的情緒而投票；而愈是基於情緒性因素而投票的選民，也愈可能是政見取向的選民。

　　8.「由於候選人的政見或解決問題的辦法」與「個人特別利益的考慮」之間，具有相當顯著的正相關(r=.100, p<.01)。換言之，愈是政見取向的選民，愈是基於個人利益的考慮而投票；而愈是基於個人利益的考慮而投票者，也愈可能是政見取向的選民。

　　從以上的分析，我們對政見取向的投票特性，也可得一較深入的了解。其中最值得我們注意的是，政見取向的投票與同情的、情緒的、利益的投票取向之間，皆具有很顯著的正相關。要理解此種相關的意義，首先必須先對政見取向、同情取向、情緒取向與利益取向等投票的性質，有一基本的認識。如前所述，政見取向的投票，在這次選舉中之所以佔有次高的比率，相當程度地與政治論辯的主題有關；而政治論辯的主題，乃是針對今日政治體系基本結構的是否變革及如何變革而發，並非純粹地，如同歐美民主國家僅是一般政策上的論爭，如國防政策、外交政策或經濟政策等。因之，這種性質的論爭，實際上隱含了複雜的重大政治利益的衝突，同時也難以避免許多觀念上的衝突與情緒上的纏雜。這些正說明了為何政見取向與情緒的及利益的投票之間，會呈相當顯著的正相關。此外，政見取向與同情的投票之間所具的正相關，在了解同情票的複雜意義後，也是很容易理解的。誠如前面的分析，同情票含有政治的與非政治的雙重意義，但在這次選舉中，政治性的意義遠超過非政治性的意義，而根據我們的分析（胡佛 1982），投票支持無黨籍候選人的選民，遠比投票支持國民黨籍候

選人的選民，更傾向因同情的原故而投票；在投票支持無黨籍候選人的選民中，政見取向的選民即超過五分之二。同時，由於無黨籍人士是居於政治劣勢的少數派，因此也容易贏得部分政見取向選民的「政治同情」。

上述這種特殊的現象，相當程度地反映出當前選舉競爭的基本特性，以及政治體系所面臨的問題。除此之外，政見取向與其他候選人特質之間沒有相關的現象，也很明確地說明政見取向選民的投票，並不太考慮其他非政治的因素，例如候選人的品德、學識與風度等。

（五）品德取向與其他投票態度：

所謂「品德取向」，我們指的是基於「候選人的品德」而投票的態度。根據表三，「品德取向」與其他投票取向之間，呈現如下的相關關係：

1.品德取向與「候選人過去的表現或成就」之間，沒有顯著的相關($r=.033$, $p>.05$)。

2.品德取向與「候選人所經歷的遭遇」之間，具有顯著的負相關($r=-.068$, $p<.05$)。亦即愈是重視候選人品德的選民，愈不傾向因同情而投票；反之，愈是基於同情的因素而投票的選民，則愈不重視候選人的品德因素。

3.品德取向與「候選人的學識」之間，具有極其顯著的正相關($r=.339$, $p<.001$)。換言之，愈重視候選人品德的選民，也愈重視候選人的學識；反之，亦然。

4.品德取向與「候選人的風度」之間，具有極其顯著的正相關($r=.280$, $p<.001$)。換言之，愈重視候選人品德的選民，也愈重視候選人的風度；反之，亦然。

5.品德取向與「候選人敢作敢當的勇氣」之間，具有極其顯著的正相關(r=.128, p<.001)。換言之，愈是重視候選人品德的選民，也愈重視候選人的膽識。

6.品德取向與「發抒內心的情緒」之間，沒有顯著的相關(r=.011, p>.05)。

7.品德取向與「個人特別利益的考慮」之間，具有某種程度的負相關，但沒有達到顯著水準(r=-.054, p>.05)。

綜合上述的分析，可以發現一很明顯的事實，即重視候選人特質的選民，通常並非僅注重其中的某一項，而是同時會考慮其他數項。並且，注重候選人非政治特質的，例如品德、學識、風度等，即較可能不傾向同情而投票。

（六）成就取向與其他投票取向：

所謂「成就取向」是指基於「候選人過去的表現或成就」而投票的取向。根據表三，「成就取向」與其他投票取向之間，呈現如下的相關關係：

1.成就取向與「候選人所經歷的遭遇」之間，呈現相當顯著的正相關(r=.114, p<.01)。換言之，愈是成就取向的選民，也愈傾向於因同情而投票；而愈是基於同情的因素而投票的選民，也愈可能是成就取向的選民。

2.成就取向與「候選人的學識」之間，沒有顯著的相關(r=-.008, p>.05)。

3.成就取向與「候選人的風度」之間，具有顯著的正相關(r=.067, p<.05)。換言之，愈是成就取向的選民，也愈注重「候選人的風度」而投票；反之，亦然。

4.成就取向與「候選人敢作敢當的勇氣」之間，具有相當顯著的正相關(r=.115, p<.01)。換言之，愈是成就取向的選民，也愈重視候選人的膽識；而愈重視候選人的膽識的，也愈可能是成就取向的選民。

5.成就取向與「想發抒內心的情緒」之間，具有顯著的正相關(r=.079, p<.05)。換言之，愈是成就取向的選民，也愈傾向於因「發抒內心的情緒」而投票；反之，亦然。

6.成就取向與「個人特別利益的考慮」 之間，沒有顯著的相關(r=.018, p>.05)。

從以上的分析可知，成就取向與其他投票取向之間的相關關係，是很值得我們作進一步探討的。首先，我們可清楚地看出，成就取向一方面與某些候選人的特質，如品德、學識等，沒有相關；但在另一方面，則與另一些特質，例如風度、候選人的遭遇及膽識之間，具有顯著的相關，特別是與候選人的遭遇及膽識，具有相當顯著的正相關。從比較的觀點看，我們大致可取這麼說，成就取向的投票態度與非政治性的候選人特質的投票態度沒有相關，而與政治性的候選人特質的投票態度具有正相關。其次，成就取向的投票態度與個人情緒的投票態度之間具有顯著的正相關。這一情形，進一步反映出成就取向投票的政治性。如上所述，所謂「成就取向」是指候選人過去的表現或成就。選民對候選人的這種過去的表現或成就，很可能著重其一般性，而候選人的一般性表現，較易為選民所認知的，就是政治立場。例如，選民對某一候選人的印象，很可能只是：他是黨外，並且經常批評政府與國民黨；或他是很忠誠的國民黨的支持者，或者是一個開明的國民黨員等等。基於候選人的表現或成就而投票的選民，無疑的是贊成候選人這種表現，而其投票則是表示對候選人過去的表現的一種支持。

（七）同情的投票態度與其他投票取向：

1.「由於候選人所經歷的遭遇」與「候選人的學識」之間，具有輕微的負相關，但沒有達到顯著水準(r=-0.39. p>.05)。

2.「由於候選人所經歷的遭遇」與「候選人的風度」之間，沒有相關(r=.017, p>.05)。

3.「由於候選人所經歷的遭遇」與「候選人敢作敢當的勇氣」之間，具有相當顯著的正相關(r=.104, p<.01)。換言之，愈是基於同情的因素而投票的，也愈傾向於因候選人的膽識而投票；而愈是欣賞候選人敢作敢當的勇氣的，也愈可能基於同情的因素而投票。

4.「由於候選人所經歷的遭遇」與「想發抒內心的情緒」之間，具有極顯著的正相關(r=.280, p<.001)。換言之，愈是基於同情因素而投票的，也愈可能是為「想發抒內心的情緒」而投票。而愈是為「想發抒內心的情緒」而投票的，也愈傾向因同情的原故而投票。

5.「由於候選人所經歷的遭遇」與「個人特別利益的考慮」之間，具有顯著的正相關(r=.86, p<.05)。換言之，愈是基於同情因素而投票的，也愈可能基於「個人特別利益的考慮」而投票；反之，亦然。

同情的投票，根據前面的分析，所含有的政治性的意義遠超過非政治性的，我們在此又獲得進一步的肯定。同情的投票態度與個人的情緒、利益考慮，以及基於候選人的膽識等投票取向之間，皆具有顯著的正相關，而與其他非政治性的投票態度，例如候選人的學識、風度等等，則沒有相關性。這些皆有力地說明這種投票行為的模式。

（八）學識取向與其他投票取向：

1.學識取向與「候選人的風度」之間，具有極為顯著的正相關(r=.407,

p<.001)。換言之，愈注重候選人學識的選民，也愈注重候選人的風度；反之，亦然。

2.學識取向與「候選人敢作敢當的勇氣」之間，具有相當顯著的正相關(r=.116, p<.01)。換言之，愈注重候選人學識的選民，也愈傾向因候選人的膽識而投票；反之，亦然。

3.學識取向與「想發抒內心的情緒」之間，沒有顯著的相關(r=.029, p>.05)。

4.學識取向與「個人特別利益的考慮」之間，具有輕微的負相關，但未達顯著水準(r=-.047, p>.05)。

根據以上的分析，可以再度肯定我們在前面的發現，即注重候選人特質的選民，通常不是僅注重其中的某一項，而是同時注重其他各項的特質。

（九）風度取向與其他投票取向：

1.風度取向與「候選人敢作敢當的勇氣」之間，具有極顯著的正相關(r=.192, p<.001)。換言之，愈是重視候選人風度的選民，也愈傾向於因候選人的膽識而投票；反之，亦然。

2.風度取向與「發抒個人內心的情緒」之間，具有相當顯著的正相關(r=.097, p<.01)。換言之，愈是重視候選人風度的選民，也愈傾向個人情緒性因素而投票；反之，亦然。

3.風度取向與「個人特別利益的考慮」之間，沒有相關(r=-.012, p>.05)。

（十）膽識取向與其他投票取向：

1.膽識取向與「想發抒內心的情緒」之間，具有顯著的正相關(r=.067,

p<.05)。換言之，愈是欣賞候選人敢作敢當的勇氣的，也愈傾向於因「想發抒內心的情緒而投票」；反之，亦然。

2.膽識取向與「個人特別利益的考慮」之間，沒有相關(r=-.019, p>.05)。

（十一）情緒性投票與利益的投票：

根據表三，情緒性的投票取向與利益的投票取向之間，具有極顯著的正相關(r=.223, p<.001)。換言之，愈是基於個人情緒而投票的選民，也愈可能基於「個人特別利益的考慮」而投票；反之，亦然。

五、投票取向的類型

因素分析不僅可以釐清變數與變數之間的關係，並可進而建構變項的類型。我們特對廿四項投票取向的變數，進行因素分析(factor analysis)，結果如表四。

根據表四，我們發現在廿四項變數中，共抽離出五項因素，現逐一討論如下：

1.第一項因素：很明顯地，主要是由「由於他（她）的學識」、「由於他（她）的風度」、「由於他（她）的品德」等三種投票取向所構成。此外，「由於他（她）敢作敢當的勇氣」的取向，在本項因素上的負荷量達 0.352，顯示與本項具有頗密切的關係，但並非是主要的。至於其他投票取向在本項因素上的負荷量皆很低。本項因素的主要投票取向的性質，相當明確，我們可命名為「候選人取向」的因素。

2.第二項因素：主要是由「由於是同宗」、「由於是校友」、「由於是同鄉」等三種投票取向所構成。此外，「由於他（她）是無黨籍

人士」與「由於所參加團體會友的囑託」等兩種投票取向，在本項因素上的負荷量，亦分別達 0.429 與 0.408，此顯示出這兩種投票取向與本項因素之間，具有相當密切的關係。從構成這項因素的主要投票取向的性質看，我們可將這項因素稱為「社會關係取向」的因素。

表四　投票取向的因素分析

	候選人取向	社會關係取向	政見暨情緒取向	順從取向	政黨取向	共同性 (R²)
1. 由於他(她)的學識	0.734	-0.004	-0.119	0.196	0.041	0.593
2. 由於他(她)的風度	0.685	0.084	0.053	0.098	-0.010	0.489
3. 由於他(她)的品德	0.663	0.048	-0.094	-0.044	0.020	0.453
4. 由於是同學	0.059	0.731	-0.030	-0.075	-0.153	0.566
5. 由於是校友	0.103	0.574	-0.008	0.062	0.110	0.356
6. 由於是同鄉	0.006	0.561	-0.064	-0.174	-0.328	0.455
7. 由於想發抒內心的情緒	0.006	0.119	0.678	0.119	-0.064	0.492
8. 由於他(她)所經歷的遭遇	-0.070	-0.052	0.625	0.379	-0.183	0.576
9. 由於他(她)的家世很好	0.234	-0.150	0.157	0.674	0.092	0.564
10. 由於後備軍人組織的囑託	0.096	0.271	-0.018	0.515	0.088	0.355
11. 由於黨團組織的囑託	-0.026	0.019	0.039	-0.017	0.524	0.278
12. 由於他(她)是同黨黨員	-0.122	-0.100	-0.070	0.142	0.519	0.320
13. 由於他(她)是無黨籍人士	0.010	0.429	0.075	0.179	0.031	0.223
14. 由於里鄰長的囑託	0.160	-0.027	-0.126	0.336	-0.077	0.162
15. 由於候選人的政見	0.030	-0.129	0.476	-0.046	0.082	0.254
16. 由於師長(或長輩)的囑託	0.041	0.294	-0.057	0.315	0.320	0.292
17. 由於候選人過去的表現或成就	0.141	-0.021	0.328	-0.141	-0.130	0.129
18. 由於鄰居的囑託	-0.304	0.077	-0.014	0.284	-0.413	0.350
19. 由於所服務機關同事的囑託	-0.064	0.126	-0.122	0.112	0.349	0.170
20. 由於家人或親戚的囑託	-0.289	0.089	-0.259	0.253	-0.438	0.415
21. 由於朋友或同學的囑託	-0.160	0.001	0.078	0.394	0.041	0.189
22. 由於他(她)敢作敢當的勇氣	0.352	0.107	0.133	0.080	-0.187	0.194
23. 由於所參加團體會友的囑託	-0.007	0.408	0.130	-0.155	0.211	0.252
24. 由於個人特別利益的考慮	-0.161	0.159	0.454	-0.010	0.099	0.267
固有值(Eigenvalues)	1.949	1.831	1.601	1.596	1.452	

N=674;　☐：0.45 以上　⌐¬：0.25 以上 0.45 以下

3.第三項因素：主要是由「想發抒內心的情緒」、「由於他（她）所經歷的遭遇」、「由於候選人的政見」、「由於個人特別利益的考慮」等四種投票取向所構成。其他各種投票取向，在本項因素上的負荷量都很低。乍看之下，這四種投票取向結合成一類因素，頗難理解。但經仔細地分析後，我們即可發現其中實隱含著很微妙的道理，此在分析這幾個取向之間的相關關係時，已作說明。實際上，這種結果是源於選舉過程中政治辯論的性質。由於選舉時的政治辯論主要是環繞著基本政治結構與規範的主軸進行，這使得政治競爭趨向很不尋常的緊張狀態，且往往會引起很情緒化的反應。此外，部分選民對這種特殊的政治競爭，也往往會同情較弱的一方，而有些選民則可能在主觀上感覺這類辯論與競爭，會影響公共的或私人的利益。總之，從構成這項因素的主要投票取向的性質看來，我們可命名為「政見暨情緒取向」的因素。

4.第四項因素：主要是由「由於他（她）的家世很好」、「由於後備軍人的囑託」等兩種投票取向所構成；此外，「由於他（她）所經歷的遭遇」、「由於朋友或同學的囑託」、「由於鄰居的囑託」、「由於里鄰長的囑託」、「由於家人或親戚的囑託」及「由於師長（長輩）的囑託」等數種投票取向，在本項因素上的負荷量，分別達到 0.379、0.394、0.284、0.336、0.253 及 0.315，此顯示出這數種投票取向與本項因素的關係頗為密切。這一因素中的各有關投票取向，無論為家世及身世遭遇上的考慮，或對各種囑託的考慮，皆相當具有身份上的順從性，因之，我們可稱之為「順從取向」的因素。

5.第五項因素：主要是由「由於黨團組織的囑託」、「由於他（她）是同黨黨員」等兩種投票取向所構成。此外，「由於所服務機關同事的囑託」、「由於師長（長輩）的囑託」等兩種投票取向在本項因素上的負荷量，分別達到 0.349 及 0.320，顯示與本項因素也有相當密切

的關係。就構成本項因素的主要投票取向的性質來看，我們可以很明確地稱之爲「政黨取向」的因素。

從以上的分析，我們可以知悉，影響選民投票決定的變數，可以歸成五個因素，即：「候選人取向」、「社會關係取向」、「政見暨情緒取向」、「順從取向」及「政黨取向」。這五類因素也就是我們所要探尋的取向類型。

再進一步看，各項投票取向歸成五個因素後，因素之間又會呈現怎樣的關係？也就是說，五個取向類型之間究具有怎樣的相關？我們乃就此五類因素再作相關分析，所得的相關係數，可見表五。

表五　投票取向各類因素間的相關係數（r值）

	候選人取向	社會關係取向	政見暨情緒取向	順從取向	政黨取向
候選人取向	1.000				
社會關係取向	-0.071*	1.000			
政見暨情緒取向	0.069*	-0.023	1.000		
順從取向	-0.104**	0.146***	-0.123***	1.000	
政黨取向	-0.087*	0.024	-0.035	-0.041	1.000

N=674　　　*p<.05　　**p<.01　　***p<.001

我們從表五可獲得以下的發現：

1.「候選人取向因素」與「社會關係取向因素」、「順從取向因素」，以及「政黨取向因素」之間，皆呈現顯著的負相關，但與「政見及情緒取向因素」之間，則具顯著的正相關。由此可知，選民據候選人本身條件所作的投票決定，一方面不受既有的社會關係及人情順服的牽制，另一方面也不受政黨的影響，相當具有獨特性。但這一類型的選民卻在某種程度上兼重政見及情緒取向。這兩類取向因素的結

合，實構成我國選民投票行爲的最大影響力。

2.「社會關係取向因素」與「順從取向因素」之間，呈現極顯著的正相關，而與「政見反情緒取向因素」及「政黨取向因素」之間，沒有相關。社會關係取向與順從取向，在性質上皆是非政治性的從眾的取向，不過後者較重權威與人情。這兩個因素類型的呈現正相關，更可證實這一屬性的存在與作用。

3.「政見及情緒取向因素」與「順從取向因素」之間具極顯著的負相關，而與「政黨取向因素」沒有相關。政見及情緒取向相當發自獨立的自我心態，此與順從取向的從眾心態，具有根本屬性上的差異，兩者之間自然會呈現負相關。在另一方面，取向政見及情緒的選民，似乎與政黨不發生緊密的關係，此可能如我們在前面所說的，與我國政黨制度有關。

六、結　論

從以上的各項發現與討論，我們對臺北市選民在投票取向結構及類型上的特質，大致已可獲致相當的了解，現再作數點綜合的說明：

1.在所有的各項投票取向中，候選人取向及政見取向是最具影響力及重要性的兩項因素。我們從選民的著重政見取向，可以看出選民對政治參與的自覺，以及在程度上昇高的趨勢。在另一方面，政見取向與情緒、同情及特殊利益等取向，具有相當顯著的積極相關，且結合成一個因素類型，我們由此也可看出，取向政治問題的選民，不僅具有感情上的執著，而且也具有現實利益上的衡量。這些皆會增長政見取向的強度及韌性。目前政治問題的爭論已發展到體系本身的結構，甚至對體系的認同，如這一取向的強度及韌性增長，可能使爭論僵化，

進而造成政治體系的緊張與不安。在這樣的情況下，對結構規範作適度的改革，使爭執的層次降落到體系內的決策功能面，應有助於政局的長期穩定。

2.選民對候選人取向的重視，很可能受到中國傳統文化強調人治及德治，如選賢與能等觀念的影響。在因素分析中，候選人的品德、學識、風度及膽識等取向，共合成一個類型因素，即可加以證實。這四個賢能的取向，在相關分析上，除相互具有顯著的正相關外，與其他投票取向多無顯著的正相關，甚且呈現若干顯著的負相關。作爲一個類型因素，也僅與政見及情緒取向的類型因素具顯著的正相關，而與其他三個取向類型因素（社會關係取向、順從取向及政黨取向）皆呈現顯著的負相關。由此可見，這一類型因素具有相當的獨特性。候選人取向中的另一項取向，即成就取向，對選民的投票決定具有極重要的影響力，僅略次於政見取向。這一取向，在相關分析上，也相當獨特，與其他取向皆大多無相關。但在因素類型上，卻相當程度地結合政見及情緒取向，成另一類型因素。在中國傳統文化及現實政治發展的影響下，候選人取向及政見取向將是我國選民在投票行爲上的長期而獨特的重要因素。

3.政黨取向的類型因素，主要是執政黨，亦即國民黨的動員及認同等兩個取向的結合。至於選民對黨外人士的認同，則歸在社會關係取向的類型因素。換言之，黨外認同相當具有社會關係的特質。這也就是說，選民對黨外人士的態度，目前似還未超越社會關係特質，在政治上形成一明確的政黨認同。這些皆可能使得政黨認同在現時不能成爲最重要取向的原因。　（本文由作者與游盈隆教授合作完成，原載《政治學報》，第 11 期，1983 年 12 月，頁 225-79；所運用的資料係根據作者主持的《臺北市選民的選舉研究：民六十九年增額中央民意代表選舉之分析》專題研究。）

參考文獻

胡佛，1982，〈政見取向的選民〉，「近代中國的變遷與發展」研討會論文，中國時報主辦。

Abramson, Paul A. 1975. *Generational Change in American Politics.* Lexington, Mass.: Heath.

Berelson, Bernard R., Paul E. Lazarsfeld, William McPhee. 1954. *Voting.* Chicago: University of Chicago Press.

Budge, Tan, Ivor Crewe and Dennis Farlie (eds.) 1976. *Party Identification and Beyond: Representation of Voting and Party Competition.* New York: Wiley.

Campbell, Angus; Gerald Gurin, and Warran E. Miller. 1954. *The Voter Decides.* Evanston, Ill.: Row, Peterson.

Campbell, Angus, Philip E. Converse, Warran E. Miller, and Donald E. Stokes. 1960. *The American Voter.* New York: Wiley.

Converse, Philip E. 1966. "The Concept of a Normal Vote." In Angus Campbell, Philip E. Converse, Warran E. Miller, and Donald E. Stokes. *Elections and Political Order.* New York: Wiley.

Converse, Philip E. 1975. "Public Opinion and Voting Behavior." In Fried I. Greenstein and Nelson W. Polsby (eds.) *Handbook of Political Science.* Reading, Mass.: Addison-Wesley, 4:75-170.

Converse, Philip E. and Geodges Dupeaux. 1966. "Politicization of the Electorate in France and the United States." In Angus Campbell, Philip E. Converse, Warran E. Miller and Donald E. Stokes. *Elections and Political Order.* New York: Wiley.

Davis, Morris. 1958. "Franch Electoral Sociology." *Public Opinion Quarterly* 22: 35-55.

Janowitz, Morris and Warren E. Miller. 1952. "The Index of Political Predisposition in the 1948 Election." *Journal of Politics* 14:723.

Key, V. O. 1966. *The Responsible Electorate: Rationality in Presidential Voting, 1936-1960*. Cambridge, Mass.: Harvard University Press.

Lazarsfeld, Paul E., Bernard Berelson, and Hegel Gaudet. 1944. *The People's Choice*. New York: Columbia University Press.

Miller, Arthur, Warran E. Miller, Alden S. Raine, and Thad A. Brown. 1976. "A Majority Party in Disaray: Policy Polarization in the 1972 Election." *American Political Science Review* 70: 753-78.

Nie, Norman H., Sidney Verba, and John R. Petrocik. 1976. *The Changing American Voter*. Cambridge, Mass.: Harvard University Press.

Niemi, Richard G. and Herbert F. Weissberg. 1976. *Controversies in American Voting Behavior*. San Francisco: Freeman.

Pierce, Roy. 1981. "Left-right Perceptions, Partisan Preferences, Electoral Participation, and Partisan Choice." *Political Behavior* 3(1):117-34.

Pomper, Gerald. 1975. *Voters' Choice: Varieties of American Electoral Behavior*. New York: Dodd Mead.

Ranney, Austin. 1962. "The Utility and Limitations of Aggregate Data in the Study of Electoral Behavior." In Austin Ranney, eds. *Essays on the Behavioral Study of Politics*. Urbana, Ill.: University of Illinois Press, 91-102.

Robinson, W. S. 1950. "Ecological Correlation and the Behavior of Individuals." *American Political Science Review* 15:351-57.

Richardson, Bradley M. 1974. *The Political Culture of Japan*. Berkeley:

University of California Press.

Schulman, Mark A. and Gerald M. Pomper. 1975. "Variability in Electoral Behavior: Longitudinal Perspectives from Causal Modeling." *American Journal of Political Science* 19: 393-417.

附錄一　抽樣的程序及方法

我們對選民投票的行為觀察，是以臺北市選民為對象。首先，我們根據臺北市人口結構（省籍與職業的結構）、區域發展先後（包括區域結構的特質）及區域地理位置（如市區、郊區等）等三項標準，將臺北市十六個行政區域中性質接近的分成一類，如此共分成三類。我們再從這三類區域當中，各擇一適當的行政區域，而共得三區，分別是大安區、龍山區、內湖區。三個行政區域選定後，我們再就這三個區域的選舉人名冊作系統的隨機抽樣，所獲得的樣本，即可代表全體臺北市選民。在抽樣方法上，我們採取二段抽樣法(two phases sampling)。上述三區選民總數達 238,542 人，我們根據三區人口的比率，各抽取廿五分之一，共得 9540 個樣本。這個樣本是我們第一段的樣本母體。然後，我們再根據第一段的樣本母體，依照系統隨機抽樣的原則，再取十分之一，共得樣本總數 954 個，作為實際觀察的對象。這種兩段抽樣法，可供給我們九倍的預備樣本，如遇到不能訪問的選民，就可隨機作多次的補充抽樣，這是本研究在抽樣上的一項特色。

在抽出實際要觀察的對象後，我們隨即在 1981 年 2 月中旬開始進行調查訪問的工作。我們的訪問是採取逐戶拜訪與面談。約經一個月左右的時間，初步的訪談始告結束。之後，研究小組的成員即對收回的問卷進行極為嚴格的檢查與整理，凡是不完整的或發現有問題的問卷，即予挑出，作第二次的再訪。經再訪的樣本高達四百份左右，約佔投票樣本總數的 53%。這項再訪工作，在四月上旬展開之後，於六月初始告完成。我們在設計研究時，特別感覺研究的信度十分重要，這對敏感度較高的政治行為的研究尤為必要。當時研究小組雖感覺儘管作再測信度(test-retest reliability)的檢定相當費時、費力，成本也高，但我們仍在再訪工作進行的同時，在投票選民的有效樣本(754)中，隨

機抽取其中 15%，作再測信度的檢定。我們所獲的信度係數超過 0.8，可見信而可徵。

當整個再訪工作結束之後，研究小組再一次對所有問卷進行審慎的最後檢查，剔除其中 17 份有問題的問卷，共得 937 份有效問卷，包括投票樣本 754 份，不投票樣本 183 份。整體說來，在 954 份預期收回的問卷中，有效問卷所佔比率，高達 98.22%。現將本文所分析的投票樣本的選民個人背景，列於下表：

樣本的結構

	次數(n)	百分比(%)
性　別		
男	393	52.47
女	356	47.53
年　齡		
20-29	215	28.52
30-39	180	23.87
40-49	120	15.92
50-59	133	17.64
60 以上	106	14.05
教　育		
大學以上	159	21.66
專科	101	13.76
高中（職）	172	23.43
初（國）中	90	12.26
小學	138	18.30
識字未入學	23	3.13
不識字	51	7.46
省　籍		
本省	437	58.27
外省	313	41.73
居住地		
大安區	505	68.00
龍山區	103	13.86
內湖區	135	18.14

附錄二　量表的編制與測量

　　我們共編製了政見取向及非政見取向的量表。由於影響選民投票的變數很多，通常並不止一個，因此，首先，我們允許受訪者陳述一項至多項影響其投票的變數。其次，在受訪者陳述影響其投票的多項變數後，我們乃進一步請受訪者就影響其投票的多項變數，依個人自覺的重要性作先後次序的排列。當然，受訪者也很可能難分重要性的軒輕或感覺其中的兩項或三項乃同等重要。在這種狀況下，我們也允許受訪者作同等重要的排列。第三，多重選擇與重要次序的排列，皆運用到各類變數的施測。唯對政見態度的施測，除了多重選擇與重要次序的排列等兩種方法外，尚運用「李克特測量法」(Likert scale)。受訪者對候選人的政見，可有強烈贊同、中度贊同、輕微贊同、輕微不贊同、中度不贊同及強烈不贊同等六種不同強度的正面或負面的反應。強烈贊同的，給六分，強烈不贊同的給一分。介乎其中的，則分別給與五、四、三、二等分數。基本上，多重選擇亦是一種「是或不是」的問題。例如，當受訪者被問及，為何投票支持所選舉的候選人？他很可能說出多種原因，如候選人的政見、成就、品德、學識等等，而非由於家人或親友的囑託等。換言之，多重選擇所獲得的資料，是一種類名尺度(nominal scale)。若再進一步將多項變數作重要先後次序的排列，由此所得到的資料則係次序尺度(ordinal scale)。但就重要性的高低延續的意義上來看，我們也可以視作一種等距的尺度(interval scale)。

　　我們利用 「社會科學套組程式」(Statistical Package For The Social Sciences，簡稱 SPSS)及「生統電腦程式」(Biomedical Computer Programs P-Series，簡稱 BMDP)，進行統計分析。所運用的統計方法包括皮爾

遜相關分析(Pearson product moment correlation)、變異數分析
(ANOVA)、多變項列聯表分析(multi-variate contingency table)、因素分
析(factor analysis)、卡方檢定(Chi-square test)等。

我們對選民的整體投票取向，共列二十四個選擇題及一個任意回
答題。針對這些題目，我們在訪問時，共詢問兩個問題（先問第一題，
再續問第二題）。

1.您選舉他（她）為立法委員，一定是有道理的；請您仔細地想一想，
　最後您為什麼投票給他（她）？
2.請問在您所選舉的投票原因中，那一種（或那幾種）是最重要的、
　或次重要的等等。（請用 1.2.3.4....等數字說明；同等重要的，請用
　相同的數字）
各項選擇題目如下：
甲、私人關係：
　1.由於家人或親戚的囑託。
　2.由於朋友或同學的囑託。
　3.由於師長（或長輩）的囑託。
　4.由於鄰居的囑託。
乙、社會關係：
　5.由於所服務機關同事的囑託。
　6.由於所參加團體會友的囑託。
　7.由於是同鄉。
　8.由於是同宗。
　9.由於是校友。
丙、政治關係：
　10.由於黨團組織的囑託。
　11.由於他（她）是同黨黨員。

12. 由於他（她）是無黨籍人士。

13. 由於後備軍人組織的囑託。

14. 里鄰長的囑託。

丁、候選人的政見：

15. 由於他（她）的政見或解決問題的辦法。

　＊若是依政見投票，則繼續回答政見量表（見後）。

戊、候選人的條件：

16. 由於他（她）的品德。

17. 由於他（她）過去的表現或成就。

　＊若是依表現或成就投票，則繼續回答表現及成就量表（略）。

18. 由於他（她）所經歷的遭遇。

　＊若是依候選人的遭遇投票，則繼續回答同情量表（略）

19. 由於他（她）的家世很好。

20. 由於他（她）的學識。

21. 由於他（她）的風度。

22. 由於他（她）敢作敢當的勇氣。

己、個人的因素：

23. 由於想發抒內心的情緒。

　＊若是為發抒內心的情緒而投票，則繼續回答情緒量表（略）

24. 由於個人特別利益的考慮。

　＊若是因個人特別利益的考慮而投票，則繼續回答利益量表（略）

庚、其他或特殊事例

25. 請註明 ＿＿＿＿＿＿＿＿。

政見量表的各項題目如下：

1. 提高我國在國際上的地位。
2. 擁護政府，光復大陸。
3. 爭取本省同胞的地位與榮譽。
4. 鞏固領導中心，維護政治安定。
5. 反對官僚政客的政治特權。
6. 全面擴大政治參與，增加民意代表的選舉名額。
7. 依據國情，逐步實現民主。
8. 放寬言論尺度，爭取言論自由。
9. 維持社會和諧，嚴禁不當言論。
10. 改善審判的公平與獨立，以確保人權。
11. 維護社會秩序，反對暴力政治活動。
12. 建立制衡力量，防止政治腐化。
13. 集中政治權力，強化行政效能。
14. 提高軍公教人員的待遇。
15. 大量興建國民住宅，使住者有其屋。
16. 澄清吏治，肅清貪污。
17. 縮短貧富差距，改善低收入民眾生活。
18. 實施全民失業及醫藥保險，加強社會福利。
19. 妥善照顧退役官兵、後備軍人及軍眷生活。
20. 其他（請註明 ＿＿＿＿＿＿＿＿）。

選民的政見取向
～結構、類型與運作的分析

一、概　說

　　選舉是一場政治競賽，而由選民對參選的候選人作最後的裁決與選擇。這樣的選擇不僅可促使民意代表或其他公職的當選人必得以民意為依歸，且可導致政治衝突的和平解決，而達到民主生活中所謂的「動態的和諧」。[1] 但這一和諧的歷程如不能容納不同意見的政治團體及候選人參與競爭，換言之，如不能具備公正的競賽規則，則不為功。在實際上，選民亦必須由政治團體提供候選人，以及由候選人推薦自己，否則，即難作選擇。

　　選舉既與民主生活具有密不可分的關係，此使西方政治學者對選民投票行為的探討，極為重視。但其中最值得我們重視的，則在選舉

---

[1] 選舉雖是一種衝突，但所根據的規則如具公正性，而能為民眾視為正當，即能和平加以解決，而導致和諧。社會的利益衝突會不斷產生，如選舉能不斷舉行，即既可在競爭中獲得進步，也可在變動中獲得和諧（參見：胡佛 1983）。

行為的理論建構。一般說來，西方民主國家多具政黨政治的傳統，尤
以美國的兩黨政治為最，因之，美國的政治行為學者往往視交互執政
的政黨政治為當然，而可輕易地將選舉看成政黨之間的競爭，縱然在
觀點上有異。在 1940 年代美國哥倫比亞大學的學者 Paul F. Lazarsfeld
等(1944)雖著重選民投票行為中所反映出的社會特質，但也強調政黨
認同的影響力。其後的學者，特別是密歇根大學的 Angus Campbell 等
(1954, 1960)，則認為政黨認同在所有投票態度的取向中，最具長期持
續的穩定性，而視作選舉行為的核心觀念，一方面建立選舉與政治秩
序的理論，[2] 一方面發展因果關係的理論模型。[3] 他們雖也重視選民
的政見取向及候選人取向，但祇看成短期的影響因素，不認具有太大
的作用。Lazarsfeld 等學者對政黨認同的強調，近年來，曾受到若干學
者的非難。如 V. O. Key(1966)即指出為數頗多的選民是取向於候選人
的政見而投票，所以是「負責的選民」。其他學者的研究也發現政治
問題對美國選民投票行為的影響愈來愈大，而政黨認同則有減弱的趨
勢（參見：Miller, Miller, Raine, and Brown 1976; Schulman and Pomper

---

[2] Campbell 等學者(1960:531-38; 1966:63-77)在政黨認同的概念下，將選舉
劃分為：「維持性的」(maintaining)、「偏離性的」(deviating)及「重組
性的」(realigning)等三種類型，並進而指出「維持性的」選舉的主要特
性是：原先的政黨認同模式不變，仍由多數黨贏得選舉；「偏離性的」
選舉的主要特性是：原先的政黨認同模式維持不變，但由於短期因素的
影響，使少數黨贏得選舉；「重組性的」選舉主要特性是：主要政黨的
社會基礎發生重大的變動，而失去原先保持的均勢，使得選民的認同模
式產生重組的現象，如 1930 年代美國經濟大恐慌時期即是。

[3] Campbell 等學者所發展的漏斗因果模型(funnel of causality)是將選民的投
票取向區分為政治性與非政治性，以及個人的與外在的兩個面向，然後
再在時間的主軸上，觀察兩個面向所交互形成的四種投票決定的過程與
態度，而整體架構的重心即為具長期穩定的政黨認同。實際上他們所探
討的仍在個人與政治的取向變數，也就是 Philip E. Converse (1975:113)所
說的「近因且政治的變數」(proximal and political variables)。

1975; Abramson 1975; Nie, Verba, and Petrocik 1976）。

　　美國政治學者對政黨認同的爭論，主要在這一取向是否確實具有
長期持續性的絕對影響力，而能供作投票理論的核心觀念。但在實際
上，美國選民投票的政見取向雖自 1970 年代以來，節節上升，但仍落
在政黨認同之後，且以總統的大選為主（參見：Pomper 1975:186-209）。
在美國國會議員的選舉，選民所取向的政黨認同，則一向具有絕對的
影響力（參見：Niemi and Weisberg 1976:161-75）。政黨認同是一種
對政黨的習慣性感情傾向，美國選民所產生的這種傾向當然與穩定的
兩黨政治傳統息息相關。因之，我們從政黨認同在美國選民投票取向
中所居的優勢地位可知，美國學者不僅在投票的理論上，無法擺脫傳
統的兩黨競爭的政黨政治，而且所有的爭論，也仍然要在這一政黨政
治的基礎上進行。

　　與美國的民主政治相較，我們一方面欠缺兩黨運作的政治傳統，
另一方面尚在試建可導致所謂「動態和諧」的選舉規範，因之，我們
對我國選民投票行為的觀察，雖可參考美國學者的一些基本概念與途
徑，但在理論的建構上，則必須按我國選舉的特性，發展自己的架構。
本文的重點即在理論的試建，在這方面我們具有一些基本的看法：

　　1.如前所述，美國學者儘管對政黨認同的理論建構有各種爭論，
但皆有意或無意地站在兩黨運作的傳統政治結構上進行。政黨長期認
同的理論基礎，固然來自傳統的政黨政治，而節節上升的政見取向，
在理論上所強調的，仍不出兩黨政治的所謂自由與保守的傳統。換言
之，前者所著重的是政黨的感情傳統，後者則在政策傳統。我國既欠
缺兩黨運作的政治傳統，在選舉中，無黨籍的候選人也無法作一般政
黨所習用的感情或政策傳統的訴求，所以我們在觀察時，即不能以政
黨認同作為理論架構的重心。實際上，根據我們的研究發現（胡佛、
游盈隆 1983:9-12），政黨認同也並非是我國選民的主要投票取向，

且遠落政見取向及各項候選人取向之後。我們由以上的分析可知，美國的選舉是傳統兩黨政治的運作過程，因而美國學者所看重探究的乃在這一具有穩定傳統的政黨體制內(within the system)的選舉理論；而相反地，我國的選舉則相當程度地可能成為推動現代政黨政治的過程，所以我們所要著重探究的應是建構政黨體制本身的(of the system)選舉理論。

2.美國學者所強調的政黨認同，必然具有根源。在我們看來，政黨認同可能來自選民對政見問題的贊同，也可能出於對政黨人士的偏愛。Jerrold G. Rusk(1982:91-96)近亦指稱，密歇根大學的 Campbell 教授等一面誇大了政黨認同的重要性，一面也低估了問題取向的影響力，而所謂的政黨認同不過是問題或候選人取向的代替物而已。在傳統的政黨體制下，美國選民的認同傳統與政策傳統可能易於合致，而不易分辨，但如 Rusk 等學者則仍主張細加辨識，作為重建理論的基礎。我國選民的政黨認同在投票決定上，如我們在前面所指出的，並不具重要的影響力，我們當然更要注重政見及候選人取向在我們的理論探究中，所具有的重要性。

3.美國學者近年來雖著重選民的問題或政見取向，也發覺問題的要素不易辨認與解答，[4] 但並未在概念上就問題的政治特性，加以分劃。大致上，他們所重視的問題多屬政府的公共政策，也就是所著重的是體系內(within the system)的決策及執行的功能，未能擴展到體系本身的(of the system)認同及規範結構。這可能是美國的民主政治體系，

---

[4] Rusk(1982：100, 104)即強調不易解答問題的要素究竟為何，而密歇根大學的研究也並未完全解決這一問題。他的主張是重視「立場問題」(position issues)，並在測量時，列出候選人的競選政見，以探詢選民的「問題立場」(issue positions)。但他對所謂的「立場問題」究具有怎樣不同的政治特質，也未作概念上的釐清。

長期以來，已奠定相當穩固的基礎，而不發生政治認同及政治結構上的問題。但我國正從一個傳統性的權威政治體系轉向到民主的政治體系，所面臨的問題不僅是功能性的政策制定與執行，而更嚴重的是認同性的整合與結構性的規範。選舉的實施，本身就是具有實質意義的政治演進，而非僅是體系功能運作的過程。但其中所呈現的問題則牽涉到體系本身的整合與政黨政治的發展，因之，我們須建立包括認同、結構及功能在內的整體體系的概念架構，以觀察選民對黨派候選人的選擇。

4.對整體政治體系的觀察，屬所謂總體(macro)的研究，但實際上整體體系的運作則出自個人的行為，因之，總體的研究不應僅依據累積性的資料(aggregate data)進行推論，而應落實在個體(micro)行為的實徵觀察之上，亦即個體研究與總體研究之間，應具更緊密的連結。

總之，我們對選舉及投票行為的觀察，擬從西方學者所發展的體系內(within the system)政策制作的功能性分析架構，提昇到體系本身(of the system)的維繫與統合的全面性分析架構，此包括群眾的認伺、規範的結構及決策的功能等三個主要部分。

二、概念架構

如前所述，我們對投票行為的探討，著重體系本身的整體運作與維繫，而非僅在政策的價值分配，因之，我們對政治體系的觀察重點，非僅如西方學者所強調的由投入(input)，經轉變(conversion)，至產出(output)的價值分配過程，而兼重體系的規範與認同。現以圖示如下：

　　上圖所建構的體系係由認同、規範及政策等三部分所組成，現分別加以說明：

　　1.認同部分。任何政治體系的維持，必須建築在成員相互接納的基礎上，如其間發生排斥及分裂的情況，體系的統合即產生危機。成員之間的相互接納可能來自多種原因，如種族、地緣、文化等等，但最終則出之於情感，即整體的歸屬感與親和感，如缺乏此種情感，體系在根本處即難維持。如投票行爲所表現的意願是成員間的不相接納，此種投票即反映出體系認同上的問題。

　　2.規範部分。體系的運作必須遵循一定的規則，否則無論投入、轉變及產出的功能皆無法進行，整個體系將陷入混亂的狀態。這套規則實際就是成員相互之間，決策及執行人員相互之間，以及成員與決策及執行人員相互之間，在權力行使上所應遵守的行爲規範。依我們的看法，政治體系的任一環節在功能運作時，皆須具備一套規範，以劃分及制約上述人員相互之間的權力關係與行爲。規範可爲正式的，成文的，如憲法及各種法令規章；也可能爲非正式的，不成文的，如各種習慣及成規；但必須爲相互所接受，不然不能產生規範的效果，反造成規範的危機，癱瘓系統功能的運作。系統運作的權力規範，如按權力關係的性質，也可分爲數類：

　　(1)所據權力的地位：即成員相互之間，於系統運作上，所處的權力的地位，這構成平等權行使的規範。

　　(2)政治權力的來源：即整體系統與決策及執行層級所掌握的權力，究係來自何處，這構成參政權行使的規範。

　　(3)統治權的範圍：即整體系統，尤其是決策及執行層級所行使的權力是否具有範圍。這一範圍是相對於人民及社團的權力而言，所以在權力關係上，可再區劃爲二：

　　　①人民的權力：即對成員的統治權是否應加限制，不能逾越一定的範圍，這構成自由權行使的範圍。

　　　②社團的權力：即對社團的統治權是否應加限制，不能逾越一定的範圍，這構成社團自由權或多元權行使的規範。

　　(4)統治權的制衡：即決策及執行層級所掌握的權力是否應加以分立制衡，這構成分權行使的規範。

　　以上四項基本的權力關係，實際構成五類權力規範，而對整體系統的運作共同加以支撐與制約。如投票行爲對系統規範表露相衝突的意識，此即說明系統的運作在規範的結構上發生問題。這一問題，與認同問題相似，當然會動搖到系統的根本。

　　3.政策部分。政策是系統的產出，用以滿足及調和系統成員各種生活需要上的價值。一般政策的制作與執行，如前所述，都須遵循一定的規範，所以規範是政策的基礎結構，在性質上是較爲穩固，而不易變動的。我們所擬觀察的政策即係指在規範基礎上所作的各種產出，而不包括規範本身在內。當然，規範亦可作爲產出而加以修訂及調整，但我們則視爲較根本的問題，已另劃規範部分加以觀察。

　　政策所牽涉到的問題，主要有二：其一是政策本身對系統成員生活價值的分配是否爲系統成員所接受。我們通常所稱的政策的好或壞，乃指此而言。其二是制定或執行政策的權威當局，在角色行爲的遵守

上，或在能力的表現上，是否為系統成員所滿意。我們通常所稱的澄清吏治，或提高效能等，乃指此而言。一般說來，生活價值的需求與滿足，常隨生活環境與生活資源的變動而改變，因之，政策的調整與改訂不僅不可避免，且為政治體系所經常運作的功能。在另一方面，權威當局履行角色行為及因應環境變動的能力，很易受主觀及客觀條件的限制，這自然也會造成權威當局的人事更易。政策所牽涉的兩項問題，既具變動性，且正為功能所運作的對象與範圍，如投票行為僅對政策部分作不同的要求，應為維持系統功能的所需，至少不致影響到系統的根本。

我們對政治體系具有以上的了解後，就可在概念上，將選民的投票決定，分成兩大類：

1.系統取向或政見取向的選民：這是指選民在投票時，直接而有意識地考慮到候選人對體系有關的三類政見或立場。這類投票在性質上屬政治性的投票，不僅最能表達民意，也最能產生壓力。

2.非系統取向或非政見取向的選民：這是指選民在投票時，並未直接而有意識地考慮到候選人對體系有關的三類政見或立場。這類選民可能為政黨認同取向，也可能為候選人取向或社會關係取向等。這類選民除政黨認同取向者外，大多為非政治性選民，不僅較少表達民意，也較少產生壓力。在 1980 年的 12 月，政府恢復因中美斷交而中止的中央民意代表增額選舉。我們感覺這一次選舉在我國民主政治的發展過程中，具有重大的意義，乃決定加以觀察，並根據前述政治體系的整體概念，發展一全面的概念架構，供施測驗證。本論文祇限於其中政見取向的一部分，現祇將這一部分的概念架構圖示如下：

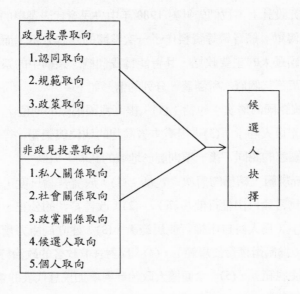

三、研究設計與方法

我們所分劃的政見取向及非政見取向，如前所述，係針對政治體系中的政治問題而來。根據政治體系運作的層次，我們在概念架構中將政治問題分成三種政見取向：(1)認同取向，(2)規範取向，(3)政策取向。我們另根據選民之間的各種關係，在分成五種非政見取向：(1)私人關係取向，(2)社會關係取向，(3)黨政關係取向，(4)候選人取向，(5)個人取向。選民在決定投票時，可能會考慮到多種因素，也就是會受到多種投票取向的影響。在各種影響中，還可能有先、後、輕、重之分。換句話說，各種取向之間，對投票的決定，會產生交互作用的相關關係，而呈現某種類型。在另一方面，各種取向之間也會存有相對的重要次序。

在研究設計上，我們先針對 1980 年中央民意代表選舉的公報及候選人的宣傳單、錄音帶等資料作了一次整體的內容分析，而從中抽繹出十九項候選人的主要政見，且皆能為我們概念架構中的系統認同、規範、政策等三個層次所涵蓋。分列的情形如下：

1.系統認同的層次：包括：(1)「提高我國國際的地位」，(2)「擁護政府、光復大陸」，(3)「提高本省同胞的地位與榮譽」等三項。前兩項屬於國家的認同，後一項則屬於地域的認同。

2.系統規範、結構的層次：包括：(1)「放寬言論尺度，爭取言論自由」（為言論自由權行使規範），(2)「改善審判的公正、獨立，以確保人權」（為人身自由權行使規範），(3)「建立制衡力量，防止政治腐化」（為制衡權行使規範），(4)「反對官僚政客的政治特權」（為平等權行使規範），(5)「全面擴大政治參與增加民意代表的選舉名額」（為參政權行使規範），(6)「依據國情，逐步實現民主」，(7)「維護社會和諧，嚴禁不當言論」，(8)「維護社會秩序，反對暴力政治活動」，(9)「集中政治權力，強化行政效能」，(10)「鞏固領導中心，維護政治安定」等十項。前五項是站在憲政規範的立場，主張憲政規範的維護與實踐；後五項則傾向於維持政治的現狀與安定，不主張憲政規範的徹底實現。但二者在性質上，皆是一種行為的規範。

3.系統政策的層次：包括：(1)「提高軍公教人員的待遇」，(2)「大量興建國宅，使住者有其屋」，(3)「澄清吏治，肅清貪污」，(4)「縮短貧富差距，改善中低收入民眾的生活」，(5)「實施全民失業及醫藥保險，加強社會福利」，(6)「妥善照顧退除役官兵、後備軍人及軍眷生活」等六項。這六項皆屬一般的公共政策。

根據上列十九項政見，我們特製訂強度量表對政見取向的選民加以施測。

我們所分劃的五種非政見取向，又各可涵蓋若干項目，現亦分述

如下：

1.私人關係取向：共包括四項：(1)「由於家人或親戚的囑託」，(2)「由於朋友或同學的囑託」，(3)「由於師長或長輩的囑託」，(4)「由於鄰居的囑託」。

2.社會關係取向：共包括五項：(1)「由於所服務機關同事的囑託」，(2)「由於所參加團體會友的囑託」，(3)「由於是同鄉」，(4)「由於是同宗」，(5)「由於是校友」。

3.政黨關係取向：共包括五項：(1)「由於黨團組織的囑託」，(2)「由於是同黨黨員」，(3)「由於是無黨籍人士」，(4)「由於後備軍人組織的囑託」，(5)「由於鄰里長的囑託」。

4.候選人取向：共包括七項：(1)「由於品德」，(2)「由於過去的表現或成就」，(3)「由於所經歷的遭遇」，(4)「由於家世」，(5)「由於學識」，(6)「由於敢作敢當的勇氣（膽識）」，(7)「由於風度」。

5.個人取向：共包括兩項：(1)「由於發抒情緒」，(2)「由於個人的特別利益」。

我們所運用的方式是訪談：先請受訪者據實說明那一項或那幾項政見及（或）非政見因素影響自己的投票決定，受訪的選民可作一項或多項選擇。

在抽樣方面我們採用二段抽樣法(two phases sampling)共抽取臺北市選民樣本計954人，並在1981年2月中旬作逐戶訪問。在954人的樣本中，投票樣本計754人（另不投票樣本183人，無效樣本17人），此即為本研究樣本的總數。有關抽樣的方法請參見：胡佛、游盈隆（1983：附錄一），量表的編製與測量等，請參見附錄一。

我們根據所抽取的樣本，就選民的個人背景，計算所含各種變項的次數及百分比，以供進一步的分析，所得的數據請參閱附錄二。

四、投票取向中的政見取向

在性質上，投票取向實是選民的一種心理態度，根據這種態度，選民才能作投票的抉擇。從整體來看，投票取向是一結構，由多種取向所組成，但如前所述，大體可分割為政見取向及非政見取向。因之，我們對政見取向的觀察，應先探討這一取向在整個投票取向結構中的地位，也就是與非政見取向之間的關係。我們對選民施測時，於政見取向部分，先一般探詢是否具有取向，如答覆為肯定，才續詢究具何種及何項政見取向。我們現就一般答覆的政見取向與其非政見取向之間的關係，作一討論。

（一）政見取向的地位

在整個投票取向的結構中，我們就一般政見取向及其他非政見取向共列二十四項變項，這些變項的分配次數、百分比及次序等，可見表一。

從表一的六類取向次數及百分比中，我們大致可以看出臺北市選民取向候選人本身條件及形象的最多，佔 58.9%；其次為政見取向，佔 38.7%，以下依次為黨政取向(21%)、私人關係取向(17.1%)、社會關係取向(10%)及個人因素(9.8%)。我們如以政見取向為一項單一變項，再整體觀察全部二十四項變項，即可進一步發現政見取向與成就取向是其中最多的兩項取向，各佔 38.7%；換言之，在臺北市投票的選民當中，約近五分之二的選民是分別根據這兩項因素作投票決定的。

表一　選民的投票取向：次數、百分比及次序

	次數(n)	百分比(%)	次序
1.候選人取向	444	58.9	1
(1)成就取向	292	38.7	1
(2)品德取向	184	24.4	2
(3)學識取向	148	19.6	3
(4)風度取向	88	11.7	5
(5)膽識取向	71	8.4	6
(6)同情取向	39	5.2	10
(7)家世取向	13	1.7	17
2.政見取向	292	38.7	2
3.黨政取向	158	21.0	3
(1)黨團囑託	100	13.3	4
(2)政黨認同	53	7.0	7
(3)里鄰長囑託	21	2.8	14
(4)黨外取向	13	1.6	20
(5)後備軍人組織囑託	5	0.7	17
4.私人關係取向	129	17.1	4
(1)家族囑託	88	11.7	5
(2)同輩團體囑託	33	4.4	11
(3)鄰居囑託	24	3.2	13
(4)師長囑託	12	1.6	18
5.社會關係囑託	76	10.0	5
(1)同事囑託	25	3.3	12
(2)同鄉囑託	24	3.2	13
(3)團體會友囑託	18	2.4	15
(4)校友認同	16	2.1	16
(5)同宗認同	8	1.1	19
6.個人因素	74	9.8	6
(1)發抒情緒	51	6.8	8
(2)利益考慮	44	5.8	9

　　N=754

　　候選人的品德，則僅次於上述兩項因素，約四分之一的選民(24.4%)以此作為投票決定的考慮因素。以下依次是候選人的學識(19.6%)、黨

團的囑託(13.3%)、家族的囑託(11.7%)、候選人的風度(11.7%)、候選人敢作敢當的膽識(8.4%)、同黨黨員的認同(7%)、發抒內心的情緒(6.8%)、個人特別利益的考慮(5.8%)、對候選人遭遇的同情(5.2%)、朋友或同學等同輩團體的囑託(4.4%)、同事的囑託(3.3%)、鄰居的囑託(3.2%)、同鄉的認同(3.2%)、里鄰長的囑託(2.8%)、所屬團體會友的囑託(2.4%)、校友的認同(2.1%)、由於是無黨籍人士(1.7%)、候選人的家世(1.7%)、師長的囑託(1.6%)、同宗的認同(1.1%)、後備軍人組織的囑託(0.7%)。

我們不僅注重投票取向的次數分配，也重視選民對這些取向在重要性方面的考慮，因單憑次數分配並不必然盡能了解各項取向之間的相對重要性。現將臺北市選民認為在二十四項變項中最重要的十項列出如表二。其他取向由於在最重要的次數上甚少，缺乏重要的影響力，故不予列入。

根據表二，我們發現政見取向是所有取向中最具影響力的取向，計 28.6%的選民認為這是影響他們投票決定的最重要因素。其次是成就取向(26.3%)；再次是候選人的品德(13.1%)、黨團組織的囑託(9%)、家人及親友的囑託(9%)、候選人的學識(7.7%)、候選人敢作敢當的勇氣（即膽識，4.4%）、同黨黨員的認同(3.6%)、候選人的風度(3.2%)，以及個人特別利益的考慮(2.5%)。

比較表一及表二可知，次數分配並不能精確地反映各項取向之間在重要性上的相對次序。在表一中，候選人的學識原居第三位，換言之，是僅次於政見取向、成就取向、候選人品德等取向之後，最為選民所考慮的因素(19.6%)，但在表二中，則降為第五，僅有 7.7%的選民視此為影響投票決定的重要取向。黨團動員及家族取向的兩項取向則超前躍升為第四。值得注意的是，在表一中，家族取向略次於黨團動員的因素，但在表二的重要性上，則變成二者不相上下，各佔9%。

此外，候選人的風度取向，在表一中，原與家族取向不相上下，同佔11.7%，並列第五，但在表二的重要性上，則降爲第八。候選人敢作敢當的勇氣（膽識）與同黨黨員的因素，則躍升爲第六與第七。還有，在表一中原列爲第八及第十的發抒情緒及同情取向，在表二的十名重要取向上，皆未能列入。而原列第九的利益考慮，在重要性上則仍列第十。

表二　選民最重要的投票取向：次數、百分比及次序

	次數	百分比	次序
1.政見取向	216	28.6	1
2.成就取向	198	26.3	2
3.品德取向	99	13.1	3
4.黨團囑託	68	9.0	4
5.家族取向	68	9.0	4
6.學識取向	58	7.7	5
7.膽識取向	33	4.4	6
8.政黨認同	27	3.6	7
9.風度取向	24	3.2	8
10.利益考慮	19	2.5	9

N=754

　　在國外的研究，特別是歐、美地區，問題取向往往不是影響選民投票決定的最重要變數。即使在美國的 1970 年代前後，問題取向的投票(issue voting)雖節節上升，而政黨認同的影響力逐漸減弱，但問題取向的影響力，仍然屈居政黨認同與候選人取向之後(Pomper 1975:186-209)。但我們對臺北市選民的研究，卻發現問題取向的投票，是影響選民投票決定的最重要變數，這是很值得重視的。

（二）政見取向與非政見取向之間的關係

　　在整體的選民投票取向中，政見取向雖最具重要性，但我們還要進一步探究：具有政見取向的選民，與其他各項非政見取向之間，究具有怎樣的關連？其間有無相關的關係模式可尋？我們現亦選分配次數最多的前十項投票取向，作相關性的觀察，積差相關的 r 值，可見表三。

表三　各項投票取向之間的積差相關（r值）

	政見取向	成就取向	品德取向	學識取向	風度取向	膽識取向	黨團囑託	政黨認同	家族囑託
政見取向									
候選人取向									
成就取向	.004								
品德取向	.029	.033							
學識取向	.005	-.008	.339***						
風度取向	.028	.067*	.280***	.407***					
膽識取向	-.036	.115**	.128**	.116**	.192**				
average r=.006		average r=.167***							
黨政取向									
黨團囑託	-.019	-.103**	-.098**	-.036	-.016	-.050			
政黨認同	-.040	-.026	-.005	-.015	-.014	-.016	.266***		
average r=.030		average r=-.038							
私人關係取向									
家族囑託	-.152***	-.188***	-.133***	-.074*	-.078*	.006	-.045	.087*	
		average r=-.093**					average r=.021		
個人取向									
發抒情緒	.162***	.079*	-.011	.029	.097**	.067*	-.028	.026	.025
		average r=.052					average r=-.001		

N=754　*p<.05　**p<.01　***p<.001

　　據表三的相關係數（r值），我們可以作以下的數點討論：

　　1.政見取向與候選人取向的各項取向間，皆無相關的顯著性，平均相關係數僅達.006。由此可見採取政見取向的選民，並不考慮到候選人的各種條件。

2.政見取向與黨政關係取向的兩項取向間，也無顯著的相關性，平均相關係數也祇有.03。由此可知政見取向的選民並不受黨政關係取向的影響。

3.政見取向與家族囑託之間，反呈現極為顯著的負相關。一般說來，我們文化傳統相當強調家族倫理，注重家族關係取向，但這一傳統在目前的選舉過程中，已顯見不能維持，且有相抗拒的趨向。這對政治現代化的建設，頗具意義。

4.在表三的各項相關係數中非常值得注意的是：政見的取向與個人的發抒情緒取向間具有相當顯著的正相關。從這一相關中，我們可以發現政見取向的選民頗牽連到某種抑壓情緒的發洩，這也可能是前述規範爭執的尖銳性所造成的。

5.候選人取向的各項取向間，大致皆具相關性，平均相關係數達.167，極具顯著性，可見選民對候選人的觀察相當具有一致性及完整性。另也可見與家族取向間大多皆具負相關，平均相關係數為-.093，已達相當顯著的水準。黨政關係取向的兩項取向間，具有極顯著的相關關係（相關係數為.226）；與候選人取向的兩項取向（成就或品德）雖呈現相當的負相關，但與整體候選人取向的平均相關係數僅-.038，並未達顯著的水準。本論文的主要探討對象為政見取向，故對候選人取向、政黨取向，以及家族取向與個人取向之間的種種關係不再深論。

五、政見取向的結構

我們在前面紙是對初步肯定為政見取向的選民，作一般性的分析。選民在初步肯定後，還會進一步答覆所取向的政見中的那一項或那幾項。我們從選民的進一步肯定答覆中，也可以看到政見取向本身的結

構。我們共列候選人的十九項主要政見，現就選民取向的次數及百分比，以及各項取向之間的相關關係，分別加以說明及討論。

（一）各項政見取向的次數及百分比

　　我們可從政見取向在次數及百分比方面的結構分配，以觀察相互之間的相對關係。有關分配的次數及百分比可見表四。

　　我們從表四可以很清楚地看到各項政見取向在結構上的分配情況及相互之間所呈現的相對關係。現再分四點加以說明：

表四　選民的政見取向：次數及百分比

政　　　　見	次數(n)*	百分比(%)*
提高我國的國際地位。	133	45.55
鞏固領導中心，維護政治安定。	122	41.78
擁護政府，光復大陸。	115	39.38
維護社會秩序，反對暴力政治活動。	106	36.30
澄清吏治，肅清貪污。	91	31.16
大量興建國民住宅，使住者有其屋。	89	30.48
維持社會和諧，嚴禁不當言論。	87	29.79
縮短貧富差距，改善中低收入民眾生活。	84	28.77
實施全民失業及醫藥保險，加強社會福利。	79	27.05
提高軍公教人員的待遇。	70	23.97
依據國情，逐步實現民主。	58	19.86
妥善照顧退役官兵、後備軍人及軍眷生活。	57	19.52
反對官僚政客的政治特權。	55	18.84
建立制衡力量，防止政治腐化。	54	18.49
全面擴大政治參與，增加民意代表的選舉名額。	48	16.44
提高本省同胞的地位與榮譽。	44	15.07
集中政治權力，強化行政效能。	40	13.70
改善審判的公平與獨立，以確保人權。	37	12.67
放寬言論尺度，爭取言論自由。	36	12.34

　　N=292

*因是多重選擇，所以次數累加不等於樣本總數；百分比的累加也不等於100。

　　1.在政見取向的投票中，以認同取向所佔的比例最高，其中尤其以「提高我國在國際上的地位」為最，佔所有政見取向投票的 45.55%，而「鞏固領導中心，維護政治安定」的投票，也超過五分之二。「擁護政府，光復大陸」的投票，也接近五分之二。從這項發現，我們可以了解，政見取向選民的投票，多數仍是基於國家的認同，以及對權威當局的支持。造成這種現象的原因，我們認為「中美斷交」及「高雄事件」應該是其中最重要的原因。中美斷交使得我國的外交陷入三十年來最嚴重的困境，對民心士氣造成很大的影響。危機意識不斷滋長的結果，會強化對權威當局的支持。國內陳義彥教授(1979)曾在中美斷交後，對北部六所大學的學生，進行關於政治支持的調查研究，其結果顯示：「受試者對政治系統有高程度的普遍支持心態。在現階段，受試者較為憂心並期望政府做的事情是國家安全、社會安定及國際關係的拓展問題」。由此可知，中美斷交事件對民心的影響實在是非同小可。除此之外，1979 年「高雄事件」的爆發，使得全國為之震驚，也使得這種強化支持權威當局的傾向，更趨明顯。

　　2.對政治體系安定、秩序與和諧的關切而投票，是僅次於認同的投票。從上表可知，支持候選人所主張的「維護社會秩序，反對暴力政治活動」的選民，佔政見取向選民中的 36.30%，而支持「維持社會和諧，嚴禁不當言論」的，也佔 29.79%。從這些發現，我們更可以看出，在中美斷交及高雄事件以後，支持權威當局，強調安定、秩序與和諧等價值，乃是選民的眾數趨向。

　　3.基於對一般政策問題的關切而投票的選民，僅次於認同及安定取向的投票。但是在一般政策問題的關切中，對「澄清吏治，肅清貪污」的強調，是相當地突出的。支持候選人這項主張的，佔所有政見取向選民的 31.16%。這項發現顯示，在內外環境的嚴重衝擊下，多數選民雖趨向於強化對權威當局的支持，但仍有相當部分的選民，期盼

權威當局能同時進行政治與行政的革新。

4.相對於前述三種取向的投票，而強調民主、參與、自由、人權、制衡及本省同胞地位等價值的選民，則為數較少。但從絕對的數字來看，強調這些價值的，仍然佔有社會中相當部分的人口。例如，支持「反對官僚政客的政治特權」及「建立制衡力量，防止政治腐化」等兩項主張的，皆佔政見取向選民中的約五分之一。此外，贊成「全面擴大政治參與，增加民意代表的選舉名額」的，也佔其中的 16.44%。且支持「提高本省同胞的地位與榮譽」的政見的，亦佔其中的15.07%。其他具有言論自由與人權的取向，也皆佔所有政見取向選民中的十分之一以上。

綜合以上對政見取向選民的分析可知，在目前政治體系下，基於一般政策層面的問題而投票的，乃介於認同、安定取向與規範取向之間。眾數選民的投票是傾向於對整體國家的認同、對權威當局的支持及對安定、秩序與和諧的期望，此顯示多數人民仍贊同維持政治結構的現狀，不贊成急劇的政治改革或變遷。但在體系內部也形成一股不可忽視的新興勢力，強調參與、民主、自由、人權、制衡等價值。

（二）各項政見取向之間的相關關係

相關關係可呈現各項政見取向在結構上的組合情況，在另一面，亦可說明結構的性質及所具的穩定性。現將各項政見的相關關係列於表五。從表五的各項政見取向的相關係數，我們大致可看出整體結構的組合情況及所呈現的性質，現分數點說明如下：

表五　政見取向的相關係數（r值）

公共政策	1	2	3	4	5	6	7	8	9	10	11	12	13	14	15	16	17	18
1.大量興建國宅，使住者有其屋																		
2.妥善照顧退役官兵、後備軍人及軍眷生活。	.411***																	
3.提高軍公教人員的待遇。	.527***	.445***																
4.實施全民失業及醫藥保險，加強社會福利。	.504***	.410***	.274***															
5.縮短貧富差距，改善中低收入人民生活。	.394***	.399***	.362***	.411***														
6.澄清吏治，肅清貪污。	.392***	.297***	.297***	.325***	.327***													
			(average r=.385***)															
憲政規範																		
7.放寬言論尺度，爭取言論自由。	.102	.060	.016	.079	.172**	.131***												
8.建立制衡力量，防止政治商化。	.178***	.008	.051	.118*	.168**	.287***	.322***											
9.改善審判的公平與獨立，以確保人權。	.144*	.042	.060	.071	.164*	.177***	.485***	.301***										
10.反對官僚政客的政治特權。	-.005	-.002	-.065	.105	.140*	.135*	.247***	.290***	.188**									
11.全面擴大政治參與，增加民意代表選舉名額。	.002	.029	-.067	.059	-.042	.127*	.067	.122*	.140*	.040								
			(average r=.081)					(average r=.220***)										
安定規範																		
12.維持社會和諧，展望不當言論。	.124*	.151*	.164**	.145*	.120*	.174***	.033	.097	.015	.059	-.002							

表五　政見取向的相關係數（r值）（續）

	1	2	3	4	5	6	7	8	9	10	11	12	13	14	15	16	17	18
13. 集中政治權力，強化行政效能。	.187***	.211***	.242***	.178**	.194**	.225***	-.049	.081	-.056	.170**	.026	.344***						
14. 維護社會秩序，反對暴力政治活動。	.255***	.303***	.357***	.343***	.205***	.319***	.008	.028	.077	.028	.091	.412***	.377***					
15. 依據國情，逐步實現民主。	.203**	.141*	.188**	.227***	.262***	.161**	.220***	.222***	.087	.153	.045	.226***	.276***	.212***				
16. 要國領導中心，維護政治安定。	-.014	.085	.085	.072	.043	.002	-.120	-.096	-.094	-.089	-.013	.118*	.287***	.296***	.199***			
國家認同				(average r=.179**)						(average r=.037)				(average r=.275***)				
17. 擁護政府，光復大陸。	.055	.145*	.168**	.104	.013	-.015	-.062	-.054	-.053	-.076	.000	.152**	.288***	.227***	.202**	.358***		
18. 提高我國在國際上的地位。	-.030	.053	.077	.027	-.051	-.073	-.112*	-.064	-.088	-.027	-.106	.102	.117*	.045	.214***	.176***	.281***	
地方認同				(average r=.039)						(average r=.064)				(average r=.188**)		(average r=.064)		
19. 提高本省同胞的地位與素素。	-.015	-.072	-.078	-.059	-.042	.127*	.067	.122*	.140	.040	.35***	-.088	-.043	-.087	-.018	-.083	-.054	-.118*
				(average r=.023)						(average r=.144*)				(average r=.064)				(average r=.086)

N=244　*p<.05　**p<.01　***p<.001

1.一般公共政策的六項取向，皆具極顯著的相關，平均相關係數為.561 (p<.001)。由此可見此一政策取向的一致性。除政策取向外，憲政改進規範的五項取向，安定規範的五項取向，以及國家認同的兩項取向，皆大多具有極顯著的相關（平均相關係數分別為：.480, .516, .760; p<.001）。可見皆具相當的一致性。

2.憲政規範取向與一般公共政策取向、安全規範取向及國家認同取向，皆不具顯著的相關關係（平均相關係數分別為：.081, .037 及.064; p>.05），但與地方認同取向具顯著的相關關係（平均相關係數為：.144, p<.05）。此一情況初步顯示出強調本省同胞地位與榮譽的選民，也同時要求憲政規範的改進與實施。

3.安定規範取向與一般政策取向，以及國家認同取向，具有相當顯著的相關關係（平均相關係數分別為：.179 及.188; p<.01）。但與憲政改進規範及地方認同取向，皆無相關。由此亦可大致看出安定取向的選民，一方面重視生活的改善，一方面擁護政府及追求國家的國際地位。

六、政見取向的類型

我們在前面已就認同、規範及政策等三種層次的各項取向，分別作相關分析，觀察其間結構性的組合關係。但我們在概念架構中，所作的類型劃分，是否能獲得證實？是何因素所促成？對這方面的探究，我們乃進作因素分析如表六。

據表六因素分析，我們以負荷量的.5 為準，在十九項的政見取向中，共抽出五類因素，現分述如下：

1.我們所列公共政策取向內的六項取向，即(1)大量興建國宅，使

住者有其屋」，(2)「妥善照顧退除役官兵，後備軍人及軍眷生活」，(3)「提高軍、公、教人員的待遇」，(4)「實施全民失業及醫藥保險，加強社會福利」，(5)「縮短貧富差距，改善中低收入民眾生活」，以及(6)「澄清吏治，肅清貪污」等，正構成第一個我們所假設的類型。對這一個類型的構成因素，我們也正可命名為「一般政策取向」的因素。

表六　政見取向的因素分析（正交轉軸）

	一般政策取向	規範改革取向	系統安定取向	國家認同取向	地域認同取向	共同性 h^2
大量興建國民住宅，使住者有其屋。	0.790	-0.091	0.031	-0.032	0.008	0.6345
妥善照顧退役官兵、後備軍人及軍眷生活。	0.724	-0.053	0.078	0.108	0.013	0.5446
提高軍公教人員的待遇。	0.714	-0.061	0.095	0.144	-0.062	0.5472
實施全民失業及醫藥保險，加強社會福利。	0.677	0.098	0.148	0.039	-0.003	0.4917
縮短貧富差距，改善低收入民眾生活。	0.635	0.268	0.084	-0.030	-0.121	0.4981
澄清吏治，肅清貪污。	0.517	0.183	0.328	-0.196	0.244	0.5066
放寬言論尺度，爭取言論自由。	0.090	0.752	-0.144	0.008	0.090	0.6026
建立制衡力量，防止政治腐化。	0.091	0.656	0.133	-0.117	0.044	0.4726
改善審判的公平與獨立，以確保人權。	0.148	0.628	-0.160	-0.007	0.241	0.5000
反對官僚政客的政治特權。	-0.111	0.571	0.316	-0.146	0.066	0.4644
維持社會和諧，嚴禁不當言論。	0.086	0.089	0.703	0.062	-0.130	0.5294
集中政治權力，強化行政效能。	0.169	0.021	0.696	0.246	0.010	0.5745
維護社會秩序，反對暴力政治活動。	0.387	-0.057	0.627	0.157	0.105	0.5814
擁護政府，光復大陸。	0.091	-0.097	0.163	0.727	0.067	0.5771
提高我國在國際上的地位。	-0.027	-0.001	-0.056	0.684	-0.134	0.4894
鞏固領導中心，維護政治安定。	0.014	-0.177	0.318	0.581	0.047	0.4724
提高本省同胞的地位與榮譽。	-0.037	0.043	-0.117	-0.053	0.786	0.6377
全面擴大政治參與，增加民意代表的選舉名額。	-0.028	0.268	0.099	-0.010	0.760	0.6604
依據國情，逐步實現民主。	0.199	0.451	0.218	0.465	-0.131	0.5244
固有值(Eigenvalues)	3.075	2.177	1.890	1.751	1.416	

N=244　□：0.50 以上

2.我們共列五項憲政規範改進取向，即：(1)「放寬言論尺度，爭取言論自由」，(2)「建立制衡力量，防止政治腐化」，(3)「改善審判的公平、獨立，以確保人權」，(4)反對官僚政客的政治特權」，及(5)「全面擴大參與，增加民意代表的選舉名額」。現前四項的負荷量皆超過.5，而第五項的負荷量爲.268　，雖仍具意義，但已低於我們所定的.5 的標準。因前四項已明顯地形成一類型，實可證實我們在概念架構中所作的分類。我們對這一類型的因素，就可稱爲「憲政規範改革」因素。上列第五項取向，在我們前面所作的相關分析中，與第二項及第三項皆具顯著的相關性，但經因素分析後，則發現並不能列入同一類型。這一取向的主要含義是擴大參與，增加民意代表的選舉名額，我們原看作爲參政權的行使敢向。但從另一面看，選舉名額的擴大，正在增強本省選民的權力與地位，所以也可看成地域認同的另一取向。實際上，在表六的因素分析中，這一取向就併入「提高本省同胞的地位與榮譽」的地域認同取向，合成另一類型。

3.我們所列的三項安定規範取向：(1)「維持社會和諧，嚴禁不當言論」，(2)「集中政治權力，強化行政效能」及(3)「維持社會秩序，反對暴力政治活動」也同樣地構成一類型，證實我們的分類。對此一類型的因素，即可稱爲「安定規範取向」的因素。

4.我們對國家認同，共列三項取向：(1)「擁護政府，光復大陸」，(2)「提高我國的國際地位」，及(3)「鞏固領導中心，維護政治安定」。在表六的因素分析中，此三項正構成我們在概念架構中的分類，我們即可稱這一類型的構成因素爲「國家認同」的因素。

5.我們原列一項地域認同取向，即：「提高本省同胞的地位與榮譽」。現此項在 因素分析中，如前所述，連同「擴大參與，增加民意代表的選舉名額」的取向，合爲一類型，但同樣可以證實我們所作地域認同的分類。我們現即以「地域認同取向」命名這一類型的構成因

素。

從以上的分析，我們可以發現在所列的十九項投票取向中，實際上可以分成國家認同取向、地域認同取向、系統安定取向、規範改革取向及一般政策取向等五類。此即構成政見取向的五種類型。

七、政見取向與候選人抉擇

如前所述，選民的投票取向不外爲政見及非政見取向，而在參選的立法委員候選人中，則主要爲執政的國民黨籍及無黨籍的所謂黨外人士。我們現要探究的是政見取向與選民對不同黨派候選人的抉擇之間究其怎樣的關連？換句話說，支持執政黨與無黨籍候選人的選民又各具怎樣的政見取向？根據我們的研究發現，在支持國民黨候選人的選民中，基於政見而投票的，約五分之二強(41.59%)；另一面，在支持無黨籍候選人的選民中，基於政見而投票的，亦約五分之二強(42.57%)，兩者在程度上亦無顯著的差異，統計的檢定亦如此($\chi^2=.034$, p>.05)。不過，我們對政見取向的觀察，應著重政見的內涵，也就是說應探討前述五種不同的政見取向對黨派候選人的抉擇所造成的影響。在這方面，我們特設五種假設，以驗證我們的理論：

1.國民黨與無黨籍候選人的選民，在一般政策取向上，不具有顯著的差異。

2.國民黨與無黨籍候選人的支持者，在規範改革取向上，具有顯著的差異：無黨籍候選人的選民，較國民黨籍候選人的選民，更傾向因這項因素的影響而投票。

3.國民黨與無黨籍候選人的選民，在系統安定取向上具有顯著的差異：國民黨籍候選人的選民，較無黨籍候選人的選民，更傾向因這

項因素的影響而投票。

　　4.國民黨與無黨籍候選人的選民，在國家認同取向上具有顯著的差異：國民黨籍候選人的選民，更傾向因這項因素的影響而投票。

　　5.國民黨與無黨籍候選人的選民，在地域認同取向上具有顯著的差異：無黨籍候選人的選民較國民黨候選人的選民，更傾向因這項因素的影響而投票。

　　對以上各項假設的驗證，我們運用區辨分析(discriminant analysis)加以檢定，各項 Lambda 及 F 值可見表七：

表七　黨派抉擇與五類政見取向的區辨分析（Lambda及F值）

	Lambda	F
一般政策取向	.999	.15
規範改革取向	.851	50.23***
系統安定取向	.977	6.90**
國家認同取向	.875	41.16***
地域認同取向	.852	50.00***
N=298	**p<.01	***p<.001

　　我們從表七的各項變異量檢定，可作以下的數點討論：

　　1.一般政策的類型取向，共包含了六項政見變數：(1)「大量興建國民住宅，使住者有其屋」；(2)「妥善照顧退除役官兵、後備軍人及軍眷生活」；(3)「提高軍公教人員的待遇」；(4)「實施全民失業及醫藥保險，以加強社會福利」；(5)「縮短貧富差距，改善低收入民眾生活」；(6)「澄清吏治，肅清貪污」。這六項政見變數的基本性質，皆與政治體系的基本結構或認同的問題無關，而屬於所謂政治體系功能性的產生(output)（胡佛 1982:126）。我們從表七的區辨分析可知，在

一般的政策考慮上，國民黨與無黨籍候選人的支持者之間並無差異存在(F=.15, p>.05)。這項發現證實了我們的假設，即：國民黨與無黨籍候選人的選民，在一般政策的層次上，並沒有顯著的態度歧異；換言之，二者之間的政治衝突，並非在一般的政策層次。

2.規範改革的類型取向，主要由四項政見變數所構成：(1)「放寬言論尺度、爭取言論自由」；(2)「改善審判的公正與獨立，以確保人權」；(3)「建立制衡力量，防止政治腐化」；(4)「反對官僚政客的政治特權」。關於這項因素的基本性質，根據表七的區辨分析，我們可以發現取向規範改革的選民，極明顯地傾向於抉擇黨外的候選人(F=50.23, p<.001)；換言之，無黨籍候選人的選民，很明顯地較國民黨籍的傾向規範改革。這項發現，強而有力地，證實了我們的假設。我們由此亦可證知，目前執政的國民黨與無黨籍人士之間的政治衝突，是環繞在政治規範的改革上的。

3.系統安定的類型取向主要由三項政見變數所構成：(1)「集中政治權力，強化行政效能」；(2)「維持社會和諧，嚴禁不當言論」；(3)「維護社會秩序，反對暴力政治活動」。這三項政見變數的共同特性，就是維護政治的現狀，反對任何急劇的變革。我們從表七的區辨分析可知，取向系統安定的選民，很明顯地抉擇國民黨籍候選人(F=6.90, p<.01)。這項發現，也證實了我們的假設：即支持國民黨籍候選人的選民較支持無黨籍候選人的選民，更注重系統安定取向。

4.國家認同的類型取向主要包含三項變數：(1)「擁護政府，光復大陸」；(2)「鞏固領導中心，維護政治安定」；(3)「提高我國在國際上的地位」。這項因素的基本性質相當明確，即在強調效忠政府，謀求政治安定，反對急劇的政治改革，其中蘊涵看相當程度的國家主義的情緒，亦即對國家的認同。根據表七，我們可以發現，具有這一類型取向的選民，極明顯地傾向於抉擇國民黨籍的候選人(F=41.16, p<.001)。這顯示出國民黨籍候選人的支持者較無黨籍候選人的選民，更傾向基於國家認同的因素而投票。這項發現，也證實了我們的假設。

5.地域認同類型取向主要是由兩項政見變數所構成：(1)「爭取本省同胞的地位與榮譽」；(2)「全面擴大政治參與，增加民意代表的選舉名額」。這項因素的基本性質，一方面在於試圖改變當前權力結構的模式；另一方面，則顯示出地域認同的感情。根據表七的區辨分析，我們發現具有這一類型取向的選民，極明顯地傾向於抉擇無黨籍的候選人(F=50.00, p<.001)，亦即支持無黨籍候選人的選民，在這一取向上，高於支持國民黨籍的候選人。換言之，無黨籍候選人的選民的投票，相當程度也受到這項因素的影響；反之，支持國民黨籍候選人的選民，則較少受此影響。這項發現，也證實了我們的假設。

根據以上的分析，我們再進一步探討上述的五項類型取向，在黨派的抉擇上，究具有怎樣的區辨力？特別是何者最具影響力？我們的發現可見表八的正準區辨功能係數(canonical discriminant function coefficients)。

表八　五類政見取向的區辨功能（Function值）

	Function
一般政策取向	-.123
規範改革取向	.679
系統安定取向	-.245
國家認同取向	-.394
地域認同取向	.366

從表八的功能係數可如，以規範改革取向的功能係數最大(.679)，而構成黨派抉擇的主要影響力；其次為國家認同取向(-.394)、地域認

同取向(.366)及系統安定取向(-.245)。一般政策取向，如前所述，並不具顯著的區辨力，故可不計。我們由此可進一步了解，規範改革確實為當前最具衝突性的政治課題。這一衝突如不能減緩與解決即易造成政治體系的緊張與不安；反之，或能帶動其他衝突的鬆解，導向政治體系的整合

八、結　論

　　根據以上的各項發現與分析，我們覺得選民在政見取向方面所作的各種考慮與抉擇，無論對政治發展及選舉行為的理論建構，皆具有相當的意義。現再作數點綜合的說明與討論。

　　1.在任何政治體系皆不能避免政治衝突，而且，政治衝突如能在體系成員所共同接受的政治規範上解決，亦即如能在體系成員對體系結構的共識與共信的基礎上，就各種不同的需求進行權威性的價值分配，這樣的衝突在性質上就成為一種體系內(within the system)經常運作的功能性競爭，不僅不會造成危機，且能推動政治的發展。民主國家的選舉都是在肯定既有民主結構的軌道上所作的競爭，所以都是功能性的。但從 1980 年立法委員增額選舉臺北市選民的政見取向觀察，所爭論的主題則昇高到政治的認同與結構，也就是牽涉到體系的本身(of the system)，特別在結構上呈現極為明顯的衝突。結構關係到體系功能運作的根本，如不能建立共識與共信，不僅對未來民主政治的發展，且對現行的選舉制度，皆會帶來嚴重的影響。總之，選民在政見取向上的爭論因牽涉到體系的根本，再加上選舉前所產生的中美斷交及高雄事件，此使得選民具有某種程度的危機意識，而更關注未來的政治變遷及臺灣地區的前途，而造成政見取向不僅在投票取向中佔最

大的比例，且對投票抉擇具有最重大的影響力。

2.西方民主國家具有政黨政治長期交互運作的傳統，選民易於取向政黨認同，較少注重政治問題，而西方學者也易於從政黨看選民，並發展概念架構，探究行為的理論。他們所強調的社會互動、政黨認同，或問題取向等中心概念，在前提上，實際皆已肯定政黨運作的傳統結構。換言之，他們是在這一穩定的結構內，進行選舉行為的觀察的。我國的情況則不然；近年來我們雖然已舉辦選舉，但政黨交互運作的傳統，尚未形成，因之，我們對選舉的行為的探究，不僅要從政黨看選民，還要從選民看政黨，看整體政治體系的發展。這也就是說，我們所要看的是選舉在體系內(within the system)及對體系本身(of the system)所產生的影響。這種影響在性質上是一互動的作用，而中心的概念則是體系的運作與發展。在這樣的認識下，我們乃據所試建的以體系認同、規範及決策為基礎的概念架構，觀察有關的各項政見取向及所產生的衝擊，已如前述；在另一方面，我們也可從中看出對政黨政治的發展所造成的影響。在性質上，選民的政見取向雖已提昇到對系統本身的爭執，但在選民的觀念中，已能主觀地辨認出執政的國民黨與無黨籍的所謂黨外人士是各具某些政治特質的政治團體。我們認為這一辨識縱然與政治的現實不盡相符，因黨外仍非嚴格意義的政黨，但卻能推動政黨政治的發展，而有助於未來政黨政治的交互運作。對無黨籍的所謂黨外人士來說，更可能產生凝結及整合的導向作用。

3.再進一步觀察，我們也可很清晰地發現：國民黨籍及無黨籍候選人的選民對政治體系的一般公共政策並無取向上的差異與衝突。雙方的差異主要出現在認同與規範，特別在規範的改革。支持國民黨籍候選人的選民較取向於國家的統一，戡亂及戒嚴時期的政治體制、社會秩序與有限度的自由，以及鞏固領導中心等；而支持無黨籍候選人的選民則較取向於地域的認同、人權的保障、參與的擴大，以及制衡

力量的建立等。這些差異，如前所述，關係到體系本身的維繫與整合，如不能妥善解決會導致體系的危機。因之，如能按憲政體制，對政治結構作適度的調整，應有助於未來政治的和諧與進步。　（原載《社會科學論叢》，臺大法學院印行，第 34 輯，1986 年 6 月 30 日，頁 1-33；所運用的資料係根據作者主持的《臺北市選民的選舉研究：民六十九年增額中央民意代表選舉之分析》專題研究。）

參考文獻

胡佛，1983，〈動態的和諧〉，《中國論壇》，17 卷 2 期，頁 1。

胡佛，游盈隆，1983，〈選民的投票取向：結構與類型的分析〉，《政治學報》，11 期，頁 225-79。

陳義彥，1979，〈臺灣地區大學生對政治系統支持態度之研究—從中美斷交事件探析〉，《政治學報》，八期。

Abramson, Paul A. 1975. *Generational Change in American Politics*. Lexington, Mass.: Heath.

Campbell, Angus; Gerald Gurin, and Warran E. Miller. 1954. *The Voter Decides*. Evanston, Ill.: Row, Peterson.

Campbell, Angus, Philip E. Converse, Warran E. Miller, and Donald E. Stokes. 1960. *The American Voter*. New York: Wiley.

Campbell, Angus, Philip E. Converse, Warran E. Miller, and Donald E. Stokes. 1966. *Elections and Political Order*. New York: Wiley.

Converse, Philip E. 1975. "Public Opinion and Voting Behavior." In Fried I. Greenstein and Nelson W. Polsby (eds.) *Handbook of Political Science*. Reading, Mass.: Addison-Wesley, 4:75-170.

Key, V. O. 1966. *The Responsible Electorate: Rationality in Presidential Voting, 1936-1960*. Cambridge, Mass.: Harvard University Press.

Lazarsfeld, Paul E., Bernard Berelson, and Hegel Gaudet. 1944. *The People's Choice*. New York: Columbia University Press.

Miller, Arthur, Warran E. Miller, Alden S. Raine, and Thed A. Brown. 1976. "A Majority Party in Disaray: Policy Polarization in the 1972 Election." *American Political Science Review* 70: 753-78.

Nie, Norman H., Sidney Verba, and John R. Petrocik. 1976. *The Changing American Voter*. Cambridge, Mass.: Harvard University Press.

Niemi, Richard G. and Herbert F. Weisberg. 1976. *Controversies in American Voting Behavior*. San Francisco: Freeman.

Pomper, Gerald. 1975. *Voters' Choice: Varieties of American Electoral Behavior*. New York: Dodd Mead.

Rusk, Jerrold G. 1982. "The Michigan Election Studies: A Critical Evaluation." *Micropolitics* 2(2):87-109.

Schulman, Mark A., and Gerald M. Pomper. 1975. "Variability in Electoral Behavior: Longitudinal Perspectives from Causal Modeling." *American Journal of Political Science* 19: 393-417.

附錄一　量表的編制與測量

我們共編製了政見取向及非政見取向的量表。由於影響選民投票的變數很多，通常並不止一個，因此，首先，我們允許受訪者陳述一項至多項影響其投票的變數。其次，在受訪者陳述影響其投票的多項變數後，我們乃進一步請受訪者就影響其投票的多項變數，依個人自覺的重要性作先後次序的排列。當然，受訪者也很可能難分重要性的軒輊或感覺其中的兩項或三項乃同等重要。在這種狀況下，我們也允許受訪者作同等重要的排列。第三，多重選擇與重要次序的排列，皆運用到各類變數的施測。唯對政見態度的施測，除了多重選擇與重要次序的排列等兩種方法外，尚運用「李克特測量法」(Likert scale)。受訪者對候選人的政見，可有強烈贊同、中度贊同、輕微贊同、輕微不贊同、中度不贊同及強烈不贊同等六種不同強度的正面或負面的反應。強烈贊同的，給六分，強烈不贊同的給一分。介乎其中的，則分別給與五、四、三、二等分數。基本上，多重選擇亦是一種「是或不是」的問題。例如，當受訪者被問及，為何投票支持所選舉的候選人？他很可能說出多種原因，如候選人的政見、成就、品德、學識等等，而非由於家人或親友的囑託等。換言之，多重選擇所獲得的資料，是一種類名尺度(nominal scale)。若再進一步將多項變數作重要先後次序的排列，由此所得到的資料則係次序尺度(ordinal scale)。但就重要性的高低延續的意義上來看，我們也可以視作一種等距的尺度(interval scale)。

我們利用「社會科學套組程式」(Statistical Package For The Social Sciences，簡稱 SPSS)及「生統電腦程式」(Biomedical Computer Programs

P-Series，簡稱 BMDP)，進行統計分析。所運用的統計方法包括皮爾遜相關分析(Pearson product moment correlation)、變異數分析(ANOVA)、多變項列聯表分析(multi-variate contingency table)、因素分析(factor analysis)、卡方檢定(Chi-square test)等。

　　我們對選民的整體投票取向，共列二十四個選擇題及一個任意回答題。針對這些題目，我們在訪問時，共詢問兩個問題（先問第一題，再續問第二題）。

1.您選舉他（她）為立法委員，一定是有道理的；請您仔細地想一想，最後您為什麼投票給他（她）？

2.請問在您所選舉的投票原因中，那一種（或那幾種）是最重要的、或次重要的等等。（請用 1.2.3.4....等數字說明；同等重要的，請用相同的數字）

各項選擇題目如下：

甲、私人關係：

　1. 由於家人或親戚的囑託。

　2. 由於朋友或同學的囑託。

　3. 由於師長（或長輩）的囑託。

　4. 由於鄰居的囑託。

乙、社會關係：

　5. 由於所服務機關同事的囑託。

　6. 由於所參加團體會友的囑託。

　7. 由於是同鄉。

　8. 由於是同宗。

　9. 由於是校友。

丙、政治關係：

　10. 由於黨團組織的囑託。

　11. 由於他（她）是同黨黨員。

12. 由於他（她）是無黨籍人士。

13. 由於後備軍人組織的囑託。

14. 里鄰長的囑託。

丁、候選人的政見：

15. 由於他（她）的政見或解決問題的辦法。

＊若是依政見投票，則繼續回答政見量表（見後）。

戊、候選人的條件：

16. 由於他（她）的品德。

17. 由於他（她）過去的表現或成就。

＊若是依表現或成就投票，則繼續回答表現及成就量表（略）。

18. 由於他（她）所經歷的遭遇。

＊若是依候選人的遭遇投票，則繼續回答同情量表（略）

19. 由於他（她）的家世很好。

20. 由於他（她）的學識。

21. 由於他（她）的風度。

22. 由於他（她）敢作敢當的勇氣。

己、個人的因素：

23. 由於想發抒內心的情緒。

＊若是為發抒內心的情緒而投票，則繼續回答情緒量表（略）

24. 由於個人特別利益的考慮。

＊若是因個人特別利益的考慮而投票，則繼續回答利益量表（略）

庚、其他或特殊事例

25. 請註明 ＿＿＿＿＿＿＿＿。

政見量表的各項題目如下：

1. 提高我國在國際上的地位。
2. 擁護政府，光復大陸。
3. 爭取本省同胞的地位與榮譽。
4. 鞏固領導中心，維護政治安定。
5. 反對官僚政客的政治特權。
6. 全面擴大政治參與，增加民意代表的選舉名額。
7. 依據國情，逐步實現民主。
8. 放寬言論尺度，爭取言論自由。
9. 維持社會和諧，嚴禁不當言論。
10. 改善審判的公平與獨立，以確保人權。
11. 維護社會秩序，反對暴力政治活動。
12. 建立制衡力量，防止政治腐化。
13. 集中政治權力，強化行政效能。
14. 提高軍公教人員的待遇。
15. 大量興建國民住宅，使住者有其屋。
16. 澄清吏治，肅清貪污。
17. 縮短貧富差距，改善低收入民眾生活。
18. 實施全民失業及醫藥保險，加強社會福利。
19. 妥善照顧退役官兵、後備軍人及軍眷生活。
20. 其他（請註明 _____）。

選民的黨派選擇

～態度取向及個人背景的分析

一、概　說

選舉是一場政治競賽，而由選民對參選的候選人作最後的裁決與選擇。這樣的選擇不僅可促使民意代表或其他公職的當選人必得以民意爲依歸，且可導致政治衝突的和平解決，而達到民主生活中所謂的「動態的和諧」。[1] 但這一和諧的歷程如不能容納不同意見的政治團體及候選人參與競爭，換言之，如不能具備公正的競賽規則，則不爲功。在實際上，選民亦必須由政治團體提供候選人，以及由候選人推薦自己，否則，即難作選擇。因之，選舉的競賽不能無政黨的運作，而在民主的國家，政黨的主要功能即在參與選舉，贏取選舉。

政黨與選舉在民主生活中所形成的密不可分的關係，使得研究選

---

[1] 選舉雖是一種衝突，但所根據的規則如具公正性，而能爲民眾視爲正當，即能和平以解決，而導致和諧。社會的利益衝突會不斷產生，如選舉能不斷舉行，即既可在競爭中獲得進步，也可在變動中獲得和諧（參見：胡佛 1983）。

舉行爲的西方政治學者，無不探討政黨對選民投票行爲的影響。但其
中最值得我們重視的，則在選舉行爲的理論建構。一般說來，西方民
主國家多具政黨政治的傳統，尤以美國的兩黨政治爲最，因之，美國
的政治行爲學者往往視交互執政的政黨政治爲當然，而可輕易地將選
舉看成政黨之間的競爭，縱然在觀點上有異。在 1940 年代美國哥倫比
亞大學的學者 Paul F. Lazarsfeld 等(1944)雖著重選民投票行爲中所反映
出的社會特質，但也強調政黨認同的影響力。其後的學者，特別是密
歇根大學的 Angus Campbell 等(1954, 1960)，則認爲政黨認同在所有投
票態度的取向中，最具長期持續的穩定性，而視作選舉行爲的核心觀
念，一方面建立選舉與政治秩序的理論，[2] 一方面發展因果關係的理
論模型。[3] 他們雖也重視選民的政見取向及候選人取向，但祇看成短
期的影響因素，不認具有太大的作用 。 Lazarsfeld 等學者對政黨認同
的強調，近年來，曾受到若干學者的非難。如 V. O. Key(1966)即指出
爲數頗多的選民是取向於候選人的政見而投票，所以是「負責的選民。」
其他學者的研究也發現政治問題對美國選民投票行爲的影響愈來愈

---

[2] Campbell 等學者(1960:531-38; 1966:63-77)在政黨認同的概念下，將選舉
　劃分為：「維持性的」(maintaining)、「偏離性的」(deviating)及「重組
　性的」(realigning)等三種類型，並進而指出「維持性的」選舉的主要特
　性是原先的政黨認同模式不變，仍由多數黨贏得選舉；「偏離性的」選
　舉的主要特性是：原先的政黨認同模式維持不變，但由於短期因素的影
　響，使少數黨贏得選舉；「重組性的」選舉主要特性是主要政黨的社會
　基礎發生重大的變動，而失去原先保持的均勢，使得選民的認同模式產
　生重組的現象，如 1930 年代美國經濟大恐慌時期即是。

[3] Campbell 等學者所發展的漏斗因果模型(funnel of causality)是將選民的投
　票取向區分為政治性與非政治性，以及個人的與外在的兩個面向，然後
　再在時間的主軸上觀察兩個面向所交互形成的四種投票決定的過程與態
　度，而整體架構的重心即為具長期穩定的政黨認同。實際上他們所探討
　的仍在個人與政治的取向變數，也就是 Philip E. Converse (1975: 113)所
　說的「近因且政治的變數」(proximal and political variables)。

大，而政黨認同則有減弱的趨勢（參見：Miller, Miller, Raine, and Brown 1976; Schulman and Pomper 1975; Abramson 1975; Nie, Verba, and Petrocik 1976）。

美國政治學者對政黨認同的爭論，主要在這一取向是否確實具有長期持續性的絕對影響力，而能供作投票理論的核心觀念。但在實際上，美國選民投票的政見取向雖自 1970 年代以來，節節上升，但仍落在政黨認同之後，且以總統的大選為主（參見：Pomper 1975:186-209）。在美國國會議員的選舉，選民所取向的政黨認同，則一向具有絕對的影響力（參見：Niemi and Weisberg 1976:161-75）。政黨認同是一種對政黨的習慣性感情傾向，美國選民所產生的這種傾向當然與穩定的兩黨政治傳統息息相關。因之，我們從政黨認同在美國選民投票取向中所居的優勢地位可知，美國學者不僅在投票的理論上，無法擺脫傳統的兩黨競爭的政黨政治，而且所有的爭論，也仍然要在這一政黨政治的基礎上進行。

與美國的民主政治相較，我們一方面欠缺兩黨運作的政治傳統，另一方面尚在試建可導致所謂「動態和諧」的選舉規範，因之，我們對我國選民投票行為的觀察，雖可參考美國學者的一些基本概念與途徑，但在理論的建構上，則必須按我國選舉的特性，發展自己的架構。本文主在探究我國選民對黨派候選人的選擇，重點則在理論的試建，在這方面我們具有一些基本的看法：

1.如前所述，美國學者儘管對政黨認同的理論建構有各種爭論，但皆有意或無意地站在兩黨運作的傳統政治結構上進行。政黨長期認同的理論基礎，固然來自傳統的政黨政治，而節節上升的政見取向，在理論上所強調的，仍不出兩黨政治的所謂自由與保守的傳統。換言之，前者所著重的是政黨的感情傳統，後者則在政策傳統。我國既欠缺兩黨運作的政治傳統，在選舉中，無黨籍的候選人也無法作一般政

黨所習用的感情或政策傳統的訴求，所以我們在觀察時，即不能以政黨認同作爲理論架構的重心。實際上，根據我們的研究發現（胡佛，游盈隆　1983:9-12），政黨認同也並非是我國選民的主要投票取向，且遠落政見取向及各項候選人取向之後。我們由以上的分析可知，美國的選舉是傳統兩黨政治的運作過程，因而美國學者所著重探究的乃在這一具有穩定傳統的政黨體制內(within the system)的選學理論；而相反地，我國的選舉則相當程度地可能成爲推動現代政黨政治的過程，所以我們所要著重探究的應是建構政黨體制本身的(of the system)選舉理論。我們要從選民的投票取向進而觀察候選人的類型，換言之，我們要看不同政治背景的候選人是否受到，以及受到那一類或那幾類選民的投票取向的支持。以無黨籍的候選人來說，如多數受到某類（或數類）取向的普遍支持，則在選民的心目中，已具有實質政黨的形象，而對未來的政黨政治即構成一推動的力量；否則，即是政治現況的持續。

　　2.美國學者所強調的政黨認同，必然具有根源。我們過去即曾指出（胡佛　1982:119-20），政黨認同可能來自選民對政見問題的贊同，也可能出於對政黨人士的偏愛。Jerrold G. Rusk(1982:91-96)近亦指稱，密歇根大學的　Campbell　教授等一面誇大了政黨認同的重要性，一面也低估了問題取向的影響力；而所謂的政黨認同不過是問題或候選人取向的代替物而已。在傳統的政黨體制下，美國選民的認同傳統與政策傳統可能易於合致，而不易分辨，但如 Rusk 等學者則仍主張細加辨識，作爲重建理論的基礎。我國選民的政黨認同在投票決定上，如我們在前面所指出的，並不具重要的影響力，我們當然更要注重政見及候選人取向在我們的理論探究中，所具有的重要性。

　　3.美國學者近年來雖著重選民的問題或政見取向，也發覺問題的

要素不易辨認與解答，[4] 但並未在概念上就問題的政治特性，加以分割。大致上，他們所重視的問題多屬政府的公共政策，也就是所著重的是體系內(within the system)的決策及執行的功能，未能擴展到體系本身的(of the system)認同及規範結構。這可能是美國的民主政治體系，長期以來，已奠定相當穩固的基礎，而不發生政治認同及政治結構上的問題。但我國正從一個傳統性的權威政治體系轉向到民主的政治體系，所面臨的問題不僅是功能性的政策制定與執行，而更嚴重的是認同性的整合與結構性的規範。選舉的實施，本身就是具有實質意義的政治演進，而非僅是體系功能運作的過程。但其中所呈現的問題則牽涉到體系本身的整合與政黨政治的發展，因之，我們須建立包括認同、結構及功能在內的整體體系的概念架構，以觀察選民對黨派候選人的選擇。

4.與政黨認同相似，選民對候選人的偏愛，也必然具有原因。我們可以把這些原因看成候選人對選民的吸引力，一一加以列舉，但這在探究政黨選擇與發展的理論上，尚不濟事。政黨政治的發展常環繞著政治的課題，也就是關係到前述的三類政治問題，因之，我們在觀察候選人各種吸引力時，必須進一步辨識其中所含的特性，主要在政治性的或非政治性的。如選民對候選人的遭遇或膽識表示同情或欣賞，我們即必得加以分辨這些偏愛究竟是來自候選人的個人特質或私人境遇，還是受激於某些政治事件，否則，對政治發展的觀察，即不易周延及深入。

---

[4] Rusk(1982:100, 104)即強調不易解答問題的要素究竟為何，而密歇根大學的研究也並未完全解決這一問題。他的主張是重視「立場問題」(position issues)，並在測量時，列出候選人的競選政見，以探詢選民的「問題立場」(issue positions)。但他對所謂的「立場問題」究具有怎樣不同的政治特質，也未作概念上的釐清。

5.對選民的黨派選擇及所具的政治意義的探討，我們當然也應注意到選民的個人因素與社會背景。美國學者 Lazarsfeld 等(1944)過去對投票行為的探究，即很著重社會理論，曾綜合選民的經社地位、宗教信仰與居住地等三項變數，建立「政治傾向指標」(indexes of political predisposition)，用以觀察投票行為。但這一途徑很明顯地忽視了選民的態度取向從中所發生的中介作用。Campbell 等(1954, 1960)乃指稱這一以社會階層為主的指標與投票決定之間所具有的關連，不過是虛假的相關，而主張以心理的取向相輔。我們的看法是：社會階層的實質意義不應是某類特殊身份的人的聚結，而是所具共同生活經驗與價值的結合。因之，我們不妨就選民社會生活上的關係，察看在投票決定上是否形成一種價值取向。這樣就可以將生活經驗與態度相連結，可能更易顯示出社會背景在政治發展上的意義。當然社會生活也可分成政治性的及非政治性的，我們在探究時，也應加以辨識。

根據以上的看法，我們覺得對選民的政黨選擇的觀察，應以政治體系，特別是政黨政治的運作與發展為理論架構的基礎，然後再將選民的投票決定分割為個人的及態度取向的兩人類。在態度取向中，可續分政治的及非政治的，並將政見取向、候選人取向及社會生活的關係取向等，各按所具的特性，分別加以劃歸。我們所觀察的對象是 1980 年 12 月所舉行的立法委員增額選舉中的臺北市選民。

二、研究設計與方法

如前所述，我們將選民的投票決定劃分為個人背景及態度取向等兩大類。在個人背景方面，我們所觀察的是選民的性別、年齡、省籍、教育、職業等變項對選民投票決定的影響。我們認為知識程度在個人

的背景中，最能影響選民的態度，所以除單獨分析外，並在性別、年齡及省籍的變項中，再加控制，作進一步的分析。

在態度取向方面，我們先劃分爲政見取向、候選人取向及關係取向等三類，然後再按政治及非政治的特性，逐一觀察其中所包含的各項變項與選民投票決定之間的關係。現將三類的各項變項，分述如下：

（一）政見取向：

我們針對整體政治體系的問題，分成三種取向：(1)認同取向；(2)規範取向；(3)政策取向。每一種取向皆包括若干問題，構成一政見取向的量表。

（二）候選人取向：

共包括七項：(1)由於品德；(2)由於過去的表現或成就；(3)由於所經歷的遭遇；(4)由於家世；(5)由於學識；(6)由於敢作敢當的勇氣(膽識)；(7)由於風度。

我們另針對候選人的表現或成就、所經歷的遭遇及敢作敢當的勇氣，製作量表以測量其中的政治性及非政治性的投票取向。

（三）關係取向：

共分爲五種，每種再包括若干項，現分述如下：

1.私人關係取向：共包括四項：(1)由於家人或親戚的囑託；(2)由於朋友或同學的囑託；(3)由於師長或長輩的囑託；(4)由於鄰居的囑託。

2.社會關係取向：共包括五項：(1)由於所服務機關同事的囑託；(2)由於所參加團體會友的囑託；(3)由於是同鄉；(4)由於是同宗；(5)由於

是校友。

3.黨政關係取向：共包括五項：(1)由於黨團組織的囑託；(2)由於是同黨黨員；(3)由於是無黨籍人士；(4)由於後備軍人組織的囑託；(5)由於里鄰長的囑託。

我們所運用的方式是訪談：先請受訪者據實說明那一項或那幾項因素影響自己的投票決定，然後再請排列這幾項因素的重要次序。受訪的選民可作一項或多項選擇，也可作同等次序的排列。如須進一步回答量表的問題，如政見取向，我們就請受訪的選民在所選擇的政見取向中，繼續請說明是贊成那一項或那幾項候選人的政見。

我們採用二段抽樣法(two phases sampling)共抽取臺北市選民樣本計954，並在1981年2月中旬作逐戶訪問。在954人的樣本中，投票樣本計754人（另不投票樣本183人，無效樣本17人），此即爲本研究的樣本總數。有關抽樣的方法請參見：胡佛、游盈隆（1983:附錄一），量表的編製與測量等，請參見附錄一。

我們根據所抽取的樣本，分別就選民的個人因素及態度取向，計算所含各種變項的次數及百分比，以供進一步的分析，所得的數據請參見附錄二及三。

三、態度取向與黨派選擇

選民對黨派選擇的態度取向，如前所述，可分成政見取向，候選人取向及關係取向，現分別加以討論如下：

（一）政見取向與黨派選擇：

我們在前面曾經強調，對選民政見取向的探究，應根據整體政治

體系的概念，分別就認同、規範及政策等三個層面，建立理論的架構，加以觀察及驗證。我們在這樣的觀念下，再對執政的國民黨及無黨籍或黨外的立委候選人所發表的政見，進行內容分析，並從中抽繹出十九項問題，在概念上作進一步的充實與歸類。我們將政策取向涵蓋一般性的公共政策及執行的能力，另將規範取向及認同取向再作劃分。規範取向分爲相對的規範改革與系統安定兩類；認同取向分爲相對的國家認同及地域認同兩類。經過這樣的充實與分類後，我們乃編製強度的量表（參見附錄二），並假設上述的五種取向（公共政策、規範改革、系統安定、國家認同、地域認同）皆能各自構成一個類型。我們的假設經用相關分析及因素分析，皆能加以證實（胡佛 1982:14-152）。現將因素分析所獲得的五個類型因素或綜合取向，列如表一。

上述政見取向與選民的黨派選擇究具怎樣的關連？執政黨與黨外的選民又具有怎樣的政見取向？再進一步看，這些選民對執政黨及黨外在政見上究具有怎樣的主觀寄望與期待？我們的探究分成兩個部分：(1)先檢驗執政黨與黨外的選民係同等地重視政見取向，或有所輕重、差異；(2)根據前述的五個政見類型，檢驗執政黨及黨外選民在類型取向上，有無異同。現即就此兩部分加以分析：

1.根據我們的發現，政見取向與黨派選擇之間不具有顯著的關聯（ χ^2=0.034, p>.05）。換言之，投票支持國民黨籍候選人的選民並不比投票支持無黨籍候選人的選民，具有更強烈的政見取向。反之，亦然。進一步的分析顯示：在國民黨籍候選人的選民中，基於候選人政見而投票的，約五分之二強(41.59%)；在無黨籍候選人的選民中，基於政見因素而投票的，亦約占五分之二強(42.57%)。由此可知，兩者皆同等重視政見，在程度上並無明顯的差異存在；　至於兩者在取向的內涵上具有怎樣的異同，我們將在下面討論。

表一　政見取向的因素分析（正交轉軸）

	一般政策取向	規範改革取向	系統安定取向	國家認同取向	地域認同取向	共同性 h²
大量興建國民住宅，使住者有其屋。	0.790	0.091	0.031	-0.032	0.008	0.6345
妥善照顧退役官兵，後備軍人及軍眷生活。	0.724	-0.053	0.078	0.108	0.013	0.5446
提高軍公教人員的待遇。	0.714	-0.061	0.095	0.144	-0.062	0.5472
實施全民失業及醫藥保險，加強社會福利。	0.677	0.098	0.148	0.039	-0.003	0.4917
縮短貧富差距，改善中低收入民眾生活。	0.635	0.268	0.084	-0.030	-0.121	0.4981
澄清吏治，肅清貪污。	0.517	0.183	0.328	-0.196	0.244	0.5066
放寬言論尺度，爭取言論自由。	0.090	0.752	-0.144	0.008	0.090	0.6026
建立制衡力量，防止政治腐化。	0.091	0.656	0.133	-0.117	0.044	0.4726
改善審判的公平與獨立，以確保人權。	0.148	0.628	-0.160	-0.007	0.241	0.5000
反對官僚政客的政治特權。	-0.111	0.571	0.316	-0.146	0.066	0.4644
維持社會和諧，嚴禁不當言論。	0.086	0.089	0.703	0.062	-0.130	0.5294
集中政治權力，強化行政效能。	0.169	0.021	0.696	0.246	0.010	0.5745
維護社會秩序，反對暴力政治活動。	0.387	-0.057	0.627	0.157	0.105	0.5814
擁護政府，光復大陸。	0.091	-0.097	0.163	0.727	0.067	0.5771
提高我國的國際地位。	-0.027	-0.001	-0.056	0.684	-0.134	0.4894
鞏固領導中心，維護政治安定。	0.014	-0.177	0.318	0.581	0.017	0.4724
提高本省同胞的地位與榮譽。	-0.037	0.043	-0.117	-0.053	0.786	0.6377
全面擴大政治參與，增加民意代表的選舉名額。	-0.028	0.268	0.099	-0.010	0.760	0.6604
依據國情，逐步實現民主。	0.199	0.451	0.218	0.465	-0.131	0.5244
固有值(Eigenvalues)	3.075	2.177	1.890	1.751	1.416	

N=244　☐ : 0.50 以上

2.如前面所曾特別提到的，我國正處於轉向民主政治體系的過程中。因之，如據我們的理論架構，選民的政見取向，在黨派的選擇上，可能提升到體系本身的認同與結構的有關問題，而不像西方民主結構穩固的國家，祗著重政策問題的差異。我們特設五種假設，以驗證我們的理論：

(1)國民黨與無黨籍候選人的選民，在一般政策取向上，不具有

顯著的差異。

(2)國民黨與無黨籍候選人的選民，在規範改革取向上，具有顯著的差異：無黨籍候選人的選民，較國民黨籍候選人的選民，更傾向因這項因素的影響而投票。

(3)國民黨與無黨籍候選人的選民，在系統安定取向上具有顯著的差異：國民黨籍候選人的選民，較無黨籍候選人的選民，更傾向因這項因素的影響而投票。

(4)國民黨與無黨籍候選人的選民，在國家認同取向上具有顯著的差異：國民黨籍候選人的選民，較無黨籍候選人的選民，更傾向因這項因素的影響而投票。

(5)國民黨與無黨籍候選人的選民，在地域認同取向上具有顯著的差異：無黨籍候選人的選民較國民黨籍候選人的選民，更傾向因這項因素的影響而投票。

對以上各項假設的驗證，我們運用在因素分析中所獲得的因素分數(factor scores)，作變異量的檢定，各項 F 值可見表二。

我們從表二的各項變異量檢定，可作以下的數點討論：

1.一般政策的類型取向，共包含有六項政見變數：(1)「大量興建國民住宅，使住者有其屋」；(2)「妥善照顧退除役官兵、後備軍人及軍眷生活」；(3)「提高軍公教人員的待遇」；(4)「實施全民失業及醫藥保險，以加強社會福利」；(5)「縮短貧富差距，改善低收入民眾生活」；(6)「澄清吏治，肅清貪污」。這六項政見變數的基本性質，皆與政治體系的基本結構或認同的問題無關，而屬於所謂政治體系功能性的產出(output)（胡佛 1982:126）。我們從表二的變異數分析可知，在一般政策的類型取向上，國民黨與無黨籍候選人的支持者之間並無差異存在(F=0.002, p>.05)。這項發現證實了我們的假設，即國民黨與無黨籍候選人的選民，在一般政策的層次上，並沒有顯著的態度歧異；

換言之，二者之間的政治衝突，並非在一般政策的層次。

2.規範改革的類型取向，是由五項政見變數所構成：(1)「放寬言論尺度、爭取言論自由」；(2)「改善審判的公平與獨立，以確保人權」；(3)「建立制衡力量，防止政治腐化」；(4)「反對官僚政客的政治特權」；(5)「依據國情，逐步實現民主」。關於這項因素的基本性質，根據表二的變異數分析，我們可以發現國民黨與無黨籍候選人的選民在規範改革取向上，具有極顯著的差異(F=42.09, p<.001)；無黨籍候選人的選民，很明顯地傾向規範改革，而國民黨籍候選人的選民，則相反地並不傾向這類改革。

表二　黨派選擇與五項政見類型的變異量分析(F值)

	國民黨		黨外		總平均數	F 值
	平均數	標準差	平均數	標準差		
一般政策取向	-0.1237	1.0307	-0.1316	1.1430	-0.1250	0.002
規範改革取向	-0.2268	0.8933	0.9211	1.4215	-0.0388	42.09 ***
系統安定取向	0.0567	1.1114	-0.1316	0.8111	0.0259	0.986
國家認同取向	0.1546	0.9905	-0.6802	0.9893	0.0172	22.799 ***
地域認同取向	-0.1392	0.9797	0.5000	1.3100	-0.0345	12.004 ***
	n=197	83.62%	n=38	16.37%		

N=232　***p<.001

這項發現，強而有力地證實了我們的假設。我們由此亦可證知，目前執政的國民黨與無黨籍人士之間的政治衝突，是環繞在憲政規範的改革上的。從整體政治系統的觀點看，這項衝突是基本結構性的衝突；在這個層次上，體系成員之間若呈現嚴重的態度歧異，政治過程將會充滿緊張與不安的氣氛，政治體系的安定也會受到根本的威脅。政治學者 V. O. Key(1966:39-53)曾指出，除非政治體系的成員，對基本的憲政規範具有共識，否則憲政即不易維持。執政的國民黨與無黨

籍人士的選民缺乏此種基本的政治共識，正是目前政治過程中滋生緊張的主要根源。尤其值得我們注意的是這種基本政治價值的歧異，並不僅限於政治菁英之間，同時也表現在選民大眾之間，這不僅會昇高政治衝突的層次，也會擴大政治衝突的範圍。因之，妥善地化解這種衝突，應是促進政治安定與發展的緊要途徑。

3.系統安定的類型取向是由三項政見變數所構成：(1)「集中政治權力，強化行政效能」；(2)「維持社會和諧，嚴禁不當言論」；(3)「維護社會秩序，反對暴力政治活動」。這三項政見變數的共同特性就是維護政治的現狀，反對任何急劇的變革。我們從表二的變異數分析可知，國民黨與無黨籍候選人的選民在系統安定取向上，並沒有顯著的差異(F=0.986, p>.05)。這項發現，拒斥了我們的假設 即國民黨與無黨籍候選人的選民，在系統安定取向上會有差異。

一般說來，國民黨籍候選人的選民，站在政治安定與社會秩序的立場，主張限制言論自由、反對政治暴力，這是很容易理解的；因為國民黨所強調的政治價值，即是維持既存的政治結構，鞏固團結，主張戒嚴時期的有限度的言論自由，並譴責政治暴力。至於支持無黨籍候選人的選民所追求的政治價值，主要固然是政治民主與人權的保障，但另一方面也在某種程度上需求政治的安定。我們從表一的因素中也可看出，「依據國情，逐步實現民主」的政見變數，在各項類型取向上所得的因素分數呈現著分散的狀態，並不集中在某一特定的類型。

4.國家認同的類型取向主要包含三項變數：(1)「擁護政府，光復大陸」；(2)「鞏固領導中心，維護政治安定」；(3)「提高我以在國際上的地位」。這項因素的基本性質相當明確，即在強調效忠政府，謀求政治安定，反對急劇的政治改革，以及支持政治體系的近程及長程目標；但實際上，其中蘊涵著相當程度的國家主義的情緒。總歸而言，即是對國家的認同。根據表二，我們可以發現國民黨籍候選人的選民

與無黨籍候選人的選民之間，在這一類型取向上，具有極其顯著的差異(F=22.799, p<.001)。國民黨籍候選人的支持者較無黨籍候選人的選民，更傾向基於國家認同的因素而投票。這項發現也證實了我們的假設。認同的共識是政治體系整合的基礎，如在這方面發生衝突，不僅會影響到民主規範的建立，甚至會加深體系統合的裂痕。我們的發現實揭示了當前政治體系最根本的問題，以及所隱藏的政治危機。我們應如何妥善地化解，將是我國政治史上最嚴肅的課題。

　　5.地域認同類型取向主要是由兩項政見變數所構成：(1)「爭取本省同胞的地位與榮譽」；(2)「全面擴大政治參與，增加民意代表的選舉名額」。這項因素的基本性質，一方面在於試圖改變當前權力結構的模式。另一方面，則顯示出在當前的政治體系中，有部分成員具有強烈的地域認同的感情。根據表二的變異數分析，我們發現國民黨籍候選人的選民與無黨籍候選人的選民在這一類型的取向上，具有極顯著的差異(F=12.004, p<.001)；無黨籍候選人的選民，很明顯地在這一取向上，高於國民黨籍的候選人。換言之，無黨籍候選人的選民的投票，相當程度地是基於對臺灣的認同感，或受這項因素的影響。反之，國民黨籍候選人的選民，則較少受此影響。這項發現也證實了我們的假設。在政治發展的過程中，如地區民眾在權力上感受壓抑而爭取自主，以達成地域認同感情的滿足，當然會增長地域觀念的衝突，影響體系的整合。因之，國民黨籍候選人與無黨籍候選人的選民，在這方面的差異，實已涉及政治體系的根本，也再次揭示了在認同上另一面的危機。如何逐漸改善目前國會的特殊權力結構，一面化解地域觀念的隔閡，一面增強內部的整合能力，將是未來政治發展上的嚴重考驗。

　　我們從以上各點的討論可以發現，在政見取向上；無論國民黨籍候選人或無黨籍候選人，皆具有特定政見取向選民的支持。換言之，在選民的觀念中，政黨競爭的政治運作，已很鮮明。選民的這類特定

取向應有助於未來政黨政治及民主政治的發展　；　但在另一面，我們由黨籍及無黨籍選民的政見取向中，又可發現若干衝突，且非在體系內(within the system)的一般政策，而在體系本身(of the system)的結構與認同，這些根本的問題如不能化解，可能反會影響到未來民主政治的進展與政黨政治的確立。

（二）候選人取向與黨派選擇

在黨派選擇上，我們對候選人取向的觀察，主要在探究選民是否對國民黨籍及無黨籍候選人本身的特質具有某種固定類型的偏愛，而能有助於政黨政治的發展；在另一面，則在探究國民黨籍及無黨籍候選人對選民究具有何種吸引的力量。現將候選人取向再分割爲成就取向、品德取向、學識取向、風度取向、膽識取向及同情取向等數項，逐一加以分析。

1.成就取向與黨派選擇：

就選民投票態度的成就取向看，這一取向與黨派選擇之間並無顯著的關聯(χ^2=3.019, p>.05)。換言之，投票支持國民黨籍候選人的選民與投票支持無黨籍候選人的選民，在成就取向的投票態度上，並沒有呈現顯著的差異。進一步的分析顯示在國民黨籍候選人的選民中，基於候選人過去的表現或成就而投票的，佔 43.72%；而在無黨籍候選人的選民中，基於這項因素而投票的，則佔 34.34%。由此可知，雖然在統計上，此兩項變數雖無顯著的關聯性，但從整體的趨勢看來，國民黨籍候選人的選民比無黨籍候選人的選民，較重視候選人過去的表現或成就。

2.品德取向與黨派選擇：

　　選民投票的品德取向與黨派選擇之間，根據我們的發現，具有相當顯著的關聯(χ^2=7.583, p<.01)；亦即票選國民黨籍候選人的選民遠比票選無黨籍候選人的選民，更注重候選人的品德。我們從進一步的分析可知：在國民黨籍候選人的選民中，基於對候選人品德因素的考慮而投票的，佔 26.96%，而在無黨籍候選人的選民中，基於這項因素而投票的，僅佔 14%。無黨籍候選人的支持者，比較重視候選人的改革取向及敢作敢為的態度，這可能使得他們較不在一般品德上，加以推敲。

3.學識取向與黨派選擇：

　　選民投票的學識取向與黨派選擇之間，根據我們的發現，並不具有顯著的關聯(χ^2=3.716, p>.05)。換言之，不論是投票支持國民黨或無黨籍候選人的選民，在學識取向的投票態度上，並未呈現顯著的差異；但從整體的趨勢看來，支持國民黨候選人的選民，較支持無黨籍候選人的選民，稍重候選人的學識因素。進一步的分析顯示：國民黨候選人的選民約有五分之一強(21.6%)，會考慮候選人學識的因素而投票；但在無黨籍候選人的選民中，考慮這項因素面投票的，則僅有13.13%。

4.風度取向與黨派選擇：

　　選民投票的風度取向與黨派選擇之間，根據我們的發現，並無顯著的關聯(χ^2=1.507, p>.05)。我們從進一步的分析可知：在國民黨籍候選人的選民中，基於對候選人風度的考慮而投票的，佔 12.27%；在

無黨籍候選人的選民當中，考慮這項因素而投票的，亦佔 **8%**。換言之，兩者對候選人的風度，如言談舉止的重視，並無顯著的差異。

5.同情因素與黨派選擇：

根據我們的發現，同情因素與黨派選擇間具有極顯著的關聯($\chi^2=$ 26.878, p<.001)。投票支持無黨籍候選人的選民，遠較支持國民黨籍候選人的選民更傾向於因同情候選人的遭遇而投票。進一步的分析顯示在國民黨籍候選人的選民中，因同情候選人的遭遇而投票的，僅佔 **3.76%**；但在無黨籍候選人的選民中，基於這項因素而投票的，則佔 **16.83%**。根據我們的觀察，同情票的意義與性質相當地複雜，可再分成政治性的同情票與非政治性的同情票，並且同情票的政治意義高於非政治的意義（胡佛、游盈隆 1983）。由此可如，對於那些基於同情心而投票支持無黨籍候選人的選民，我們不可單純地說成他們都是來自缺乏政治意識的無知選民；相反地，這類選民具有相當的政治意識。

6.膽識取向與黨派選擇：

膽識取向與黨派選擇間，據我們的發現，具有極顯著的關聯($\chi^2=$ 16.26, p<.001)。投票支持無黨籍候選人的選民較投票支持國民黨籍候選人的選民，更傾向基於候選人勇於批評時政的因素而投票，所以也具有相當的政治意識。進一步的分析顯示：在國民黨籍候選人的選民中，僅有 **7.91%**是因為欣賞候選人敢作敢當的勇氣而投票；但在無黨籍候選人的選民中，則有五分之一強(21%)是基於這項因素而投票。

從以上的分析，我們大致可以看出，無黨籍候選人的選民較取向於候選人的政治特質，如政治遭遇及政治勇氣等，此在實質意義上，即是另一型具有感情內涵的政見取向；在另一面，國民黨籍候選人的

選民則較取向於候選人非政治性的本身特質。但兩者皆具有相當固定取向的選民，使得政黨競爭的形象，趨於明顯。

（三）關係取向與黨派選擇：

我們對選民社會生活的關係取向，共劃分為私人的、社會的及政治的等三類，每類再分數項，最後共得十四項關係取向（參見附錄一），用以施測；但在此十四項中，所取向的選民大多皆在三十人以下，所佔百分比甚低，且無法作卡方檢定。其中超過三十，而列在前十名次序中的，僅有三項，即 1.黨團組織的囑託（即政黨動員）；2.家人或親戚的囑託；3.由於是同黨黨員（即政黨認同）。由於無黨籍人士並不具有正式政黨的背景，故政黨動員及政黨認同祇能對國民黨的選民具有影響，而不能作有意義地相對比較，故不在此分析。根據以上的說明，我們所能討論的祇有家人或親戚的囑託，亦即家族取向的一項，現析述如下：

根據我們的發現，選民的家族取向與黨派選擇之間具有相當顯著的關聯性（ χ^2=7.364, p<.01），亦即投票支持無黨籍人士的選民遠比票選國民黨籍候選人的選民，更易受家族因素的影響。我們從進一步的分析可知：在無黨籍候選人的選民中，約有五分之一(20.41%)是受到家人或親戚的囑託而投票的，而在國民黨籍候選人的選民中，則僅有約十分之一(10.69%)是受到這項因素的影響；此外，在所有因家人或親戚的囑託而投票的選民中，約四分之三(74.68%)投給國民黨籍的候選人；僅四分之一(25.32%)投給無黨籍候選人。為何無黨籍候選人的選民會比國民黨籍候選人的選民，更易受家族因素的影響？我們的看法是：無黨籍候選人的支持者，有一大部分為基層的選民，他們的教育程度較低，也較重鄉土的觀念與關係，因而也較易受家族因素的影

響（游盈隆　1982:261-62；胡佛、游盈隆　1982:42）。相對地，國民黨
籍候選人的支持者，則較多中產階層的選民，所以較不受家族因素的
左右。

　　但從整體看來，除家族取向外，其他個人及社會關係對選民的投
票決定，影響皆不大。

（四）綜合分析：

　　根據以上對各種態度取向的分析，我們可對國民黨或無黨籍候選
人的選民所具有的態度取向作一較完整的觀察。這可分兩方面加以說
明：

　　1.在國民黨籍候選人的選民方面：根據上述的發現，投票支持國
民黨籍候選人的選民當中，以基於候選人過去的表現或成就的因素而
投票者最多(43.72%)，其次是候選人政見的因素(41.59%)，以下依次是
候選人的品德(26.96%)、學識(21.6%)、候選人的風度(12.27%)、家族
取向(10.69 %)。我們也可以說支持國民黨籍候選人的選民，最重要的
態度取向是非政治性的候選人取向，其次是政見取向，第三是關係取
向；而其他如候選人膽識、情緒性因素、家族因素、同情因素等具政
治特性的候選人取向，對國民黨籍候選人的選民來說，影響力皆微不
足道。

　　2.在無黨籍候選人的選民方面：從上述的各項發現中可知，投票
支持無黨籍候選人的選民，以基於所支持的候選人的政見而投票者佔
最多數(42.57%)，而基於候選人過去的表現或成就的因素而投票者居
次(34.34%)，以下依次是候選人敢作敢當的勇氣(21%)、家人或親友的
囑託(20.41%)、同情候選人的遭遇 (16.83%)、候選人的品德(14%)、學
識(13.13%)、風度(8%)。在以上各項因素中，尤其以初級團體的影響、

候選人膽識、同情因素等項與國民黨籍候選人的選民具有極大的差異。
綜合說來，無黨籍候選人的選民的最重要的態度取向是政見取向，其
次是具政治特質的候選人取向。無黨籍候選人的選民，一般說來，除
了候選人的成就與膽識之外，相當不重視候選人其他非政治性的特質，
如品德、學識、風度等等，這是與國民黨籍候選人的選民主要不同之
處。除了候選人政治特質的取向之外，家族的初級團體的囑託，是影
響無黨籍候選人選民的第三項重要因素；這類性質的取向，在性質上
仍是一種「從眾的投票」，只不過從眾的對象並非政黨組織，亦不是
非正式的政黨組織，而是面對面的初級團體，即家人或親友。這也與
國民黨籍候選人的選民有異。

　　綜合上述的討論，我們可得兩點初步的結論：(1)投票支持無黨籍
候選人的選民，主要是基於政治性的因素；非政治性因素僅具有次要
的影響；(2)投票支持國民黨籍候選人的選民，固然也考慮政治性的因
素；但非政治性的因素，則具有相當重要的影響。

四、個人背景與黨派選擇

（一）性別與黨派的選擇：

　　選民的性別與黨派的選擇之間的關連可見表三。根據我們的分析，
性別與黨派選擇之間的關聯未能達到顯著的水準(χ^2=2.094, p>.05)；
這說明女性與男性選民在黨派的選擇上，並沒有顯著的差異。進一步
的分析則顯示，在男性選民中，投票支持國民黨籍候選人的為 82.83%；
在女性選民中，則為 86.62%；而男性選民投票支持無黨籍候選人的為
17.17%，女性選民則只有 13.38%。此外，在國民黨籍候選人的支持者

中，52.78%是男性，47.22%是女性；但在無黨籍候選人的支持者中，男性佔 60%，女性則僅佔 40%。從以上的分析看來，女性選民似仍較男性選民趨於保守；一般說來，婦女選民的投票，似有支持既成優勢政黨的趨向；而新興的少數黨或政治團體，不論是左派或右派，在發展初期較難獲得多數婦女選民的支持。

表三　教育、性別與黨派選擇的卡方(χ^2)檢定

		高等教育程度		中等教育程度		低等教育程度	
		男	女	男	女	男	女
黨派選擇	國民黨	147	87	104	97	54	84
		62.01	37.99	51.74	48.26	39.13	60.87
		96.47	96.67	81.89	86.61	76.06	78.50
	黨外	23	3	23	15	17	23
		88.46	11.54	60.53	39.47	42.50	57.50
		13.53	3.33	18.11	13.39	23.94	21.50
總數		170	90	127	112	71	107
		χ^2=7.154, p<.01		χ^2=0.990, p>.05		χ^2=0.147, p>.05	

N=677

　　性別的差異所呈現的政治取向的不同，其中原因究為何？從比較政治的觀點看，這種現象似乎具有超越時空的某種規律性的存在，其構成的原因復為何？這是值得探究的問題。研究歐陸各國選民投票行為的學者指出，宗教是促使婦女選民趨向保守的主要原因之一；此外，像 Aitkin 及 Kahan(1974:457)則從教育、所得與年齡等變數來解釋此一現象。他們認為，婦女壽命一般較男人長，教育程度則較低，工作也較少，因此收入偏低；而這些因素對婦女選民的黨派偏好具有重大的影響。教育誠然是影響選民黨派選擇的強而有力的變數，但對這種影響的瞭解，若不能作進一步的分析，恐仍不能得其詳。究竟是何種教育程度的婦女選民會較支持或排斥新興的少數黨或政治團體？根據我

們在表三的發現，教育程度愈高的婦女選民愈支持國民黨籍的候選人，而教育程度愈低的，愈傾向於支持無黨籍候選人。這在男性選民方面，也有同樣的傾向。從進一步的分析可知 在高等教育程度的婦女選民中，支持國民黨籍候選人的，佔 96.97%，支持無黨籍候選人的，佔 3.33%；在中等教育程度的婦女選民中，支持國民黨籍候選人的，佔 86.61%，支持無黨籍候選人的，佔 13.39%。在低教育程度的婦女選民中，支持國民黨籍候選人的，佔 78.5%？而支持無黨籍候選人的，佔 21.5 %。從這些分析看來，教育程度愈高的婦女選民，反而愈保守，愈排斥新興的、標榜改革的無黨籍人士。在男性選民方面，情況亦復如此。我們現可對各黨派支持者再作一內部的剖析。在國民黨籍候選人的支持者中，具高等教育程度的，男性選民佔 62.01%，女性佔 37.99%；具中等教育程度的，男性佔 51.74%，女性佔 48.26 %；具低教育程度的，男性佔 39.31%，女性佔 60.87%。在無黨籍候選人的支持者中，具高等教育程度的，男性佔 88.46%，女性佔 11.54%；具中等教育程度的，男性佔 60.53%，女性佔 39.47%；具低教育程度的，男性佔 42.5%，女性佔 57.5%。比較這兩組各個不同教育程度的支持者，我們可從男女的比率可知，在中等教育程度及以下的國民黨籍候選人的支持者中，女性超過半數以上(53.39%)；而在同等教育程度的無黨籍候選人的支持者中，女性也趨近半數(48.7%)。這項資料顯示，僅從政治態度的保守或激進，並不能解釋婦女的投票取向。

　　根據我們對性別與政見取向的分析（游盈隆 1982:203-17），教育程度愈高的婦女選民愈傾向於根據候選人的政見投票；反之，則愈傾向於其他非政見因素而投票。此外，在性別與家族取向的分析上，也發現因家族因素的影響而投票的，女性佔 70.45%，並且教育程度愈低的女性選民，愈容易受家族因素的影響。由此我們可以對於跨文化研究中婦女較傾向於支持既成優勢政黨的現象，提供另一種觀點的解

釋，即：教育程度愈高的婦女，較傾向於因政治性因素投票，但大部份的婦女教育程度較低，因此較容易受非政治性因素的影響而投票；而在一黨支配的政黨體系中，或在具有既成優勢政黨的政黨體系中，由於其社會基礎遠較其他黨派深厚，在支持者的自願性動員下，勢必掌握最大比例的婦女選票；而其他小黨派對婦女的影響力自然相對減弱。經由這項觀點的補充，我們對婦女選民投票的性質及意義，即有更符合客觀事實的理解。

（二）年齡與黨派選擇：

根據我們的研究發現，年齡與黨派選擇之間具有相當顯著的關聯（$\chi^2=12.068$, p<.01)。年輕的選民很明顯地較年長的選民支持傾向政治改革的無黨籍候選人，而年長的選民亦很明顯地較支持既成優勢的國民黨。我們從進一步的分析中可知，在 55 歲以上的選民當中，支持國民黨籍候選人的佔 90.79%，在 35-54 歲當中的選民，支持國民黨籍候選人的佔 87.17%；在 35 歲以下的年輕選民當中，支持國民黨籍候選人的佔 79.53%。此外，在 35 歲以下的選民，支持無黨籍候選人的佔 20.47%；在 35-54 歲之間的選民，支持無黨籍候選人的佔 12.83%；在 54 歲以上的選民當中，支持無黨籍候選人的則僅佔 9.21%。我們若再依據年齡變數，進一步對兩個政治團體的支持者作內部的剖析，便得到以下的發現：在國民黨候選人的支持者當中，35 歲以下的年輕選民佔 41.43%；35-54 歲的選民佔 34.44%；55 歲以上的選民佔 24.13%。在無黨籍候選人的支持者當中，35 歲以下年輕的選民佔 58.65%，35-54 歲之間的選民佔 27.88%；55 歲以上的選民，佔 13.46%。根據上述分析來比較兩個政治團體的支持者，可以很容易地看到，無黨籍候選人的支持者，主要是年輕的一代（35 歲以下），共佔了約五分之三。而

國民黨籍候選人的支持者，在年齡分配上較趨平均。雖然 35 歲以下年輕的一代仍佔有最高的比率，但 35 歲以上的選民，則佔有總數的約五分之三。年齡的差異所產生不同的黨派選擇模式，究竟是何種原因所造成的？是「生命循環」的現象呢？還是「政治世代」的影響？先從「生命循環」的觀點看，這種現象是任何社會、任何時代都有的現象。年輕的一代目前較明顯地傾向支持強調改革的無黨籍候選人，但逐漸地，隨著年齡的增長、社會地位的提高、家庭的建立，便將轉趨保守而支持既成優勢的國民黨。但若從「政治世代」的觀點看，這種現象所顯示的是較高層次的衝突，不會因歲月的流逝，而有機械性的改變。衝突的根源，如係來自於代間政治目標與價值取向的根本差異，則相當不易化解。不過，隨著時間的消逝，年輕的一代取代年長的一代，是必然的趨勢，政治體系亦將因此產生重大的變遷。然而，究竟那一種觀點較正確，在缺乏進一步資料的情況下，我們頗難遽下斷語。一般說來，在社會及政治結構發生變遷的國家中，教育程度是影響變遷的最重要的因素。我們現控制教育程度的變數，再進一步觀察年齡與黨派選擇之間的關聯（見表四），而得到如下的發現：

表四　教育、年齡與黨派選擇的卡方(χ^2)檢定

			高等教育程度			中等教育程度			低等教育程度		
			20-34	35-54	55 以上	20-34	35-54	55 以上	20-34	35-54	55 以上
黨派選擇	國民黨		121	72	36	85	66	49	27	57	51
			52.84	31.44	15.72	42.50	33.00	24.50	20.00	42.22	37.78
			86.43	92.31	97.30	77.27	86.84	94.23	62.79	81.43	83.61
	黨外		19	6	1	25	10	3	16	13	10
			73.08	23.08	3.85	65.79	26.32	7.89	41.03	33.33	25.64
			13.57	7.69	2.70	22.73	13.16	5.77	37.21	18.75	16.39
總數			1400	78	37	110	76	52	43	76	61
			χ^2=4.545, p>.05			χ^2=8.224, p<.05			χ^2=7.219, p<.05		

1.在高等教育程度的選民當中，年齡與黨派選擇之間不具有顯著的關聯(χ^2=4.545, p>.05)，儘管從整體的趨勢上看，愈年輕的選民愈具有支持無黨籍候選人的傾向。

2.在中等教育程度的選民當中，年齡與黨派選擇之間具有顯著的關聯（χ^2=8.224, p<.05)。年輕的選民比年長的選民，更明顯地傾向支持無黨籍的候選人。反之，年長的選民比年輕的選民，更傾向支持國民黨籍的候選人。

3.在低教育程度的選民當中，年齡與黨派選擇之間具有顯著的關聯(χ^2=7.219, p<.05)。愈年輕的選民比年長的選民，更明顯地傾向支持無黨籍的候選人；反之，則較支持國民黨籍的候選人。除此之外，我們尚可根據教育、年齡與黨派選擇等三項變數，對國民黨與無黨籍的候選人的支持者，作進一步的剖析：

(1).在國民黨籍候選人的支持者方面，可再分三點加以分析：①在高等教育程度的支持者當中，35 歲以下的選民佔 52.84%；35-54 歲的選民佔 31.44%；55 歲以上的選民佔 15.72%。②在中等教育程度的支持者當中，35 歲以下的選民佔 42.5%；35-54 歲之間的選民佔 33%；55 歲以上的選民佔 24%。③在低教育程度的支持者當中，35 歲以下的選民僅佔 20%；35-54 歲之間的選民佔 42.22%； 55 歲以上的選民佔 37.78%。

(2)在無黨籍候選人的支持者方面，也可作三點分析：①在高等教育程度的選民當中，35 歲以下的選民佔 73.08%；35-54 歲之間的選民佔 23.08%；55 歲以上的選民佔 3.85%。②在中等教育程度的選民當中，35 歲以下的選民佔 65.79%；35-54 歲之間的選民佔 26.32%；55 歲以上的選民佔 7.89%。③在低教育程度的支持者當中，35 歲以下的選民佔 41.03%；35-54 歲之間的選民佔 33.33%；55 歲以上的選民佔 25.64%。

　　比較以上兩組資料，我們獲致如下的發現：

　　1.在國民黨籍候選人的支持者中，具中等教育程度以上的，年輕的選民佔最高的比率；但具低教育程度的年輕選民所佔的比率則最低，僅有五分之一。並且，隨著教育程度的降低，年輕選民所佔的比率也隨之降低。反而，隨著教育程度的降低，年長選民的比重卻跟著提高。

　　2.在無黨籍候選人的支持者中，具各層級教育程度的年輕選民皆佔有最高的比率；尤其是具高等教育程度的年輕選民，所佔比率高達73.08%。但隨著教育程度的降低，年輕選民的比重也隨之下降，而年長選民的比重，則隨之提高。

　　根據以上對教育、年齡及黨派選擇的分析與發現，我們得到一重要的結論，即教育對不同年齡選民投票行為的影響力，不盡一致。教育對年輕選民的黨派選擇行為影響最大，對 35-54 歲選民的影響較次，而對 55 歲以上年長選民的影響最弱。儘管在高教育程度的選民當中，年齡與黨派選擇之間並無顯著的關聯，但根據上述的比較，可以發現高等教育程度的年輕選民，在支持無黨籍候選人的傾向上，逐漸有增強的趨勢。綜合說來，教育對不同年齡的選民具有某種程度的影響；但即使如此，在控制教育變數之後，仍可發現年齡與黨派選擇之間存有顯著的關聯。這些皆顯示代間的差異不完全是教育的影響，而很可能是政治態度也居中發生影響。

（三）省籍與黨派選擇：

　　省籍的因素是否影響選民的黨派選擇？本省籍選民的黨派選擇模式與外省籍選民的有何不同？假如有不同的話，是怎樣的不同？為何會有不同？這種不同是否具有實質的政治意義？換言之，對政治體系可能會產生什麼樣的影響？為了探討這些問題，我們先就省籍與黨派

選擇之間的關連，作卡方(χ^2)的檢定如表五。

　　根據表五，我們發現省籍與黨派選擇之間具有極其顯著的的關聯性(χ^2=50.347, p<.001)：本省籍選民遠比外省籍選民更支持黨外候選人；而外省籍選民遠比本省籍選民更支持國民黨籍候選人。從另一個角度來看，支持國民黨籍候選人的選民當中，本省籍選民與外省籍選民約各佔一半。而支持黨外候選人的選民當中，本省籍選民所佔比率高達 87.62%，已接近十分之九；而外省籍選民僅佔 12.38%。

表五　省籍與黨派選擇的卡方(χ^2)檢定

| | | 省籍 | |
		本省	外省
黨派選擇	國民黨	291	288
		50.26	49.74
		75.98	95.68
	黨外	92	13
		87.62	12.38
		24.02	4.32
總數		383	301

χ^2=50.347,　p<.001

　　從這些發現，我們可以了解到省籍對選民的黨派選擇具有很重要的影響：本省籍選民較支持黨外，外省籍選民較支持國民黨。但有一點必須特別注意的是，在本省籍選民當中，也有 75.98%是支持國民黨籍候選人的。換言之，國民黨的社會基礎相當穩固，支持者均勻地來自本省人與外省人，而非集中在一特定的社會團體。反觀黨外候選人的支持者，卻集中在本省籍的選民，來自外省籍選民的支持則相當少。這是一個非常值得我們注意並重視的現象。

我們可以分從兩方面來解釋這種現象。首先，從政見態度來看，外省籍選民的政見態度傾向於強調對權威當局的認同、系統的安定、社會和諧與秩序的維護，在另一面則贊成言論自由的限制、漸進的民主及政治權力的集中等等；而本省籍選民，相對之下，較不強調這些價值，較主張開放言論自由、基本人權的保障、參與的擴大、政治的制衡、提高本省人的地位與影響力等等（胡佛 1982:158-78）。換言之，在相當程度上，外省籍選民與本省籍選民所追求的政治價值有很大的出入，並且有抵觸的現象。再進一步看，執政的國民黨所代表的是對系統安定的追求及政治現狀的維護，不主張對政治作較大幅度的變革；而黨外候選人，則是政治現狀的批判者，所扮演的是一種非正式反對黨的角色，所注重的是抨擊執政黨施政的缺失，尤其是主張貫徹基本的憲政規範，追求民主、自由與人權的政治價值，而與現實戒嚴體制下的政治行為規範呈對應的態勢。因此，黨外候選人的支持者，自然絕大多數是來自本省籍選民，而很少來自外省籍選民。但國民黨籍候選人的支持者則有半數是本省籍選民，這應作何解釋？我們的看法是，對以政治系統為取向的本省籍選民而言，主張在現階段貫徹憲政的基本規範的，相較之下，仍屬較少數；多數本省籍選民還是傾向系統安定、和諧的態度。因此，在本省籍選民當中，乃有四分之三左右支持國民黨籍的候選人。除此之外，在外省籍選民當中，共有 95.68%支持國民黨的候選人，而只有 4.32%支持黨外候選人，這種現象除了可歸諸政見態度的影響外，外省籍選民對黨外政治運動的本質、目標的疑慮，以及對黨外試圖達成目標的作法的不滿，也可能是其中很重要的原因。

其次，對這種現象，我們不可完全從政見態度或民意的角度來加以解釋。事實上，政見取向或系統取向的選民固然對選舉結果有很重要的影響，但非政見取向的選民在所有選民當中卻佔有更高的比率（約

五分之三左右），這對選舉結果反而具有更大的影響力（胡佛，游盈隆 1983）；而爭取最多這類選票的決定因素，即在於組織力量的大小與選民過去投票的習慣。以現階段的選舉來說，國民黨的組織及動員力量，遠過其他的競爭團體，且絕大多數的候選人，皆屬國民黨籍；非國民黨籍候選人所佔的比率既低，也缺乏有效率的組織，因此，除了靠爭取系統取向的選民外，對非系統取向選民的爭取，即感到十分的困難。再者，國民黨三十幾年來一直是最大的政黨，在歷次選舉中，皆佔有絕對的優勢，許多選民長期地投票給國民黨候選人，久而久之乃成為一種習慣，除非有特殊重大事件的影響，這種「例行的投票行為模式」是不容易改變的。

從以上的分析，我們對省籍因素影響選民黨派選擇的現象，即有較接近事實的了解。不過，目前黨外候選人的支持者約十分之九是來自本省籍選民，這可能對政治體系發生很大的影響。現可分三點加以說明

1.這會強化地域認同的感情，昇高省籍意識。黨外政治運動的領導者與支持者，絕大多數為本省人士所組成，並且所進行的現階段的政治運動又被視為政治過程中的逆流，而使其領導者與支持者懷有高度的不安全感，在這一狀況下，很容易因自身很明顯的共同社會特質一同省人，而團結起來，從而強化了對地域的認同，提昇了省籍意識，進而也孕育出休戚與共，共同對外的「我群意識」，降低對系統權威當局的支持。

2.絕大多數為為本省人士所推動的黨外政治運動，在本質上，很難不使以外省人為主的權威當局心懷疑懼，而思處處加以防患。這當然會使黨外政治運動遭受更多的挫折，並促使政治競爭的情勢轉趨緊張、激烈。

3.在以上兩種情勢的相激相盪下，很可能造成政治的惡性循環。

黨外政治運動若迭受挫折，可能會促使地域認同的感情高張，而這種情況正是權威當局所最不樂見的，這種複雜的交互作用，不僅將使民主、自由與人權理想的實現更形困難，同時很可能會進而導致系統的不安，並促使系統內非理性力量的抬頭。

　　總而言之，我們認爲，以絕大多數爲本省人士所組成的黨外政治團體及其支持者，其本身即是易引起體系內政治競爭情勢昇高的主要原因之一。

　　在此，我們可以進一步關察在高、中、低三種不同教育程度的選民當中，省籍是否仍然是影響黨派選擇的重要變數。根據表六，我們發現省籍的影響仍然很大，並不因教育程度的提高而有不同。現再分三點加以說明：

表六　教育、省籍與黨派選擇的卡方(χ^2)分析

		高等教育程度		中等教育程度		低等教育程度	
		本省	外省	本省	外省	本省	外省
黨派選擇	國民黨	84	145	101	103	105	33
		36.68	63.32	49.51	50.49	76.09	23.91
		80.77	96.03	75.37	95.37	73.43	94.29
	黨外	20	6	33	5	38	2
		76.92	23.08	86.84	13.16	95.00	5.00
		19.23	3.97	24.63	4.63	26.57	5.71
總數		104	151	134	108	143	35
		χ^2=15.6565, p<.001		χ^2=18.066, p<.001		χ^2=7.022, p<.01	

　　1.在高等教育程度（即專科以上）的選民當中，省籍與黨派選擇之間具有極顯著的關聯(χ^2=15.65, p<.001)。本省籍選民比外省籍選民更傾向於支持黨外候選人；而外省籍選民比本省籍選民更傾向於支持國民黨籍候選人。

2.在中等教育程度（即初中以上，高中以下）的選民當中，省籍與黨派選擇之間具有極顯著的關聯(χ^2=18.066, p<.001)。本省籍選民比外省籍選民更傾向於支持黨外候選人；而外省籍選民比本省籍選民更傾向於支持國民黨籍候選人。

3.在低等教育程度（即小學以下）的選民當中，省籍與黨派選擇之間具有相當顯著的關聯(χ^2=7.022, p<.01)。本省籍選民比外省籍選民更傾向於支持黨外候選人；而外省籍選民比本省籍選民更傾向於支持國民黨籍候選人。

由此可知，教育並沒有削弱省籍因素對選民黨派選擇的影響。省籍因素不僅強而有力地影響選民的黨派選擇，同時，這種影響力，相當獨立，不受其他個人背景因素的影響。

（四）教育與黨派選擇：

表七　教育與黨派選擇的卡方(χ^2)檢定

		教育程度		
		高	中	低
黨派選擇	國民黨	229	204	138
		40.11	35.73	24.17
		89.80	84.30	77.53
	黨外	26	38	40
		25.00	36.54	38.46
		10.20	15.70	22.47
行總數		255	242	178

χ^2=12.145, p<.01

我們的研究亦發現，教育與黨派選擇之間具有相當顯著的關聯，卡方(χ^2)檢定可見表七。從表七可知教育程度較高的選民較支持國民黨的候選人；教育程度較低的選民，較支持黨外候選人。

但從省籍與黨派選擇的卡方檢定，我們發現省籍是影響黨派選擇的極重要變數。因此，我們推測教育與黨派選擇之間的關聯，很可能是省籍因素所造成的，於是我們乃控制省籍的變數，進一步觀察教育與黨派選擇之間的關係，結果可見表八。

表八 省籍、教育與黨派選擇的卡方(χ^2)檢定

		本省			外省		
		高等教育程度	中等教育程度	低等教育程度	高等教育程度	中等教育程度	低等教育程度
黨派選擇	國民黨	84	101	105	145	103	33
		28.97	34.83	36.20	51.60	36.65	11.75
		80.77	75.37	73.43	96.03	95.37	94.29
	黨外	20	33	38	6	5	2
		21.98	36.26	41.76	46.15	38.46	15.39
		19.23	24.63	26.57	3.97	4.63	5.71
總數		104	134	143	151	108	35

χ^2=2.047, p>.05　　　　　χ^2=0.2397, p>.05

從表八，我們可以清楚地看出，教育與黨派選擇的顯著關聯性，在控制省籍變數後，就消失了。現可再作兩點說明：

1.在本省籍選民中，教育與黨派選擇之間沒有顯著的關聯(χ^2=2.047, p>.05)。換言之，教育並不影響黨派的選擇。國民黨籍候選人的支持者，固普遍來自各種不同教育程度的選民，而黨外候選人的支持者也同樣是來自各個不同教育程度的選民，並無特別集中在某個教育程度的選民。

2.在外省籍選民申，教育與黨派選擇之間幾無任何關聯，在每一教育程度的層級，國民黨籍候選人的支持者，至少皆佔 49%以上的比率；而支持黨外候選人的非常少。

　　根據以上的分析可知，省籍實乃影響選民黨派選擇的最重要的變數，而教育的影響似乎微不足道。

（五）職業與黨派選擇：

　　我們依據職業的性質，將選民的職業分為八類：

1.包括農民、漁民、鹽民、勞工等。

2.包括有公務員（公營事業人員）及民意代表。

3.為自由業，包括律師、醫師、工程師、會計師、新聞從業人員及演藝人員等。

4.包括軍警、黨務、團務人員等。

5.包括教師、文化事業工作者及學生。

6.包括自營商、專業經理人員及工商機構的普通職員等。

7.家庭主婦。

8.其他職業包括無職業，已退休及上述七類職業以外的職業。

　　我們將以(1)、(2)、(3)等符號代替以上八類職業，並就職業與投票決定之間的關連進行卡方(χ^2)檢定，結果如表九。

　　根據表九，我們發現職業與黨派選擇之間具有極顯著的關聯($\chi^2=$26.919, p<.001)：不同職業的選民，在黨派選擇上，呈現非常明顯的差異。再進一步看，最傾向於支持國民黨籍候選人的選民是軍警、黨務人員、團務人員、公務員、教師、學生及文化事業工作者；而較傾向支持黨外候選人的選民是勞工、農民（漁、鹽民）、自營商、工商機構的職員（包括專業經理人員與普通職員）、家庭主婦及自由業者。但從整體來看，則不論在何種職業的選民當中，支持國民黨籍候選人的比率，大都超過十分之八以上，最低的比率，亦不低於十分之七。

從另一個角度來看，支持國民黨籍候選人的選民，相當普遍地分佈在各種職業之內；而支持黨外候選人的選民則將近 80%是來自自營商、工商機構的職員、家庭主婦及農工選民。

表九　職業與黨派選擇的卡方(χ^2)檢定

		職	業						
		(1)	(2)	(3)	(4)	(5)	(6)	(7)	(8)
黨派選擇	國民黨	37	69	35	30	59	148	121	68
		6.53	12.17	6.17	5.29	10.41	26.10	21.34	11.99
		72.55	93.24	85.37	100.00	93.65	79.57	80.67	90.67
	黨外	14	5	6	0	4	38	29	7
		13.59	4.85	5.83	0.00	3.88	36.89	28.16	6.80
		27.45	6.76	14.63	0.00	6.35	20.43	19.33	9.33
總	數	51	74	41	30	63	186	150	75

$\chi^2 = 26.919$,　$p < .001$

　　不同職業的選民會有不同的黨派選擇，其中原因究竟為何？我們可先從不同職業選民的政見態度來加以觀察，現特運用變異量分析對職業與一般政策取向、規範改革取向、系統安定取向、國家認同取向、地域認同取向等五種因素之間的關連，作一檢定，如表十。

　　根據表十，我們可作以下七點討論：

　　1.在農工選民方面：農工選民在一般政策取向上與其他職業選民的態度沒有明顯的不同。在規範改革取向上，農工選民的態度有保守的傾向；在系統安定取向上，則有較明顯的負面傾向；在國家認同取向上，也有明顯的負面傾向；在地域認同取向上，農工選民有較強烈的正面傾向。從這些發現，我們可以了解農工選民較其他職業的選民傾向支持黨外候選人，主要是基於對地域的認同及對權威當局的認同程度較低。

表十　職業與政見態度的變異數分析（F值）

	一般政策取向		規範改革取向		系統安定取向		國家認同取向		地域認同取向	
	平均數	標準差	平均數	標準差	平均數	標準差	平均數	標準差	平均數	標準差
I	-0.1053	1.0485	-0.3684	0.6840	-0.5262	0.6967	-0.4211	0.7685	0.3684	1.4225
II	0.0370	1.1595	-0.3333	0.6794	0.1481	1.1670	0.2593	1.1298	0.0000	1.0742
III	-0.1667	1.2673	0.5000	1.2432	0.3333	1.2309	0.5833	0.7930	0.0833	1.3790
IV	-0.5714	0.8516	-0.2857	0.7263	0.0000	0.8771	0.5000	0.7596	0.0000	1.2403
V	-0.0741	0.9168	0.1852	1.1107	0.2593	1.1298	0.0370	1.1923	-0.2593	0.8590
VI	-0.2400	1.0113	0.1867	1.3120	-0.1733	1.0446	-0.0533	1.0120	0.0267	1.1267
VII	0.0250	1.2087	-0.3500	0.9487	0.1500	1.1447	-0.3000	1.0178	0.0750	1.0952
總數	-0.1402	1.0686	-0.0421	1.0742	-0.0093	1.0674	-0.0093	1.0346	0.0280	1.1362
F 值	0.794		2.569*		1.776		2.709*		0.592	

N=214　*p<.05

　　2.在自由業的選民方面：自由業選民在一般政策取向上與其他職業選民的態度沒有明顯的不同。在規範改革取向上，自由業選民有很強烈的正面傾向；在系統安定取向上，亦有相當強烈的正面傾向；在國家認同取向上，仍具很強烈的正面傾向；在地域認同取向上則較弱，與其他職業選民相較，差異很小。由此可知，自由業選民在態度上有矛盾的現象；既傾向於贊同憲政規範的落實，又強調系統安定的重要，並對權威當局有強烈的認同。由此可知部分支持黨外候選人的自由業選民，主要是爲了贊同基本憲政規範的落實。但更多支持國民黨籍候選人的自由業選民，主要是爲了認同權威當局，並擔心系統安定的問題。

　　3.在自營商及工商機構的職員方面：自營商及工商機構的職員選民，在一般政策取向的態度上與其他職業選民並沒什麼差異；但在規範改革取向上，則具有較強的正面傾向。除此，在系統安定取向上，有輕微負面的傾向；在國家認同取向上，也有輕微的負面傾向。在地域認同取向上，則沒有明顯的正面或負面傾向。由此可知，這類選民

較其他職業選民，除了農工選民之外，較傾向支持黨外候選人，主要是基於贊同基本憲政規範的落實。

4.家庭主婦的選民方面：家庭主婦的選民，在一般政策取向上，有較明顯的正面傾向；在規範改革取向上，卻有強烈的負面傾向；在系統安定取向上，則有輕微的正面傾向；在國家認同取向上，又有明顯地負面傾向；在地域認同取向上，也有輕微的正面傾向。由此可知，家庭主婦選民亦較傾向支持黨外候選人，主要的原因可能是基於地域認同的感情。

5.在教師、學生及從事文化事業的選民方面：這類選民在一般政策取向的態度上與其他職業的選民並無何差異。在規範改革取向上，有明顯地正面傾向；在系統安定取向上，則有更強烈的正面傾向；在國家認同取向上，則無明顯的強弱傾向；在地域認同取向上，則有強烈的負面傾向。由此可知，這類選民較其他職業的選民傾向支持國民黨籍候選人，主要是因為他們一方面很強調系統安定的價值，另方面又有強烈排斥地域認同的傾向。因此，儘管在某種程度上，他們也贊同基本憲政規範的落實，但最終還是較傾向支持國民黨籍候選人。

6.在軍警、黨務、團務人員方面：這類選民在一般政策取向上有明顯的負面傾向；在規範改革取向上，有很強烈的負面傾向；在系統安定取向上，則無明顯強弱的傾向；但在國家認同取向上，有非常強烈的正面傾向；在地域認同取向上，則無明顯的強弱傾向。由此我們可以看出，這類選民支持國民黨籍候選人，主要原因即在這類選民一方面非常強烈地認同於權威當局，另一方面則又明顯地排斥基本憲政規範的落實。

7.在公務員選民方面：這類選民在一般政策取向上，有最強烈的正面傾向；在規範改革取向上，也有很強烈的負面傾向；在系統安定取向上，也有明顯的正面傾向；在國家認同取向上，亦有相當強烈的

正面傾向；但在地域認同取向上，並無明顯的強弱傾向。由此可知，這類選民之所以支持國民黨籍候選人，主要是因一方面強烈地認同於權威當局，強調系統的安定，另一方面排斥基本憲政規範的落實。

以上我們是從政見態度或民意的角度來解釋不同職業選民的黨派選擇。當然這樣的解釋，可能只說明了部分的原因，因為如前所述，有五分之三選民的投票行為是不能或不能完全從政見態度的角度加以解釋的。

（六）綜合分析：個人背景的政治傾向指標與黨派選擇

我們所建立的「政治傾向指標」，乃是由省籍、教育、職業等三項變數組合而成。根據我們上述的分析，本省籍選民比外省籍選民更支持黨外候選人，外省籍選民比本省籍選民更支持國民黨籍候選人。而且，儘管在控制省籍變數後，教育與黨派選擇之間即沒有顯著的關聯，但在整體趨勢上，教育程度愈高者仍有愈支持國民黨籍候選人的傾向。此外，在職業方面，我們也可清楚地發現，某類職業的選民較支持國民黨籍候選人，而某類職業的選民較可能傾向支持黨外候選人，從中我們可以發現一種明顯的傾向，即所從事的職業與黨政關係愈密切的，愈傾向支持國民黨籍候選人，而所從事的職業與黨政關係愈疏遠的，則愈傾向支持黨外候選人。我們即可根據這項標準，將職業分成三類：

1.與黨政關係最密切的職業：軍警、黨團人員、公務員、民意代表、教師、學生及文化事業工作者。

2.與黨政關係次密切的職業：自由業、自營商、工商機構的職員。

3.與黨政關係最疏遠的職業：勞工、農民（漁、鹽民）、及家庭

主婦。

如此乃構成三種等級；第(1)類職業，我們給 3 分；第(2)類職業，我們給 2 分；第(3)類職業，我們給 1 分。此外，教育程度也可劃分為三等；專科以上教育程度，我們給 3 分；初、高中教育程度，我們給 2 分；小學以下，則給 1 分。最後，對於省籍的測量，可分本省籍與外省籍；外省籍給 2 分，本省籍給 1 分。

以上三項變數組合之後，又可將選民分成六個大類，實際上包含十類不同特質的選民：從得分最低的（3 分）本省籍且低教育的農、工、家庭主婦選民到得分最高的（8 分）外省籍且高教育的軍、公、教、大學生、黨團人員選民。我們的假設是得分愈高的愈支持國民黨籍候選人，得分愈低的愈支持黨外候選人。皮爾遜相關分析顯示，政治傾向指標與黨派選擇之間具有極顯著的負相關（$\chi^2 = -0.190$, $p < .001$）：在政治傾向指標上得分愈低的，愈支持黨外候選人；得分愈高的，愈支持國民黨籍的候選人；此證實了我們的假設。根據這項政治傾向指標，我們可以用來解釋，甚至作某種程度的預測，不同特質選民的黨派選擇或投票決定。

五、結　論

從以上的各項發現與分析，我們覺得臺北市選民在 1980 年立法委員增額選舉中所作的黨派選擇，無論在政治發展及選舉行為的理論探究上，皆具有相當的意義。現再作數點綜合的說明與討論：

1.西方民主國家具有政黨政治長期交互運作的傳統，所以西方學者易於從政黨看選民，並發展概念架構，探究行為的理論。他們所強調的社會互動、政黨認同，或問題取向等中心概念，在前提上，實際

皆已肯定政黨運作的傳統結構。換言之，他們是在這一穩定的結構內，進行選舉行為的觀察的。我國的情況則不然；近年來我們雖然已舉辦選舉，但政黨交互運作的傳統，尚未形成，因之，我們對選舉行為的探究，不僅要從政黨看選民，還要從選民看政黨，看整體政治體系的發展。這也就是說，我們所要看的不僅是選舉在體系內(within the system)，也是對體系本身(of the system)所產生的影響。這種影響在性質上是一互動的作用，而中心的概念則是體系的運作與發展。在這樣的認識下，我們乃試建以體系的認同、規範及決策為基礎的概念架構，一方面觀察有關的政見及所產生的衝擊，一方面辨識非政見的取向及所產生的影響。我們在這一架構的運用下，已可發現政見的及非政見的投票取向，也相當具體地反映出政黨政治交互運作的明顯形象。在選民的觀念中，無論是執政的國民黨或無黨籍的黨外人士，皆是具有某些特質的政治團體。我們認為這一觀念，縱然與政治的現實不盡相符，如黨外即仍非嚴格意義的政黨，但會推動政黨政治的發展，特別對黨外人士的整合，可能具有凝結及導向的作用。

　　2.據我們上述的概念架構觀察，即可很清晰地發現，國民黨籍及無黨籍候選人的選民對政治體系的一般公共政策，並無取向上的差異與衝突。雙方的差異主要出現在認同與規範。支持國民黨籍候選人的選民較取向於國家的統一、戡亂及戒嚴時期的政治體制、社會秩序與有限度的自由，以及鞏固領導中心等；而支持無黨籍候選人的選民則較取向於地域的認同、人權的保障、參與的擴大，以及制衡力量的建立等。這些差異關係到體系本身的結構與整合，如不能妥善解決會導致體系的緊張與不安。因之，如能按憲政體制，作適度的調整，應有助於未來政治的和諧與進步。

　　3.在非政見的取向上，國民黨籍候選人的選民較著重候選人非政治性的特質，如品德等； 而無黨籍候選人的支持者則較重視候選人政

治性的特質，如勇於批評等，亦即較強調與政見有關的政治倫理。由此可知無黨籍候選人的支持者較具政治性。大致看來，國民黨籍候選人的選民較富現實感，而無黨籍的則較富理想性。這些可能對未來的政治運作具有挑戰性。

　　4.個人的背景因素也在某種程度上影響到國民黨籍及無黨籍候選人支持者的決定。非常明顯地，無黨籍候選人遠較國民黨籍候選人受到本省籍選民的支持，而較少獲得外省籍選民的選票；而國民黨籍候選人的選民，在省籍方面，則較為平均。另無黨籍候選人的選民在教育程度上較低，但年齡則較輕，且多從事工、農的基層工作。國民黨籍候選人的選民則多中產階層的人士，教育程度亦較高，但年齡則較長。這些可能使得黨外候選人一方面注重意識型態，另一方面則重視年輕的及基層的選民。　　（本文由作者與游盈隆教授合作完成，原載《政治學報》，第 12 期，1984 年 12 月，頁 1-59；所運用的資料係根據作者主持的《臺北市選民的選舉研究：民六十九年增額中央民意代表選舉之分析》專題研究。）

參考文獻

胡佛，1982，〈政見取向的選民〉，「近代中國的變遷與發展」研討會論文，中國時報主辦。

胡佛，1983，〈動態的和諧〉，《中國論壇》，17 卷 2 期，頁 1。

胡佛，游盈隆，1983，〈選民的投票取向：結構與類型的分析〉，《政治學報》，11 期，頁 225-279。

游盈隆，1982，《系統取向與投票行為》，臺大政治研究所碩士論文，未出版。

Abramson, Paul A. 1975. *Generational Change in American Politics*. Lexington, Mass.: Heath.

Aitkin, Don, and Michael Kahan. 1974. "Australia: Class Politics in the New World." In Richard Rose (eds.) *Electoral Behavior: A Comparative Handbook*. New York: Free Press.

Campbell, Angus; Gerald Gurin, and Warran E. Miller. 1954. *The Voter Decides*. Evanston, Ill.: Row, Peterson.

Campbell, Angus, Philip E. Converse, Warran E. Miller, and Donald E. Stokes. 1960. *The American Voter*. New York: Wiley.

Converse, Philip E. 1966. "The Concept of a Normal Vote." In Angus Campbell, Philip E. Converse, Warran E. Miller, and Donald E. Stokes. *Elections and Political Order*. New York: Wiley.

Converse, Philip E. 1975. "Public Opinion and Voting Behavior," In Fried I. Greenstein and Nelson W. Polsby (eds.) *Handbook of Political Science*. Reading, Mass.: Addison-Wesley, 4:75-170.

Key, V. O. 1966. *The Responsible Electorate: Rationality in Presidential Voting, 1936-1960*. Cambridge, Mass.: Harvard University Press.

Lazarsfeld, Paul E., Bernard Berelson, and Hegel Gaudet. 1944. *The People's Choice*. New York: Columbia University Press.

Miller, Arthur, Warran E. Miller, Alden S. Raine, and Thed A. Brown. 1976. "A Majority Party in Disaray: Policy Polarization in the 1972 Election." *American Political Science Review* 70: 753-78.

Nie, Norman H., Sidney Verba, and John R. Petrocik. 1976. *The Changing American Voter*. Cambridge, Mass.: Harvard University Press.

Niemi, Richard G. and Herbert F. Weisberg. 1976. *Controversies in American Voting Behavior*. San Francisco: Freeman.

Pomper, Gerald. 1975. *Voters' Choice: Varieties of American Electoral Behavior*. New York: Dodd Mead.

Rusk, Jerrold G. 1982. "The Michigan Election Studies: A Critical Evaluation," *Micropolitics* 2(2):87-109.

Schulman, Mark A., and Gerald M. Pomper. 1975. "Variability in Electoral Behavior: Longitudinal Perspectives from Causal Modeling," *American Journal of Political Science* 19: 393-417.

附錄一　量表的編制與測量

　　我們共編製了政見取向及非政見取向的量表。由於影響選民投票的變數很多，通常並不止一個，因此，首先，我們允許受訪者陳述一項至多項影響其投票的變數。其次，在受訪者陳述影響其投票的多項變數後，我們乃進一步請受訪者就影響其投票的多項變數，依個人自覺的重要性作先後次序的排列。當然，受訪者也很可能難分重要性的軒輊或感覺其中的兩項或三項乃同等重要。在這種狀況下，我們也允許受訪者作同等重要的排列。第三，多重選擇與重要次序的排列，皆運用到各類變數的施測。唯對政見態度的施測，除了多重選擇與重要次序的排列等兩種方法外，尚運用「李克特測量法」(Likert scale)。受訪者對候選人的政見，可有強烈贊同、中度贊同、輕微贊同、輕微不贊同、中度不贊同及強烈不贊同等六種不同強度的正面或負面的反應。強烈贊同的，給六分，強烈不贊同的給一分。介乎其中的，則分別給與五、四、三、二等分數。基本上，多重選擇亦是一種「是或不是」的問題。例如，當受訪者被問及，為何投票支持所選舉的候選人？他很可能說出多種原因，如候選人的政見、成就、品德、學識等等，而非由於家人或親友的囑託等。換言之，多重選擇所獲得的資料，是一種類名尺度(nominal scale)。若再進一步將多項變數作重要先後次序的排列，由此所得到的資料則係次序尺度(ordinal scale)。但就重要性的高低延續的意義上來看，我們也可以視作一種等距的尺度(interval scale)。

　　我們利用 「社會科學套組程式」(Statistical Package For The Social Sciences，簡稱 SPSS)及「生統電腦程式」(Biomedical Computer Programs

P-Series，簡稱 BMDP)，進行統計分析。所運用的統計方法包括皮爾
遜相關分析(Pearson product moment correlation)、變異數分析
(ANOVA)、多變項列聯表分析(multi-variate contingency table)、因素分
析(factor analysis)、卡方檢定(Chi-square test)等。

　　我們對選民的整體投票取向，共列二十四個選擇題及一個任意回
答題。針對這些題目，我們在訪問時，共詢問兩個問題（先問第一題，
再續問第二題）。

1.您選舉他（她）為立法委員，一定是有道理的；請您仔細地想一想，最後您
　為什麼投票給他（她）？
2.請問在您所選舉的投票原因中，那一種（或那幾種）是最重要的、或次重要
　的等等。（請用 1.2.3.4....等數字說明；同等重要的，請用相同的數字）
各項選擇題目如下：
甲、私人關係：
　1. 由於家人或親戚的囑託。
　2. 由於朋友或同學的囑託。
　3. 由於師長（或長輩）的囑託。
　4. 由於鄰居的囑託。
乙、社會關係：
　5. 由於所服務機關同事的囑託。
　6. 由於所參加團體會友的囑託。
　7. 由於是同鄉。
　8. 由於是同宗。
　9. 由於是校友。
丙、政治關係：
　10. 由於黨團組織的囑託。
　11. 由於他（她）是同黨黨員。

12. 由於他（她）是無黨籍人士。

13. 由於後備軍人組織的囑託。

14. 里鄰長的囑託。

丁、候選人的政見：

15. 由於他（她）的政見或解決問題的辦法。

　＊若是依政見投票，則繼續回答政見量表（見後）。

戊、候選人的條件：

16. 由於他（她）的品德。

17. 由於他（她）過去的表現或成就。

　＊若是依表現或成就投票，則繼續回答表現及成就量表（略）。

18. 由於他（她）所經歷的遭遇。

　＊若是依候選人的遭遇投票，則繼續回答同情量表（略）

19. 由於他（她）的家世很好。

20. 由於他（她）的學識。

21. 由於他（她）的風度。

22. 由於他（她）敢作敢當的勇氣。

己、個人的因素：

23. 由於想發抒內心的情緒。

　＊若是為發抒內心的情緒而投票，則繼續回答情緒量表（略）

24. 由於個人特別利益的考慮。

　＊若是因個人特別利益的考慮而投票，則繼續回答利益量表（略）

庚、其他或特殊事例

25. 請註明 ＿＿＿＿＿＿＿。

政見量表的各項題目如下：

1. 提高我國在國際上的地位。
2. 擁護政府，光復大陸。
3. 爭取本省同胞的地位與榮譽。
4. 鞏固領導中心，維護政治安定。
5. 反對官僚政客的政治特權。
6. 全面擴大政治參與，增加民意代表的選舉名額。
7. 依據國情，逐步實現民主。
8. 放寬言論尺度，爭取言論自由。
9. 維持社會和諧，嚴禁不當言論。
10. 改善審判的公平與獨立，以確保人權。
11. 維護社會秩序，反對暴力政治活動。
12. 建立制衡力量，防止政治腐化。
13. 集中政治權力，強化行政效能。
14. 提高軍公教人員的待遇。
15. 大量興建國民住宅，使住者有其屋。
16. 澄清吏治，肅清貪污。
17. 縮短貧富差距，改善低收入民眾生活。
18. 實施全民失業及醫藥保險，加強社會福利。
19. 妥善照顧退役官兵、後備軍人及軍眷生活。
20. 其他（請註明 ＿＿＿＿＿＿＿＿）。

附錄二　樣本的結構

	次數(n)	百分比(%)
性別		
男	393	52.47
女	356	47.53
年齡		
20-29	215	28.52
30-39	180	23.87
40-49	120	15.92
50-59	133	17.64
60 以上	106	14.05
教育		
大學以上	159	21.66
專科	101	13.76
高中（職）	172	23.43
初（國）中	90	12.26
小學	138	18.30
識字未入學	23	3.13
不識字	51	7.46
省籍		
本省	437	58.27
外省	313	41.73
居住地		
大安區	505	68.00
龍山區	103	13.86
內湖區	135	18.14

附錄三　選民的態度取向：次數、百分比及次序

	次數(n)	百分比(%)	次序
1.候選人取向	444	58.9	1
(1)成就取向	292	38.7	1
(2)品德取向	184	24.4	2
(3)學識取向	148	19.6	3
(4)風度取向	88	11.7	5
(5)膽識取向	71	8.4	6
(6)同情取向	39	5.2	10
(7)家世取向	13	1.7	17
2.政見取向	292	38.7	2
3.黨政取向	158	21.0	3
(1)黨團囑託	100	13.3	4
(2)政黨認同	53	7.0	7
(3)里鄰長囑託	21	2.8	14
(4)黨外取向	13	1.6	20
(5)後備軍人組織囑託	5	0.7	17
4.私人關係取向	129	17.1	4
(1)家族囑託	88	11.7	5
(2)同筆團體囑託	33	4.4	11
(3)鄰居囑託	24	3.2	13
(4)師長囑託	12	1.6	18
5.社會關係囑託	76	10.0	5
(1)同事囑託	25	3.3	12
(2)同鄉囑託	24	3.2	13
(3)團體會友囑託	18	2.4	15
(4)校友認同	16	2.1	16
(5)同宗認同	8	1.1	19
6.個人因素	74	9.8	6
(1)發抒情緒	51	6.8	8
(2)利益考慮	44	5.8	9

N=754